belinBac

Philosophie

T^erm L, ES, S

Emmanuel Pasquier
Professeur agrégé

D1348079

BELIN

8, rue Férou - 75278 Paris cedex 06
www.editions-belin.com

© Éditions Belin, 2004   ISSN 1636-8029   ISBN 2-7011-3824-8

Comment utiliser ce livre

1. Si le bac est... demain (déjà ?)

Fermez ce livre et allez vous reposer. Allez à l'épreuve détendu et en bonne forme : vous allez avoir besoin de toute votre intelligence, et, au fond, c'est l'essentiel. Montrez que vous n'avez pas peur de jongler avec les idées, et que vous êtes capable de défendre votre point de vue tout en tenant compte des autres opinions possibles. Si vous avez quand même le temps, lisez les règles de base de la méthodologie de la dissertation et de l'explication de texte, sous la rubrique **« Dix points de dernière minute »** (pp. 100 et 130) – et lisez un des exemples de dissertation et de commentaire qui sont donnés à la suite. Bonne chance. Vous pourrez toujours vous mettre à la philo après le bac...

2. S'il ne vous reste plus que quelques semaines (une seule ?) pour réviser

Ce livre est conçu pour vous permettre d'aller, au plus vite, à l'essentiel de ce qu'il vous faut savoir pour le bac.

Ses FICHES NOTIONS résument, en deux ou trois pages, facilement lisibles, les grands problèmes qui leur sont liés. Elles suggèrent quelques pistes et références pour traiter un sujet les concernant, selon des grandes articulations qui peuvent être réutilisées directement en dissertation.

Sa partie MÉTHODOLOGIE vous donne quatre exemples de dissertations et d'explications de textes qui recouvrent quatre grandes rubriques du programme.

Les fiches UN AUTEUR, UNE IDÉE vous permettent d'avoir rapidement à disposition quelques citations classiques des auteurs du programme, utilisables chacune dans de nombreux sujets (à condition d'avoir bien compris leur sens).

Avec votre travail de l'année et cette rapide synthèse qui vous remet en mémoire les points essentiels, vous avez encore toutes vos chances.

3. S'il vous reste plusieurs mois pour préparer le bac

C'est le meilleur cas de figure. Ce livre est conçu pour vous servir de base de travail. Sa première approche de chacune des notions de votre programme vous permet d'avoir une vue d'ensemble, que vous pourrez compléter petit à petit grâce au cours de votre professeur et à des manuels plus détaillés. Ses conseils de méthodologie, présentés de façon mnémotechnique (OPÉRA, LE PARADIS) vous permettront de progresser régulièrement si vous vous efforcez de les mettre en application à chaque exercice – dissertation et explication de texte – que vous ferez tout au long de l'année. En commençant tôt, vous mettez les meilleures chances de votre côté, en vous laissant le temps de bien les assimiler, jusqu'à ce qu'ils vous paraissent tout naturels. Enfin, les fiches **« Un auteur, une idée »** vous permettent d'avoir une première approche des grands philosophes, que vous pourrez enrichir au fur et à mesure de vos lectures. Bon courage et bon travail. Vous verrez que, dans la philosophie, il y a plus qu'un simple programme scolaire et qu'une épreuve d'examen.

Table des matières

PARTIE III. Un auteur, une idée 176

Platon • Aristote • Épicure • Lucrèce • Sénèque • Cicéron • Épictète • Marc Aurèle • Sextus Empiricus • Plotin • Augustin • Averroès (Ibn Ruchd) • Anselme • Thomas d'Aquin • Guillaume d'Ockham • Machiavel • Montaigne • Bacon • Hobbes • Descartes • Pascal • Spinoza • Locke • Malebranche • Leibniz • Vico • Berkeley • Condillac • Montesquieu • Hume • Rousseau • Diderot • Kant • Hegel • Schopenhauer • Tocqueville • Comte • Cournot • Mill • Kierkegaard • Marx • Nietzsche • Freud • Durkheim • Husserl • Bergson • Alain • Russell • Bachelard • Heidegger • Wittgenstein • Popper • Sartre • Arendt • Merleau-Ponty • Levinas • Foucault

Les notions du programme

Une notion, c'est d'abord un mot (le sujet, la conscience, etc.). La philosophie vise à clarifier, ordonner, hiérarchiser le sens des mots, de manière à construire, à partir d'une notion commune, un ou plusieurs concepts philosophiques. [Voir « Méthodologie de la dissertation et de l'explication de texte ».]

Les notions vont vous aider à construire votre réflexion en vous permettant de repérer et d'explorer différentes conceptualisations possibles, à travers quelques références philosophiques classiques.

Les pages consacrées à chaque notion sont organisées en 5 temps :

Définition élémentaire

Comme le dit Kant, c'est la science qui commence avec les définitions et en développe ensuite les conséquences. La philosophie, elle, est moins un travail de développement qu'un travail d'approfondissement : la science construit, la philosophie creuse. C'est pourquoi, en philosophie, la définition vient en dernier : elle est le *but* de la réflexion, non son point de départ.

Mais comme il faut bien commencer, on se donne d'abord une « définition élémentaire », qui correspond à l'idée commune que l'on se fait de cette notion. Par exemple, une définition élémentaire d'être libre serait « pouvoir faire ce que l'on veut ». Il faut l'expliciter pour pouvoir ensuite la problématiser.

Étymologie

Les racines d'un mot, en général grecques ou latines, donnent souvent des éléments de compréhension de la notion – ce qui ne veut pas dire que le sens de celle-ci se limite à son étymologie. Par exemple, le travail vient du latin *tripalium*, « instrument de torture à trois pals ». De quoi faire réfléchir...

Distinctions

Parce que définir, c'est toujours délimiter, on comprend souvent mieux une notion en la distinguant des mots qui lui sont associés par le sens, ou complètement opposés (antonymes). Interroger la pertinence d'une distinction peut être une manière de faire apparaître un problème. Par exemple, l'antonyme de la « vie », c'est la « mort ». Mais est-ce si simple ? N'y a-t-il pas des vies qui sont comme des morts (lorsque la vie n'a plus de sens) ?

Problèmes / paradoxes

La formulation d'un problème, ou d'un paradoxe, correspond au moment crucial où la réflexion philosophique se noue. Pour débusquer un problème philosophique, deux moyens s'offrent à vous :

1. Se demander si la notion correspond bien aux éléments de sa « définition élémentaire ». (Ex. : le bonheur, est-ce simplement un plaisir continu ?)

2. Se demander si elle s'oppose vraiment à son antonyme (Ex. : peut-il y avoir un art du laid ?)

Un sujet, des références essentielles

Chaque notion est illustrée de plusieurs textes permettant de traiter un sujet. Vous pourrez vous servir de ces références classiques pour vos propres réflexions et vos propres développements, sur la problématique proposée ou sur d'autres questions.

Les repères du programme

Ce sont des couples ou des séries de notions transversales par rapport aux notions proprement dites du programme.

Les notions, thèmes d'étude généraux, sont ce *sur quoi* réfléchit la philosophie ; les repères, concepts plus précis, sont ce *avec quoi* elle réfléchit. Jamais présentés de manière isolée, mais sous forme de couples (et même parfois à trois ou quatre), ce sont des *outils* plutôt que des *objets* de réflexion.

C'est pourquoi, vous allez les rencontrer dans des notions très diverses. Comme le dit le programme officiel : « la distinction cause-fin peut être impliquée dans l'examen des notions de vérité, d'histoire, de liberté, d'interprétation, de vivant, etc. ». C'est pour cela aussi qu'ils sont identiques, quelle que soit votre section, L, ES ou S.

Le petit lexique que nous vous proposons vous permettra de vous familiariser avec leur sens. Un système de renvoi (*) vous donnera plusieurs exemples d'application dans les fiches notions, les fiches auteurs et les exercices corrigés.

À titre d'exercice, appliquez chacun des repères à chacune des notions : vous verrez que cela fonctionne comme une machine à produire des idées !

Notion 1 Le sujet [L, ES, S]

Définition élémentaire

Le sujet, c'est celui qui agit et celui qui pense. Souvent cette notion fait référence au sujet humain, l'homme, doué d'une subjectivité*, une intériorité mentale. En grammaire, le sujet du verbe, c'est l'agent, celui qui accomplit l'acte. La notion de sujet renvoie donc à l'idée d'*activité*. Mais le sujet, c'est aussi ce dont on parle, et, éventuellement celui qui est « *assujetti* », le sujet du roi. Dans ce cas, la notion de sujet est plutôt liée à une idée de soumission et de *passivité*. D'où la possibilité de problèmes.

Étymologie

S*ub-jectus* (latin) = « ce qui est placé (*jectus*) en dessous (*sub*) ». Cela détermine le concept de sujet comme « substance », c'est-à-dire comme noyau dur, ce qui « sub-siste » malgré les transformations (par exemple, je vieillis, je change en permanence d'apparence, et pourtant, je suis toujours moi).

Distinctions

– Sujet / prédicat : le sujet, c'est ce dont on parle ; le prédicat (ou attribut) c'est ce qu'on en dit. Par exemple : le chien (sujet) est gris (prédicat).
– Sujet / objet : le sujet, c'est celui qui agit, ou celui qui pense ; il a une subjectivité, contrairement à l'objet, qui est vide. L'« ob-jet », c'est ce qui est « placé devant », en face. L'objet, c'est ce sur quoi le sujet agit, ou ce qu'il pense.

Problèmes / paradoxes

Des éléments qui précèdent, on peut faire apparaître différents problèmes internes à la notion de sujet. Par exemple :
– Y a-t-il une véritable unité du sujet ? (Comment rendre compte alors du passage du temps ? de l'incohérence ? de la folie ?)
– Le sujet existe-t-il par lui-même, indépendamment de ses attributs ? (Que suis-je, par exemple, indépendamment de ce que l'on dit de moi, ou du regard des autres sur moi ?)
– Comment un rapport peut-il s'établir entre le sujet et l'objet, s'ils sont face à face ? Comment le sujet peut-il se re-présenter l'objet ? En d'autres termes : comment la connaissance est-elle possible ?
– Le sujet est-il vraiment autonome par rapport à l'objet ? Est-ce moi qui domine les choses ou les choses qui me dominent ? Puis-je échapper aux

causes extérieures qui agissent sur moi ? Et qu'en est-il des causes intérieures ? En somme : la liberté est-elle possible ? Vaste sujet...

Un sujet, des références essentielles

SUJET : *Être un sujet, est-ce être autonome ?*

1. La conception religieuse du sujet : l'assujettissement à Dieu

Dans la conception religieuse, le sujet n'est pas autonome : sans Dieu, son autonomie n'est qu'illusion et ce n'est que dans la soumission à Dieu qu'il peut trouver une forme de liberté. Ainsi le déclare Saint Augustin après sa conversion au christianisme.

« Qu'étais-je moi, et quel étais-je ? Quelle malice n'ai-je pas mise dans mes actes ; ou sinon dans mes actes, dans mes paroles ; ou sinon dans mes paroles, dans ma volonté ? Mais vous Seigneur, bon et miséricordieux, mesurant du regard la profondeur de ma mort, vous avez de votre main épuisé au fond de mon cœur un abîme de corruption. Et cela revenait à ne plus rien vouloir de ce que je voulais, et à vouloir ce que vous vouliez. Mais où était mon libre arbitre pendant cette longue suite d'années ? De quelle secrète et mystérieuse retraite fut-il tiré en un instant, pour que j'inclinasse mon cou sous votre joug de douceur, mes épaules sous votre fardeau léger […] ? »

Saint Augustin, *Confessions* (400 après J.-C.), livre IX.

2. Difficulté à définir le sujet

Définir le sujet indépendamment de ses attributs n'est pas une évidence : y a-t-il vraiment un point fixe qui constitue l'identité du moi par-delà ses transformations ? Le sujet humain a-t-il une existence propre véritable, ou bien n'y a-t-il que Dieu qui soit un « sujet » constitué comme tel ?
Pascal pose le problème dans un texte célèbre : *Qu'est-ce que le moi ?*

« Un homme qui se met à la fenêtre pour voir les passants, si je passe par là, puis-je dire qu'il s'est mis là pour me voir ? Non, car il ne pense pas à moi en particulier. Mais celui qui aime quelqu'un à cause de sa beauté, l'aime-t-il ? Non, car la petite vérole qui tuera la beauté sans tuer la personne fera qu'il ne l'aimera plus. Et si on m'aime pour mon jugement, pour ma mémoire, m'aime-t-on, *moi* ? Non, car je puis perdre ces qualités sans me perdre moi-même. Où est donc ce moi s'il n'est ni dans le corps ni dans l'âme ? Et comment aimer le corps ou l'âme sinon pour ces qualités qui ne sont point ce qui fait le moi puisqu'elles sont périssables ? Car aimerait-on la substance de l'âme d'une personne abstraitement et quelques qualités qui y fussent ? Cela ne se peut et serait injuste. On n'aime donc jamais personne mais seulement des qualités. Qu'on ne se moque donc plus de ceux qui se font honorer pour des charges et des offices, car on n'aime personne que pour des qualités empruntées. »

Pascal, *Pensées* (1670, œuvre posthume), 306.

[Voir repère « essentiel / accidentel ».]

3. Descartes et la philosophie du sujet : « Je pense donc je suis »

Descartes est le philosophe par excellence qui a pensé l'autonomie du sujet, c'est-à-dire la liberté de l'homme, aussi bien par rapport aux préjugés qui faussent son jugement que par rapport aux causes extérieures qui le poussent à agir contre sa volonté véritable. [Voir fiche auteur pour complément.]

« [...] je connus de là que j'étais une substance dont toute l'essence ou la nature n'est que de penser, et qui pour être n'a besoin d'aucun lieu ni ne dépend d'aucune chose matérielle. »

Descartes, *Discours de la méthode* (1637), IV.

4. Le sujet à l'épreuve de lui-même

Le sujet qui se croit libre, « maître et possesseur de la nature » (Descartes) découvre en lui-même des forces qui agissent sur lui et dont il est le jouet. Descartes lui-même se pose la question, à partir du dédoublement de l'homme en âme et corps, qui rend possibles les passions, dans lesquelles la volonté de l'homme ne coïncide pas toujours avec ses actes, ni même avec ses désirs. Avec la notion d'inconscient, Freud brise aussi, à sa manière, l'unité du sujet.

« *"Rentre en toi-même profondément et apprends d'abord à te connaître, alors tu comprendras pourquoi tu vas tomber malade, et peut-être éviteras-tu de le devenir."* C'est de cette manière que la psychanalyse voudrait instruire le *moi*. Mais les deux clartés qu'elle nous apporte : savoir, que la vie instinctive de la sexualité ne saurait être complètement domptée en nous et que les processus psychiques sont en eux-mêmes inconscients, et ne deviennent accessibles et subordonnés au *moi* que par une perception incomplète et incertaine, équivalent à affirmer que *le moi n'est pas maître dans sa propre maison* ».

Freud, *Une Difficulté de la psychanalyse* (1917).

5. L'unité du sujet, une illusion grammaticale

C'est parce que l'on parle du sujet que l'on a l'impression qu'il existe comme une unité. Nietzsche met en garde contre cette illusion d'unité qui vient des simplifications que le langage opère sur le réel.

« Soyons plus prudents que Descartes qui est resté pris au piège des mots. *Cogito*, à vrai dire n'est qu'un seul mot, mais le sens en est complexe. Dans le célèbre *cogito*, il y a : 1) quelque chose pense ; 2) je crois que c'est moi qui pense ; 3) mais en admettant même que ce deuxième point soit incertain, étant matière à croyance, le premier point (quelque chose pense) contient également une croyance, celle que "penser" soit une activité à laquelle il faille imaginer un *sujet*, ne fût-ce que "quelque chose" ; et l'*ergo sum* ne signifie rien de plus. Mais c'est la croyance à la grammaire, on suppose des choses et leurs "activités", et nous voilà bien loin de la certitude immédiate ».

Nietzsche, *La Volonté de puissance* (1886), § 98.

Notions et repères

Notion 2 La conscience [L, ES, S]

Définition élémentaire

La conscience est la faculté de se représenter quelque chose. Les êtres conscients, les animaux, les hommes, ne sont pas seulement « dans » le monde, ils ont aussi le monde « en » eux, « dans leur tête », dans leur conscience, ils se le représentent. Le monde est « présent » et la conscience redouble le monde : elle le « re-présente », le rend présent une seconde fois, en nous. L'homme, plus particulièrement, a non seulement conscience du monde qui l'environne, mais aussi conscience de soi, conscience d'avoir conscience.

Étymologie

Du latin, *cum-scientia*, littéralement « savoir (*scientia*) avec (*cum*) ». Il s'en dégage l'idée d'un accompagnement : grâce à la conscience, le monde nous accompagne. En étant conscient de soi, on s'accompagne soi-même.

Distinctions

– l'inconscience : ne pas confondre avec l'inconscient (voir plus bas). Être inconscient, c'est simplement être privé de la conscience, comme dans le coma, ou privé de la conscience d'un objet particulier, comme lorsque l'on est « inconscient d'un danger ». À la limite, on parlera d'« inertie » ou d'« état végétatif » : l'état des êtres qui ne sont pas doués de conscience (les pierres, les végétaux)
– l'inconscient : [voir fiche notion] « être inconscient » est un état ; dans la théorie freudienne, l'inconscient est une partie du psychisme, qui agit sur le « moi » sans que celui-ci le sache.

Problèmes / paradoxes

Les problèmes recoupent en partie ceux posés par la notion de « sujet », avec laquelle la notion de « conscience » est étroitement liée :
– Si la conscience « redouble » le monde, comment être sûr que ce double du monde que nous avons en tête est fidèle à la réalité ? Une re-présentation vraie est-elle possible ?
– Et même, à la limite, comment puis-je être sûr qu'il existe un monde en dehors de ma conscience ?
– Mais le problème inverse se pose aussi : ma conscience existerait-elle s'il n'y avait rien en face d'elle ? Peut-il y avoir conscience de rien ? Conscience de la mort ?

– Par rapport à la *conscience de soi* : si j'ai conscience de moi-même, qui est le «moi» véritable? Celui qui se représente, ou celui que je me représente? La conscience assure-t-elle l'unité du sujet, ou au contraire, ne le divise-t-elle pas irrémédiablement? Puis-je me connaître moi-même?

– Par rapport à *l'inconscient* : comment est-il possible de prendre conscience de l'inconscient? Cela a-t-il un sens? Mais si c'est impossible, comment peut-on même en parler?

Un sujet, des références essentielles

Sujet : *La conscience peut-elle sortir d'elle-même?*

1. La conscience, miroir du monde

La conscience «reflète» en quelque sorte le monde. Elle est un point de vue sur le monde, dans lequel le monde entier est présenté, mais sous un aspect seulement. Leibniz le formule ainsi :

«Toute substance est comme un monde entier et comme un miroir de Dieu ou bien de tout l'univers, qu'elle exprime chacune à sa façon, à peu près comme une même ville est diversement représentée selon les différentes situations de celui qui la regarde».

Leibniz, *Discours de métaphysique* (1686), § 9.

2. Le contenu de la conscience

La conscience est la faculté générale de représentation. Mais il y a plusieurs façons de se représenter les choses : par les sens, l'imagination, la raison ; et nos décisions, nos volontés, sont aussi des faits de conscience. Descartes le résume ainsi :

«Mais que suis-je donc? Une chose qui pense. Qu'est-ce que cela? C'est bien une chose qui doute, qui connaît, qui affirme, qui nie, qui veut, qui ne veut pas, qui imagine aussi et qui sent».

Descartes, *Méditations métaphysiques* (1647), II.

3. Le risque du solipsisme

Le «solipsisme», c'est la solitude absolue. Je suis sûr que «je pense» [voir «un auteur, une idée»: Descartes] ; mais suis-je sûr que les choses que je me représente existent en-dehors de moi? C'est la question que pose Descartes :

«Or maintenant, je sais avec certitude que je suis, et en même temps, qu'il se peut que toutes ces images et généralement tout ce qui est rapporté à la nature du corps, ne soient rien que des rêves».

Descartes, *Méditations métaphysiques* (1647), II.

Notions et repères

4. La conscience de soi, propre de l'homme

Parce qu'il est le seul être qui parle, avec un langage articulé, l'homme a une conscience très particulière, qui fait sa spécificité par rapport aux autres animaux.

«Posséder le "Je" dans sa représentation, ce pouvoir élève l'homme infiniment au-dessus de tous les êtres vivants sur la terre. Par là, il est une personne ; et grâce à l'unité de la conscience dans tous les changements qui peuvent lui survenir, il est une seule et même personne, c'est-à-dire un être entièrement différent, par le rang et la dignité, de *choses* comme le sont les animaux sans raison, dont on peut disposer à sa guise».

Kant, *Anthropologie d'un point de vue pragmatique* (1798).

5. La conscience comme ouverture : la notion de «transcendantal»

C'est peut-être une erreur de considérer la conscience comme une sorte de ballon, un contenant, «dans» lequel il y a des choses (des idées, des représentations). Autrement dit, il faut la considérer autrement que comme une substance. C'est à cause d'une telle représentation que peut se poser le problème de l'enfermement de la conscience en soi-même. On lève le problème si l'on se représente la conscience comme une structure d'ouverture, qui donne sa forme à l'expérience. C'est ce que dit la phénoménologie lorsqu'elle dit que «toute conscience est conscience de quelque chose» :

«La perception de cette table est, avant comme après, perception de cette table. Ainsi, tout état de conscience en général est, en lui-même, conscience de quelque chose, quoi qu'il en soit de l'existence réelle de cet objet et quelque abstention que je fasse, dans l'attitude transcendantale qui est la mienne, de la position de cette existence […] Le mot intentionnalité ne signifie rien d'autre que cette particularité foncière et générale qu'a la conscience d'être conscience de quelque chose…».

Husserl, *Méditations cartésiennes* (1929).

6. La conscience débordée par l'inconscient

La conscience se croit transparente à elle-même, en fait elle n'est que le produit de forces sous-jacentes. C'est ce que nous apprend la psychanalyse :

«[…] notre expérience quotidienne la plus personnelle nous met en présence d'idées qui nous viennent sans que nous en connaissions l'origine […] Tous ces actes conscients demeurent incohérents et incompréhensibles si nous nous obstinons à prétendre qu'il faut bien percevoir par la conscience tout ce qui se passe en nous en fait d'actes psychiques ; mais ils s'ordonnent dans un ensemble dont on peut montrer la cohérence, si nous interpolons les actes inconscients inférés».

Freud, *Métapsychologie* (1915).

Notion 3 La perception [L]

Définition élémentaire

La perception, c'est le contenu sensible de la conscience. C'est un des types de représentation du monde (le plus immédiat peut-être) par la conscience. Voir, entendre, goûter, sentir, toucher sont les cinq manières de percevoir. On utilise souvent le mot « perception » pour parler de la faculté de perception, c'est-à-dire la sensibilité.

Étymologie

Du latin *per-cipere* = littéralement, « prendre à travers » : la perception est une manière de prendre le monde à distance.

Distinctions

– Percevoir s'oppose bien sûr à ne pas percevoir, être aveugle, être sourd. Il faudrait distinguer les êtres qui n'ont pas de perception (les pierres, les plantes) de ceux qui ont perdu un sens mais en gardent une mémoire.
– Sans s'opposer, la perception se distingue néanmoins des autres facultés de représentation : l'imagination, la mémoire et la raison.

faculté	crée une représentation directe du monde extérieur	crée des représentations sans rapport direct au monde extérieur
active	**raison**	**imagination**
passive	**sensibilité**	**mémoire**

Problèmes / paradoxes

– La perception étant une représentation, comment être sûr que ce qu'elle représente est bien le réel ? La perception est-elle nécessairement trompeuse ? Comment la distinguer de l'illusion ?
– Quel est le rôle de la perception dans la connaissance ? Peut-il y avoir une connaissance qui ne passe pas par les sens ?
– Est-il juste de dire que la perception est passive ? N'est-ce pas au contraire une activité ? C'est ce qu'indiquerait l'étymologie : percevoir, c'est « prendre ».
– La perception s'oppose-t-elle vraiment aux autres facultés ? Quels sont ses liens avec la raison ? Avec l'imagination ? Avec la mémoire ?
– Comment expliquer une perception ? En tant que représentation mentale, a-t-elle un lien de causalité avec l'objet qu'elle représente ?

Notions et repères

Un sujet, des références essentielles

SUJET : *La perception est-elle source de connaissance ?*

1. La perception est trompeuse

Une grande partie de la tradition philosophique, notamment Platon et Descartes, a rejeté la perception comme instrument de connaissance, au profit de la raison : les sens sont trompeurs, changeants, et il ne faut pas se fier à leur témoignage. C'est ce que dit par exemple Platon ici :

« […] la démarche consistant à examiner une chose au moyen de la vue est toute remplie d'illusions et remplie d'illusions aussi celle qui se sert des oreilles ou de n'importe quel autre sens ; elle [la philosophie] persuade l'âme de prendre ses distances, dans la mesure où il n'est pas absolument indispensable de recourir aux sens ».

Platon, *Phédon* (IVe siècle avant J.-C.), 82d.

2. Toute connaissance doit passer par la perception

Contre Descartes et contre le platonisme, la philosophie *empiriste* (qui se base sur *l'expérience*) a insisté sur le fait que la connaissance a besoin des sens.

« Et premièrement nos sens étant frappés par certains objets extérieurs, font entrer dans notre âme plusieurs perceptions distinctes des choses, selon les diverses manières dont ces objets agissent sur nos sens. C'est ainsi que nous acquérons les idées que nous avons du *blanc*, du *jaune*, du *chaud*, du *froid*, du *dur*, du *mou*, du *doux*, de l'*amer*, et de tout ce que nous appelons *qualités sensibles*. Nos sens, dis-je, font entrer toutes ces idées dans notre âme, par où j'entends qu'ils font passer des objets extérieurs dans l'âme ce qui y produit ces sortes de *perceptions*. Et comme cette grande source de la plupart des idées que nous avons dépend entièrement de nos sens, et se communique par leur moyen à l'entendement, je l'appelle *sensation* ».

Locke, *Essai philosophique concernant l'entendement humain* (1690).

3. La perception est une activité de la conscience

Contre une appréhension naïve de la perception, qui croit qu'elle est simple réceptivité passive, Kant a montré qu'elle est une activité de synthèse opérée par la conscience :

« Si toute notre connaissance débute AVEC l'expérience, cela ne prouve pas qu'elle dérive toute DE l'expérience, car il se pourrait bien que même notre connaissance par expérience fût un composé de ce que nous recevons des impressions sensibles et de ce que notre propre pouvoir de connaître (simplement excité par des impressions sensibles) produit de lui-même ».

Kant, *Critique de la raison pure* (2e édition 1787).

Notion 4 L'inconscient [L, ES, S]

Définition élémentaire

L'inconscient est la région inconsciente du psychisme. C'est une notion qui vient de Freud : il compare le psychisme (l'esprit humain) à un iceberg, dont la partie émergée serait la conscience, et la partie immergée l'inconscient.

Étymologie

Conscience vient de *cum-scire*, « savoir-avec ». *In-* sert à en former la négation.

Distinctions

– Ne pas confondre l'inconscient avec l'inconscience : le premier désigne une région du psychisme, tandis que la seconde signifie seulement le fait de ne pas être conscient, de ne pas réaliser quelque chose.
– On peut distinguer aussi l'inconscient de l'infra-conscient : celui-ci désignerait plutôt ce qui est présent en puissance dans la conscience, sans l'être effectivement, comme un souvenir par exemple [voir repère « en acte / en puissance »].
– On peut distinguer inconscient et subconscient : le subconscient est simplement « sous » la conscience, comme une modalité affaiblie de la conscience ; tandis que le concept d'inconscient marque un véritable clivage avec la conscience.

Problèmes / paradoxes

– Si l'inconscient est inconscient, comment se fait-il que l'on puisse en parler ? Comment penser le rapport entre l'inconscient et la conscience ?
– Et comment peut-il y avoir une science de l'inconscient ?
– Peut-on contrôler son inconscient ?

Un sujet, des références essentielles

SUJET : *Que puis-je connaître de l'inconscient ?*

1. L'expérience de l'infra-conscient et les petites perceptions

« Il y a mille marques qui font juger qu'il y a à tout moment une infinité de perceptions en nous, mais sans aperception et sans réflexion, c'est-à-dire des changements dans l'âme même dont nous ne nous apercevons pas, parce que ces impressions sont ou trop petites et en trop grand nombre, ou trop unies, en sorte qu'elles n'ont rien d'assez distinguant à part ; mais jointes à d'autres, elles ne laissent pas de faire leur effet et de se faire sentir au moins confusément dans l'assemblage. C'est ainsi que l'accoutumance fait que nous ne prenons pas garde au mouvement d'un moulin ou à une chute d'eau, quand nous avons habité tout auprès depuis quelque temps. »

Leibniz, Nouveaux Essais sur l'entendement humain (écrit en 1704, publié en 1765).

2. L'existence de l'inconscient

« On nous conteste de tous côtés le droit d'admettre un psychique inconscient et de travailler scientifiquement avec cette hypothèse. Nous pouvons répondre à cela que l'hypothèse de l'inconscient est nécessaire et légitime, et que nous possédons de multiples preuves de l'existence de l'inconscient. Elle est nécessaire, parce que les données de la conscience sont extrêmement lacunaires ; aussi bien chez l'homme sain que chez le malade, et il se produit fréquemment des actes psychiques qui, pour être expliqués, présupposent d'autres actes qui, eux, ne bénéficient pas du témoignage de la conscience. Ces actes ne sont pas seulement les actes manqués et les rêves, chez l'homme sain, et tout ce qu'on appelle symptômes psychiques et phénomènes compulsionnels chez le malade ; notre expérience quotidienne la plus personnelle nous met en présence d'idées qui nous viennent sans que nous en connaissions l'origine, et de résultats de pensée dont l'élaboration nous est demeurée cachée. »

Freud, Métapsychologie (1900).

3. La structure du psychisme : le ça, le moi, le surmoi

« De par son origine qui provient des expériences du système de perception, [le moi] est destiné à représenter les exigences du monde extérieur mais il veut être aussi le fidèle serviteur du ça, rester en bons termes avec lui, se recommander à lui comme objet, attirer sur lui sa libido. Dans son effort de médiation entre le ça et la réalité, il est souvent contraint de revêtir les ordres du ça avec ses rationalisations, de camoufler les conflits du ça avec la réalité, de faire accroire, avec une insincérité diplomatique, qu'il tient compte de la réalité, même si le ça est resté rigide et intraitable. D'autre part, il est observé pas à pas par le rigoureux surmoi qui lui impose certaines normes de son comportement, sans tenir compte des difficultés provenant du ça et du monde extérieur, et qui, au cas où elles ne sont pas respectées, le punit par les sentiments de tension que constitue l'infériorité ou la conscience de la culpabilité. Ainsi, poussé par le ça, entravé par le surmoi, rejeté par la réalité, le moi lutte pour venir à bout de sa tâche économique, qui consiste à établir l'harmonie parmi les forces et les influences qui agissent en lui et sur lui, et nous comprenons pourquoi nous ne pouvons très souvent réprimer l'exclamation : "La vie n'est pas facile !" »

Freud, Nouvelles conférences d'introduction à la psychanalyse (1932).

Notion 5 Autrui [L, ES]

Définition élémentaire

Autrui, c'est l'autre homme, le «prochain»: une conscience autre que ma conscience, un autre sujet, un «moi» autre que moi.

Étymologie

Du latin *alter*, «autre».

Distinctions

– Autrui s'oppose à «moi», «ego»: autrui, c'est celui qui est en face de moi.
– Autrui est «face» à moi, comme l'objet [voir notion «le sujet»], mais justement, il est plus qu'un objet, puisqu'il est «comme» moi.
– Autrui n'est pas la même chose que «les autres», ou «le tiers» (une 3e personne): il est singulier, comme moi [voir repère: «universel/général/particulier/singulier»]. C'est celui que j'aime ou que je hais, dans une relation duelle entre lui et moi, mais ce n'est pas «tous les autres», ceux qui forment la société.

Problèmes / paradoxes

– Ce qui fait le paradoxe d'autrui, c'est qu'il est à la fois «comme moi» et «autre que moi»: il est à la fois un objet, face à moi, mais en même temps il n'est pas un simple objet, puisqu'il est un autre «moi».
– Mais comment puis-je connaître autrui? S'il est face à moi, comme un objet, comment puis-je savoir qu'il a une conscience, et rentrer dans sa conscience?
– À partir de là se posent des questions comme: l'amour est-il possible? et l'amitié? Est-ce que je sais vraiment qui j'aime? Puis-je vraiment «rencontrer» autrui?
– D'où encore la question: l'amour nécessite-t-il vraiment de *savoir* qui est l'autre? Peut-on penser un rapport à autrui qui serait indépendant d'un rapport de connaissance rationnelle?

Un sujet, des références essentielles

SUJET: *Comment puis-je connaître autrui?*

1. La distance infranchissable d'autrui

D'après Descartes, si l'on se contente de la perception et non de la raison, il n'y a pas de différence entre autrui et un automate (c'est-à-dire un objet).

«[…] d'où je voudrais presque conclure, que l'on connaît la cire par la vision des yeux et non par la seule inspection de l'esprit, si par hasard je ne regardais d'une fenêtre des hommes qui passent dans la rue, à la vue desquels je ne manque pas de dire que je vois des hommes, tout de même que je dis que je vois de la cire ; et cependant que vois-je de cette fenêtre, sinon des chapeaux et des manteaux, qui peuvent couvrir des spectres ou des hommes feints qui ne se remuent que par ressorts ? Mais je juge que ce sont de vrais hommes, et ainsi je comprends, par la seule puissance de juger qui réside en mon esprit, ce que je croyais voir de mes yeux. »

Descartes, *Méditations métaphysiques* (1641), II.

2. L'amitié par-delà toute argumentation

À la différence de Descartes, l'expérience de l'amitié, pour Montaigne, lui révèle que celle-ci précède toute rationalité, toute explication.

« En l'amitié de quoi je parle, [nos âmes] se mêlent et confondent l'une en l'autre, d'un mélange si universel qu'elles effacent et ne retrouvent plus la couture qui les a jointes. Si on me presse de dire pourquoi je l'aimais, je sens que cela ne se peut exprimer qu'en répondant : "Parce que c'était lui, parce que c'était moi." Il y a, au-delà de tout mon discours, et de ce que j'en puis dire particulièrement, je ne sais quelle force inexplicable et fatale, médiatrice de cette union. Nous nous cherchions avant que de nous être vus, et par des rapports que nous entendions l'un de l'autre, qui faisaient en notre affection plus d'effort que ne porte la raison des rapports, je crois par quelque ordonnance du ciel ; nous nous embrassions par nos noms. Et à notre première rencontre, qui fut par hasard en une grande fête et compagnie de ville, nous nous trouvâmes si pris, si connus, si obligés entre nous, que rien dès lors ne nous fut si proche que l'un à l'autre. »

Montaigne, *Essais* (1580-1595), livre Iᵉʳ, chapitre XXVIII.

3. L'avènement de la conscience de soi dans le duel

Pour Hegel, la conscience de soi n'est pas immédiate : elle suppose la confrontation à autrui. C'est donc par autrui que j'accède à la conscience de moi-même.

« Un individu surgit face-à-face avec un autre individu. Surgissant ainsi immédiatement, ils sont l'un pour l'autre à la manière des objets quelconques. Chaque conscience est bien certaine de soi-même, mais non de l'autre ; et ainsi sa propre certitude de soi n'a encore aucune vérité. […]
Le comportement des deux consciences de soi est donc déterminé de telle sorte qu'elles se prouvent elles-mêmes et l'une à l'autre au moyen de la lutte pour la vie et la mort. Elles doivent nécessairement engager cette lutte, car elles doivent élever leur certitude d'être pour soi à la vérité, en l'autre et en elles-mêmes. C'est seulement par le risque de sa vie qu'on conserve la liberté, qu'on prouve que l'essence de la conscience de soi n'est pas l'être, n'est pas le mode immédiat dans lequel la conscience de soi surgit d'abord. »

Hegel, *Phénoménologie de l'esprit* (1807), IV.

19

Notion 6 Le désir [L, ES, S]

Définition élémentaire

Le désir est une tendance du sujet vers un objet, réel ou imaginé, une force qui le pousse à l'action.

Étymologie

Du latin *desiderare*, « regretter l'absence de quelqu'un ou de quelque chose ».

Distinctions

– Le désir s'oppose à l'apathie, l'absence de tout affect.
– Le désir est distinct du simple « besoin » : le besoin est un cycle naturel qui se répète à l'identique. Tandis que le désir se renouvelle et s'amplifie. Par exemple, manger est de l'ordre du besoin, mais on attise le désir de manger par la cuisine et la diversification des plats ; de même, la sexualité peut être considérée comme un simple besoin, mais l'érotisme consiste à la transformer en désir et à l'aiguiser pour l'entretenir et la porter plus loin ; dans la passion amoureuse elle devient un désir qui s'emballe. Ainsi, il y a une mesure du besoin, tandis qu'il y a une démesure du désir. Le besoin prend fin en étant satisfait ; tandis que le désir risque d'être relancé lorsqu'il est satisfait.
– Désirer se distingue aussi de « vouloir » : vouloir renvoie plutôt à une décision prise rationnellement, tandis que le désir renvoie au corps, aux affects, aux sentiments, aux passions, à la sexualité, sans autre justification que soi-même.

Problèmes / paradoxes

– Le désir est-il bon ou mauvais ? Faut-il condamner le désir, essayer de le surmonter, ou au contraire s'y abandonner, le cultiver ?
– Où s'arrête le besoin, où commence le désir ? Comment les distinguer ?
– Quelles sont les limites entre la décision rationnelle et le désir ? N'y a-t-il pas du désir dans ce qui se présente à la conscience comme un choix rationnel ? [voir « l'inconscient »].
– Réciproquement, n'y a-t-il pas dans le désir une activité de calcul, plus rationnelle que la raison en quelque sorte ?
– Peut-on satisfaire un désir ? Le satisfaire n'est-ce pas toujours le relancer, le raviver ? Quel est donc l'objet du désir ? Il y a un paradoxe du désir, qui se désire lui-même, qui désire à la fois sa satisfaction et son propre prolongement.

Notions et repères

Un sujet, des références essentielles

SUJET : *Faut-il combattre nos désirs ?*

1. La condamnation du désir

« – Souviens-toi de ceci : quand on désire, on veut obtenir l'objet de son désir et quand on refuse, on veut ne pas avoir ce que l'on refuse ; qui manque l'objet de son désir n'est pas heureux et qui obtient ce qu'il refuse est malheureux. Si donc tu refuses seulement ce qui mutile la nature humaine et dépend de toi, tu ne risqueras pas d'avoir ce que tu refuses ; mais si tu refuses la maladie, la mort, la pauvreté, tu seras malheureux.

– Cesse donc de refuser tout ce qui ne dépend pas de nous, refuse au contraire, parmi les choses qui dépendent de nous, ce qui blesse la nature humaine. Quant aux désirs, pour le moment, renonces-y totalement : car si tu désires l'une des choses qui ne dépendent pas de nous, tu ne seras pas heureux, c'est inévitable ; et si tu désires l'un de ces biens qui dépendent de nous et qu'il serait légitime de désirer, aucun n'est encore à ta portée. En tout cas, dans le désir comme dans le refus, sois réservé, retenu, raisonnable. »

Épictète, *Manuel* (Iᵉʳ siècle ap. J.-C.), II.

2. Le rôle positif des passions

Pour Descartes, les passions font durer dans l'âme la conscience de ce qui est bon ou de ce qui est mauvais : elles sont donc très utiles, même si elles peuvent aussi être dangereuses.

« [...] il est aisé à connaître, de ce qui a été dit ci-dessus, que l'utilité de toutes les passions ne consiste qu'en ce qu'elles fortifient et font durer en l'âme des pensées lesquelles il est bon qu'elle conserve, et qui pourraient facilement sans cela être effacées. Comme aussi tout le mal qu'elles peuvent causer consiste en ce qu'elles fortifient et conservent ces pensées plus qu'il n'est besoin ; ou bien qu'elles en fortifient et conservent d'autres auxquelles il n'est pas bon de s'arrêter. »

Descartes, *Les Passions de l'âme* (1649), article 74.

3. Vertu et désir

Ce qui se présente comme vertu n'est souvent qu'une forme de passion froide.

« DOLMANCÉ : Ah ! renoncez aux vertus, Eugénie ! Est-il un seul des sacrifices qu'on puisse faire à ces fausses divinités, qui vaille une minute des plaisirs que l'on goûte en les outrageant ? Va, la vertu n'est qu'une chimère, dont le culte ne consiste qu'en des immolations perpétuelles, qu'en des révoltes sans nombre contre les inspirations du tempérament. De tels mouvements peuvent-ils être naturels ? La nature conseille-t-elle ce qui l'outrage ? Ne sois pas la dupe,

Eugénie, de ces femmes que tu entends nommer vertueuses. Ce ne sont pas, si tu veux, les mêmes passions que nous qu'elles servent, mais elles en ont d'autres, et souvent bien plus méprisables... C'est l'ambition, c'est l'orgueil, ce sont des intérêts particuliers, souvent encore la froideur seule d'un tempérament qui ne leur conseille rien. Devons-nous quelque chose à de pareils êtres, je le demande ? N'ont-elles pas suivi les uniques impressions de l'amour de soi ? Est-il donc meilleur, plus sage, plus à propos de sacrifier à l'égoïsme qu'aux passions ? Pour moi, je crois que l'un vaut bien l'autre ; et qui n'écoute que cette dernière voix a bien plus de raison sans doute, puisqu'elle est seule organe de la nature, tandis que l'autre n'est que celle de la sottise et du préjugé. »

Sade, La Philosophie dans le boudoir (1795).

4. Le désir et la vie

Il ne faut pas vouloir supprimer les désirs, mais chercher à les embellir.

« Toutes les passions ont une période où elles sont seulement néfastes, ou elles rabaissent leur victime de tout le poids de la bêtise, – et plus tard, une autre, beaucoup plus tardive, où elles se marient à l'esprit, se "spiritualisent". Autrefois, à cause de la bêtise de la passion, on faisait la guerre à la passion elle-même : on jurait sa perte, – tous les monstres moraux anciens sont là-dessus d'accord : "il faut tuer les passions". La plus fameuse maxime de ce genre se trouve dans le Nouveau Testament, dans ce Sermon sur la montagne où, soit dit entre parenthèses, l'élévation de la vue fait totalement défaut. C'est là qu'il est dit par exemple, avec application à la sexualité : "si ton œil entraîne ta chute, arrache-le" ; par bonheur aucun chrétien ne suit ce précepte. Anéantir les passions et les désirs à seule fin de prévenir leur bêtise et les conséquences désagréables de leur bêtise, voilà qui ne nous paraît aujourd'hui qu'une forme aiguë de bêtise. Nous n'admirons plus les dentistes qui arrachent les dents pour qu'elles cessent de faire mal... Reconnaissons d'ailleurs en toute justice que l'idée de "spiritualisation de la passion" ne pouvait absolument pas être conçue sur le terrain qui a donné naissance au christianisme. Car l'Église primitive luttait, on le sait, contre les "intelligents" au bénéfice des "pauvres en esprit" : comment attendre d'elle une guerre intelligente contre la passion ? L'Église combat la passion par l'excision : sa pratique, son "traitement", c'est le castratisme. Jamais elle ne demande : "comment spiritualiser, embellir, diviniser, un désir ?" – de tout temps elle a insisté, dans sa discipline, sur l'extirpation (de la sensualité, de l'orgueil, de la passion de dominer, de posséder et de se venger). Or attaquer les passions à la racine, c'est attaquer la vie à la racine : la pratique de l'Église est hostile à la vie... »

Nietzsche, Crépuscule des Idoles (1888).

Notions et repères

Notion 7 L'existence et le temps [L]

Définitions élémentaires

– Exister c'est être, sortir du néant.
– Le temps est ce qui fait que les choses changent.

Étymologie

– Exister vient de *ex-sistere*, « se tenir hors de » : se tenir hors du néant.
– Temps, du latin *tempus*, « division de la durée », dérivé du grec *temnein*, « couper » : le mot renvoie donc à la mesure du temps, à son découpage en unités régulières pour pouvoir coordonner les actions des hommes.

Distinctions

– Exister s'oppose à « ne pas être », au néant.
– Exister se distingue de « vivre » : vivre désigne simplement la vie biologique, la vie animale ; exister suppose quelque chose de plus, une noblesse supplémentaire qui est liée à la conscience. (Sauf si l'on prend « exister » dans son sens le plus plat, qui signifie simplement « être ».)
– Le temps se distingue de l'éternité : le temps « passe » (comme on dit), tandis que l'éternité est statique.
– On peut distinguer le temps mesuré et la durée : d'un côté le temps objectivé des « chronomètres » et des scientifiques ; de l'autre la durée vécue, subjective, qui semble plus ou moins longue selon les situations.
– Le temps va de pair avec l'espace : on peut dire que les choses sont « dans » l'espace et qu'elles changent « dans » le temps.

Problèmes / paradoxes

– Quel est le mode d'existence du temps ? Le temps existe-t-il indépendamment des choses qui existent ?
– En particulier, le temps existe-t-il indépendamment d'une conscience du temps ?
– Réciproquement, peut-on penser une existence qui ne soit pas liée au temps ? une existence éternelle ?
– Exister, cela suppose-t-il d'avoir conscience du temps (et de la mort), ou au contraire de ne pas en avoir conscience ?

Un sujet, des références essentielles

SUJET : *Le caractère temporel de l'existence humaine lui ôte-t-il sa valeur ?*

1. Brièveté et vanité de la vie humaine

« Petit est donc le temps que chacun vit ; petit est le coin de terre où il le vit, et petite aussi, même la plus durable, est la gloire posthume ; elle ne tient qu'à la succession de ces petits hommes qui mourront très vite, sans se connaître eux-mêmes, bien loin de connaître celui qui mourut longtemps avant eux. »

Marc-Aurèle, Pensées pour moi-même (IIe siècle ap. J.-C.).

2. Le prix de la vie ne vient pas de sa durée

« Où que votre vie finisse, elle y est toute. L'utilité du vivre n'est pas en l'espace : elle est en l'usage. Tel a vécu longtemps, qui a peu vécu. Attendez-vous y pendant que vous y êtes. Il gît en votre volonté, non au nombre des ans, que vous ayez assez vécu. Pensiez-vous jamais n'arriver là où vous alliez sans cesse ? Encore n'y a-t-il chemin qui n'ait son issue »

Montaigne, « Que philosopher, c'est apprendre à mourir », Essais (1580-1595), I, XIX.

3. L'homme se crée lui-même dans le temps

« De même que le talent du peintre se forme ou se déforme, en tout cas se modifie, sous l'influence même des œuvres qu'il produit, ainsi chacun de nos états, en même temps qu'il sort de nous, modifie notre personne, étant la forme nouvelle que nous venons de nous donner. On a donc raison de dire que ce que nous faisons dépend de ce que nous sommes ; mais il faut ajouter que nous sommes, dans une certaine mesure, ce que nous faisons, et que nous nous créons continuellement nous-mêmes. Cette création de soi par soi est d'autant plus complète, d'ailleurs, qu'on raisonne mieux sur ce qu'on fait. Car la raison ne procède pas ici comme en géométrie, où les prémisses sont données une fois pour toutes, impersonnelles, et où une conclusion impersonnelle s'impose. Ici, au contraire, les mêmes raisons pourront dicter à des personnes différentes, ou à la même personne à des moments différents, des actes profondément différents, quoique également raisonnables. À vrai dire, ce ne sont pas tout à fait les mêmes raisons, puisque ce ne sont pas celles de la même personne, ni du même moment. C'est pourquoi l'on ne peut pas opérer sur elles *in abstracto*, du dehors, comme en géométrie, ni résoudre pour autrui les problèmes que la vie lui pose. À chacun de les résoudre du dedans, pour son compte. Mais nous n'avons pas à approfondir ce point. Nous cherchons seulement quel sens précis notre conscience donne au mot « exister », et nous trouvons que, pour un être conscient, exister consiste à changer, changer à se mûrir, se mûrir à se créer indéfiniment soi-même. »

Bergson, L'Évolution créatrice (1907).

Notions et repères

Notion 8 La culture [L, ES, S]

Définition élémentaire

La culture est l'ensemble des processus par lesquels l'homme transforme la nature. Par extension, c'est l'ensemble des techniques, des institutions et des traditions d'un groupe humain.

Étymologie

Du latin *colere*, « habiter ». D'où « cultiver la terre », « faire croître ». Mais aussi « rendre un culte à un dieu » : *colere* renvoie au plaisir qu'a une divinité à se trouver dans un lieu et à le protéger ; et réciproquement, aux honneurs qui sont rendus à cette divinité par les habitants du lieu.

Distinctions

– « Culture » s'oppose à « nature » : la nature est ce qui croît, ce qui pousse par soi-même ; la culture est d'abord l'activité humaine consistant à faire pousser ce dont l'homme a besoin pour vivre. Par extension, la culture désigne toutes les activités de l'homme, y compris intellectuelles, par opposition à la nature qui est ce à quoi l'homme n'a pas de part.
– On peut distinguer LA culture et LES cultures humaines : la culture, c'est l'activité humaine en général ; mais celle-ci prend des formes différentes selon les groupes humains. La culture est le propre de l'homme en général, mais elle se réalise dans une multiplicité de cultures différentes.
– La notion de culture peut être distinguée de celle de « civilisation » qui suppose une supériorité par rapport à la « barbarie » ou à la « sauvagerie ».

Problèmes / paradoxes

– Si la *nature* humaine est d'être un être de *culture*, quelles sont les parts respectives de la nature et de la culture en l'homme ?
– Comment se fait le passage de l'état de nature à la culture ? (hasard ou nécessité ?)
– Y a-t-il des sociétés plus « naturelles » que d'autres ? Peut-on hiérarchiser les cultures ?
– Si l'individu est déterminé par sa culture, dans quelle mesure est-il libre par rapport à elle ?
– Comment étudier les phénomènes culturels objectivement, sans dépendre de sa propre culture ?

Un sujet, des références essentielles

SUJET : *La culture met-elle l'homme à part des autres êtres ?*

1. Naissance de la culture et propre de l'homme

Le mythe de Protagoras :

« Or Épiméthée, dont la sagesse était imparfaite, avait déjà dépensé, sans y prendre garde, toutes les facultés en faveur des animaux, et il lui restait encore à pourvoir l'espèce humaine, pour laquelle, faute d'équipement, il ne savait que faire. Dans cet embarras, survient Prométhée pour inspecter le travail. Celui-ci voit toutes les autres races harmonieusement équipées, et l'homme nu, sans chaussures, sans couvertures, sans armes. Et le jour marqué par le destin était venu, où il fallait que l'homme sortît de la terre pour paraître à la lumière. Prométhée, devant cette difficulté, ne sachant quel moyen de salut trouver pour l'homme, se décide à dérober l'habileté artiste d'Héphaïstos et d'Athéna, et en même temps le feu, – car, sans le feu il était impossible que cette habileté fût acquise par personne ou rendît aucun service, – puis, cela fait, il en fit présent à l'homme. »

Platon, *Protagoras* (IVe siècle av. J.-C.).

2. La perfectibilité de l'homme

L'habileté n'est pas innée, mais l'homme est le seul à pouvoir l'acquérir :

« Mais, quand les difficultés qui environnent toutes ces questions laisseraient quelque lieu de disputer sur cette différence de l'homme et de l'animal, il y a une autre qualité très spécifique qui les distingue, et sur laquelle il ne peut y avoir de contestation, c'est la faculté de se perfectionner ; faculté qui, à l'aide des circonstances développe successivement toutes les autres, et réside parmi nous tant dans l'espèce que dans l'individu, au lieu qu'un animal est, au bout de quelques mois, ce qu'il sera toute sa vie, et son espèce, au bout de mille ans, ce qu'elle était la première année de ces mille ans.

Rousseau,
Discours sur l'origine et les fondements de l'inégalité parmi les hommes (1754).

3. En l'homme, ce qui est naturel et ce qui est culturel se confondent

« Il n'est pas plus naturel ou pas moins conventionnel de crier dans la colère ou d'embrasser dans l'amour que d'appeler table une table. Les sentiments et les conduites passionnelles sont inventés comme les mots. Même ceux qui, comme la paternité, paraissent inscrits dans le corps humain sont en réalité des institutions. [...] Tout est fabriqué et tout est naturel chez l'homme, comme on voudra dire, en ce sens qu'il n'est pas un mot, pas une conduite qui ne doive quelque chose à l'être simplement biologique. »

Merleau-Ponty, *Phénoménologie de la perception* (1945).

Notions et repères

Notion 9 Le langage [L, ES]

Définition élémentaire

Le langage est un instrument symbolique d'expression et de communication.

Étymologie

Même origine que «langue»: du latin *lingua*, qui désigne la langue comme organe physique. le langage est dérivé du mot langue, quoiqu'il puisse passer par d'autres modes de production de signes (écriture, langue des signes des sourds-muets...).

Distinctions

– Le langage est distinct des modes animaux de communication (cris, chants, mouvements...) de par son caractère articulé et son caractère institué.
– En tant que faculté d'expression, le langage est plus général que les «langues», qui sont les systèmes linguistiques particuliers des différentes cultures.
– Le langage est différent de la «parole», qui suppose une expression orale.
– En tant qu'instrument d'expression, la notion de langage renvoie à celles de «réalité» et de «pensée»: le langage permet de donner une représentation symbolique des objets réels (ses «référents»), et / ou des pensées de celui qui parle (le «signifié» du signe linguistique).

Problèmes / paradoxes

– Le langage est-il vraiment le propre de l'homme? En quoi consistent les modes de communication des animaux?
– Quelle est l'origine du langage? Vient-il d'une nécessité pratique?
– Y a-t-il un lien nécessaire entre les mots et les choses, ou bien les signes linguistiques sont-ils arbitraires?
– La pensée préexiste-t-elle au langage, ou se forme-t-elle grâce à lui?
– Dans quelle mesure la langue que nous parlons conditionne-t-elle la manière dont nous nous représentons le monde?
– Est-il toujours possible de traduire une langue dans une autre?
– Peut-on imaginer une langue qui donnerait une représentation objective du réel?
– Les conflits entre les hommes ont-ils leur origine dans des malentendus linguistiques?
– Est-il vraiment possible de communiquer avec autrui?

Un sujet, des références essentielles

SUJET : *Les mots disent-ils les choses ?*

1. Les mots, images des choses

Dans la théorie de Cratyle, les mots sont des images sonores des choses qu'ils désignent.

« SOCRATE. – Avons-nous, selon toi, raison de dire, oui ou non, que le *r* a de la ressemblance avec l'élan, le mouvement et la dureté ?

CRATYLE. – Oui, à mon avis.

SOCRATE. – Et le *l* avec le lisse, le doux et les autres propriétés dont nous parlions à l'instant ?

CRATYLE. – Oui. »

Platon, Cratyle (IVe siècle av. J.-C.), 434c.

2. L'arbitraire du signe

Après avoir déterminé la nature du signe linguistique [1er extrait], Saussure met en évidence qu'il n'y a pas de lien naturel entre le mot et la chose qu'il désigne (principe de l'arbitraire du signe, 2e extrait).

1. « Le signe linguistique unit non une chose [🌳]et un nom ["arbre"], mais un concept [ou signifié] et une image acoustique [ou signifiant]. Cette dernière n'est pas le son matériel, chose purement physique, mais l'empreinte psychique de ce son, la représentation que nous en donne le témoignage de nos sens ; elle est sensorielle, et s'il nous arrive de l'appeler "matérielle", c'est seulement dans ce sens et par opposition à l'autre terme de l'association, le concept, généralement plus abstrait. […] Le signe linguistique est donc une entité psychique à deux faces. »

2. « Le lien unissant le signifiant au signifié est arbitraire, ou encore, puisque nous entendons par signe le total résultant de l'association d'un signifiant à un signifié, nous pouvons dire plus simplement : le signe linguistique est arbitraire. Ainsi l'idée de « sœur » n'est liée par aucun rapport intérieur avec la suite de sons s-ö-r qui lui sert de signifiant ; il pourrait être aussi bien représenté par n'importe quelle autre ; […] Le mot arbitraire appelle aussi une remarque. Il ne doit pas donner l'idée que le signifiant dépend du libre choix du sujet parlant (on verra plus bas qu'il n'est pas au pouvoir de l'individu de rien changer à un signe une fois établi dans un groupe linguistique) ; nous voulons dire qu'il est *immotivé*, c'est-à-dire arbitraire par rapport au signifié, avec lequel il n'a aucune attache naturelle dans la réalité. »

Saussure, Cours de linguistique générale (posthume 1916).

Notions et repères

3. Le lien dialectique entre pensée et langage

Pour Hegel, le langage nous permet d'accéder à la conscience de nos propres pensées.

«Nous n'avons conscience de nos pensées, nous n'avons des pensées déterminées et réelles que lorsque nous leur donnons la forme objective, que nous les différencions de notre intériorité, et que par suite nous les marquons d'une forme externe, mais d'une forme qui contient aussi le caractère de l'activité interne la plus haute. C'est le son articulé, le mot, qui seul nous offre une existence où l'interne et l'externe sont si intimement unis. Par conséquent, vouloir penser sans les mots est une entreprise insensée. Mesmer en fit l'essai et de son propre aveu, il en faillit perdre la raison. Et il est également absurde de considérer comme un désavantage et comme un défaut de la pensée cette nécessité qui lie celle-ci au mot. On croit ordinairement, il est vrai, que ce qu'il y a de plus haut, c'est l'ineffable. Mais c'est là une opinion superficielle et sans fondement; car en réalité l'ineffable, c'est la pensée obscure, la pensée à l'état de fermentation, et qui ne devient claire que lorsqu'elle trouve le mot. Ainsi le mot donne à la pensée son existence la plus haute et la plus vraie.»

Hegel, *Philosophie de l'Esprit* (posthume 1895).

4. Ce n'est pas dans les mots que le langage s'accomplit

Foucault explique que ce ne sont pas les mots qui sont les unités élémentaires de l'expression, mais les propositions.

«La proposition est au langage ce que la représentation est à la pensée: sa forme à la fois la plus générale et la plus élémentaire, puisque, dès qu'on la décompose, on ne rencontre plus le discours, mais ses éléments comme autant de matériaux dispersés. Au-dessous de la proposition, on trouve bien des mots, mais ce n'est pas en eux que le langage s'accomplit. Il est vrai qu'à l'origine, l'homme n'a poussé que de simples cris, mais ceux-ci n'ont commencé à être du langage que du jour où ils ont enfermé – ne fût-ce qu'à l'intérieur de leur monosyllabe – un rapport qui était de l'ordre de la proposition. Le hurlement du primitif qui se débat ne se fait mot véritable que s'il n'est plus l'expression latérale de sa souffrance, et s'il vaut pour un jugement ou une déclaration du type: "j'étouffe". Ce qui érige le mot comme mot et le dresse debout au-dessus des cris et des bruits, c'est la proposition cachée en lui.»

Michel Foucault, *Les Mots et les Choses* (1966).

Notion 10 L'art [L, ES, S]

Définition élémentaire

L'art est une activité de création d'œuvres ayant une valeur esthétique.

Étymologie

Du latin *ars* qui signifie «technique» (comme dans «artisanat» ou dans «arts martiaux»). L'étymologie indique le lien de l'art avec la technique, mais l'histoire du mot «art» nous informe aussi sur le fait que ce mot en est venu à désigner quelque chose d'autre que la production technique (avec l'apparition de la notion de «beaux-arts», au XVIIIe siècle).

Distinctions

– L'art peut être distingué de la technique: l'œuvre d'art est l'objet d'une *création*, et elle a pour but le plaisir esthétique, c'est-à-dire qu'elle n'a aucun but pratique. L'objet technique (l'outil), lui, est l'objet d'une *production*, et il a une fonction pratique: il est subordonné à une fin extérieure à lui.
– L'art peut être distingué de la science et de la philosophie: l'art produit un effet esthétique, c'est-à-dire qu'il s'adresse aux sens; la science et la philosophie, chacune à sa manière, visent en principe une connaissance et s'adressent à la raison.
– L'art se distingue de la nature: par l'art, l'homme produit des œuvres qui sont des représentations; tandis que la nature n'est pas produite par l'homme.

Problèmes / paradoxes

Tous les éléments énoncés ci-dessus peuvent être mis en question:
– Dans quelle mesure l'œuvre d'art se distingue-t-elle de l'objet technique? Il y a une dimension esthétique des objets techniques (cela donne lieu à un art spécifique qui est le «*design*») et, réciproquement, une grande maîtrise technique est souvent nécessaire pour créer une œuvre d'art [voir la dissertation n° 1, «Pour être libre, faut-il savoir ce que l'on fait?», 3e partie].
– Qu'appelle-t-on «valeur esthétique»? Est-ce la même chose que la beauté? Une œuvre d'art doit-elle nécessairement viser à être belle? Doit-elle viser à procurer un plaisir? Peut-il y avoir un art du laid?
– Dans quelle mesure l'œuvre d'art échappe-t-elle à la raison? La raison n'est-elle pas sollicitée, d'une part, au moment de *l'élaboration* de l'œuvre d'art (on parle même d'«art conceptuel»); d'autre part, au moment de *l'évaluation* de l'œuvre d'art? S'il n'y a rien de rationnel dans l'œuvre d'art, comment porter un jugement sur elle? Qu'est-ce que le «goût» et quelle est la part de la raison en lui?

– Quels sont les liens entre religion et art ? La religion n'est-elle pas à l'origine de l'art ? Et l'art ne mime-t-il pas un fonctionnement rituel ?

– Quels sont les liens entre la politique et l'art ? L'art doit-il être au service de l'État ? A-t-il au contraire un rôle subversif ?

– L'art imite-t-il la nature (théorie de la *mimesis*) ? Qu'en est-il de l'art dit « abstrait » ? Quel est le rapport entre les notions d'imitation et de représentation ? Peut-on aller jusqu'à dire que c'est la nature qui imite l'art ?

Un sujet, des références essentielles

SUJET : *L'œuvre d'art est-elle une imitation du réel ?*

1. La condamnation de l'art par la philosophie

Pour Platon, l'œuvre d'art ne fait que copier la réalité sensible, qui n'est elle-même que la copie de la réalité intelligible. L'œuvre d'art nous éloigne donc doublement du réel.

« – Maintenant, considère ce point : lequel de ces deux buts se propose la peinture relativement à chaque objet : est-ce de représenter ce qui est tel qu'il est, ou ce qui paraît, tel qu'il paraît ? Est-elle l'imitation de l'apparence ou de la réalité ?
– De l'apparence.
– L'imitation est donc loin du vrai, et si elle façonne tous les objets, c'est, semble-t-il, parce qu'elle ne touche qu'à une petite partie de chacun, laquelle n'est d'ailleurs qu'un simulacre. »

Platon, République (IVe siècle av. J.-C.), X.

2. La réhabilitation de la *mimesis*

Aristote, contre Platon, montre le lien essentiel entre l'imitation et la connaissance ; ce qui explique notre goût pour les œuvres d'art.

« La tendance à l'imitation est instinctive chez l'homme et dès l'enfance. Sur ce point il se distingue de tous les autres êtres, par son aptitude très développée à l'imitation. C'est par l'imitation qu'il acquiert ses premières connaissances, c'est par elle que tous éprouvent du plaisir. La preuve en est visiblement fournie par les faits : des objets réels que nous ne pouvons pas regarder sans éprouver du déplaisir, nous en contemplons avec plaisir l'image la plus fidèle ; c'est le cas des bêtes sauvages les plus repoussantes et des cadavres. La cause en est que l'acquisition d'une connaissance ravit non seulement le philosophe, mais tous les humains même s'ils ne goûtent pas longtemps cette satisfaction. Ils ont du plaisir à regarder ces images, dont la vue d'abord les instruit et les fait raisonner sur chacune. S'il arrive qu'ils n'aient pas encore vu l'objet représenté, ce n'est pas l'imitation qui produit le plaisir, mais la parfaite exécution, ou la couleur ou une autre cause du même ordre. »

Aristote, Poétique (IVe siècle av. J.-C.), IV.

3. C'est la nature qui imite l'art

«Qu'est-ce donc que la Nature? Elle n'est pas la Mère qui nous enfanta. Elle est notre création. C'est dans notre cerveau qu'elle s'éveille à la vie. Les choses sont parce que nous les voyons, et ce que nous voyons, et comment nous le voyons, dépend des arts qui nous ont influencés. Regarder une chose et la voir sont deux actes très différents. On ne voit quelque chose que si l'on en voit la beauté. Alors, et alors seulement, elle vient à l'existence. À présent, les gens voient des brouillards, non parce qu'il y en a, mais parce que des poètes et des peintres leur ont enseigné la mystérieuse beauté de ces effets. Des brouillards ont pu exister pendant des siècles à Londres. J'ose même dire qu'il y en eut. Mais personne ne les a vus et, ainsi, nous ne savons rien d'eux. Ils n'existèrent qu'au jour où l'art les inventa. Maintenant, il faut l'avouer, nous en avons à l'excès. Ils sont devenus le pur maniérisme d'une clique, et le réalisme exagéré de leur méthode donne la bronchite aux gens stupides. Là où l'homme cultivé saisit un effet, l'homme d'esprit inculte attrape un rhume.»

Oscar Wilde, *Le Déclin du mensonge* (1928).

4. L'art obéit à des lois qui lui sont propres

Les formes sont intéressantes par elles-mêmes, indépendamment de leur rapport avec des objets réels. C'est ainsi que Kandinsky inventa la peinture abstraite, en voyant la beauté d'une de ses propres toiles posée à l'envers.

«Alors que je vivais déjà à Munich, je fus ravi un jour par une vue tout à fait inattendue dans mon atelier. C'était l'heure du jour déclinant. Après avoir travaillé sur une étude, je venais de rentrer chez moi avec ma boîte de peinture… lorsque j'aperçus un tableau d'une indescriptible beauté baigné de couleurs intérieures. Je commençai par me renfrogner, puis me diriger droit vers cette œuvre énigmatique dans laquelle je ne voyais rien d'autre que des formes et des couleurs et dont le sens me restait incompréhensible. Je trouvai instantanément la clé de l'énigme: c'était un de mes tableaux posé de côté contre un mur. Le jour suivant, je voulus reproduire l'impression de la veille à la lumière du jour, mais je n'y parvins qu'à demi; même de côté, je reconnaissais sans cesse les objets, et il y manquait le subtil glacis du crépuscule. Je savais à présent très exactement que l'objet était nuisible à mes tableaux.»

Kandinsky, cité par Ulrike Becks-Malorny,
Wassili Kandinsky 1866-1944. Vers l'abstraction, (1994).

Notion 11 Le travail et la technique [L, ES, S]

Définitions élémentaires

– Le travail est l'activité humaine consistant à détourner les processus naturels (y compris son propre corps, ou son esprit), à les transformer pour les mettre au service de l'homme.
– la technique est l'ensemble des procédés systématiques (construction d'outils, mémorisation, transmission du savoir...) utilisés par l'homme pour parvenir à cette fin.

Explication du lien entre les deux notions

Le travail est une activité de transformation de la nature, la technique désigne l'ensemble des moyens mis en œuvre au service de cette activité. Les deux notions sont donc pratiquement indissociables. On peut parler du travail de certains animaux, mais la technique est (à quelques exceptions près) spécifiquement humaine : elle suppose en effet une capacité de construire des outils ainsi que des capacités de mémorisation et de transmission qui supposent le langage*. Certains animaux ont des ébauches de techniques, mais seul l'homme travaille sur ses propres objets techniques pour les améliorer et améliorer le rendement de son travail : il y a ainsi un cercle *amélioration technique / augmentation de l'efficacité du travail / nouvelle amélioration technique*. Ce cercle marque l'entrée dans la culture* et est spécifiquement humain.

Étymologie

– Travail vient du latin *tripalium*, « instrument de torture à trois pals ». L'étymologie nous indique ici le lien entre la notion de travail et celles d'effort et de souffrance. On retrouve ce lien dans le récit biblique (*La Genèse*), qui fait de la nécessité de travailler une malédiction de Dieu contre Adam chassé du Paradis, et également dans l'expression de « travail » de l'accouchement.
– Technique, du grec *teknè*, « savoir-faire acquis par apprentissage ».

Distinctions

– Le travail s'oppose au jeu et au loisir : d'un côté une activité pénible et sérieuse, de l'autre le repos ou une activité agréable. (Remarquons au passage que « loisir » vient du grec *skolè*, qui a donné « école »...)
– Distinguer « travail » (activité de transformer la nature en général), « emploi » (travail salarié, au service d'un employeur – qui peut être soi-même) et « métier » (emploi lié à des compétences spécialisées).

– Dans les termes de Marx, « le travail » s'oppose au « capital » : le capital étant l'ensemble des moyens de production (terres, machines, actions financières...) et le travail l'ensemble des travailleurs.

– La technique s'oppose à la nature : la nature produit ses fruits par elle-même, tandis que l'homme produit ses objets par des moyens techniques.

– La technique se distingue de l'art [voir notion « l'art »] : l'œuvre d'art est l'objet d'une *création*, et elle a pour but le plaisir esthétique, c'est-à-dire qu'elle n'a aucun but pratique. L'objet technique (l'outil), lui, est l'objet d'une *production*, et il a une fonction pratique : il est subordonné à une fin extérieure à lui.

Problèmes / paradoxes

– Peut-on penser un travail sans technique ? un travail intrinsèque aux processus naturels ? Peut-on dire que les animaux travaillent ?

– Le travail est censé améliorer la maîtrise de la nature par l'homme. Il est donc censé libérer l'homme de la nature. Mais ne crée-t-il pas de nouvelles contraintes, peut-être plus grandes que celles auxquelles l'homme était soumis dans la nature ? La technique ne soumet-elle pas l'homme à de nouveaux dangers ?

– Lorsque le travail porte non pas sur la nature, mais sur l'homme lui-même, ne devient-il pas l'instrument d'une exploitation de l'homme par l'homme ?

– Le développement technique a-t-il un sens ? Son progrès est-il nécessairement synonyme d'un progrès de l'humanité ?

– Art et technique : quelle est la part de la technique dans la production artistique ? Quelle est la part du travail et celle de l'« inspiration » et de la spontanéité ? [Voir notion « l'art ».]

– Le travail est-il nécessairement le contraire du loisir ? L'artiste ne réalise-t-il pas une réconciliation entre travail et loisir ?

Un sujet, des références essentielles

SUJET : *Le travail permet-il à l'homme de s'accomplir ?*

1. Les contraintes salutaires du travail

Par le travail, l'homme échappe à l'ennui et accède à sa propre humanité

« L'homme est le seul animal qui doit travailler. Il lui faut d'abord beaucoup de préparation pour en venir à jouir de ce qui est supposé par sa conservation. La question de savoir si le Ciel n'aurait pas pris soin de nous avec plus de bienveillance, en nous offrant toutes les choses déjà préparées, de telle sorte que nous ne serions pas obligés de travailler, doit assurément recevoir une réponse négative : l'homme, en effet, a besoin d'occupations et même de celles qui impliquent une certaine contrainte. Il est tout aussi faux de s'imaginer que si Adam et Ève étaient demeurés au Paradis, ils n'auraient rien fait d'autre que d'être assis ensemble, chanter des chants pastoraux, et contempler la beauté de la nature. L'ennui les eût torturés tout aussi bien que d'autres hommes dans une situation semblable. L'homme doit être occupé de telle manière qu'il soit rempli par le but qu'il a devant les yeux. »

Kant, *Réflexions sur l'éducation* (1776).

2. La dénaturation par le travail

Le travail de l'ouvrier dénature l'homme et en fait une marchandise.

« L'ouvrier s'appauvrit d'autant plus qu'il produit plus de richesse, que sa production croît en puissance et en volume. L'ouvrier devient une marchandise. Plus le monde des choses augmente en valeur, plus le monde des hommes se dévalorise ; l'un est en raison directe de l'autre. Le travail ne produit pas seulement des marchandises ; il se produit lui-même et produit l'ouvrier comme une marchandise dans la mesure même où il produit des marchandises en général. »

Marx, *Manuscrits de 44* (1844).

3. Travail et bonheur

Par-delà l'opposition entre travail et loisir existe un « troisième état ».

« Le besoin nous contraint au travail dont le produit apaise le besoin : le réveil toujours nouveau des besoins nous habitue au travail. Mais dans les pauses où les besoins sont apaisés et, pour ainsi dire, endormis, l'ennui vient nous surprendre. Qu'est-ce à dire ? C'est l'habitude du travail en général qui se fait à présent sentir comme un besoin nouveau, adventice ; il sera d'autant plus fort que l'on est plus fort habitué à travailler, peut-être même que l'on a souffert plus fort des besoins. Pour échapper à l'ennui, l'homme travaille au-delà de la mesure de ses autres besoins ou il invente le jeu, c'est-à-dire le travail qui ne doit apaiser aucun autre besoin que celui du travail en général. Celui qui est saoul du jeu et qui n'a point, par de nouveaux besoins, de raison de travailler, celui-là est pris parfois du désir d'un troisième état, qui serait au jeu ce que planer est à danser, ce que danser est à marcher, d'un mouvement bienheureux et paisible : c'est la vision du bonheur des artistes et des philosophes. »

Nietzsche, *Humain, trop humain* (1878), I, § 611.

La religion [L, ES, S]

Définition élémentaire

La religion est l'activité humaine consistant à rendre un culte à une ou des divinités. C'est un ensemble de croyances, de récits (les mythes), de pratiques et de traditions définissant un certain rapport de l'homme avec le sacré.

Étymologie

– On rattache le mot de religion au verbe latin *religare*, «relier»: la religion serait donc ce qui relie les hommes à des puissances qui les dépassent (le ou les dieux), mais aussi ce qui relie les hommes entre eux en leur donnant une culture commune.

– Une autre étymologie fait dériver religion de *relegere*: «respecter», mais aussi «recueillir»: l'attitude religieuse serait essentiellement «recueillement»: recueillement de la tradition léguée par les anciens et venant de Dieu lui-même; recueillement comme le retour méditatif en soi-même rendant possible un accueil du divin.

Distinctions

– La religion s'oppose à l'athéisme, qui affirme que Dieu n'existe pas; ainsi qu'à l'agnosticisme, qui ne se prononce pas sur l'existence de Dieu.

– En tant que discours sur le monde, le mythe religieux s'oppose à la science et à la philosophie: en effet, les vérités religieuses sont des vérités «révélées» (par Dieu aux hommes, en général par l'intermédiaire d'un ou plusieurs prophètes); elles se fondent sur la foi, ou la croyance, consistant à accorder crédit aux traditions rapportées par les anciens. La philosophie et la science (sans être nécessairement incompatibles avec certaines conceptions religieuses) naissent d'une rupture avec cette attitude, et de la recherche d'un fondement de la vérité qui ne soit pas la croyance en une tradition [voir Descartes].

– En tant que pratique produisant des œuvres, la religion se distingue de l'art*: à travers la statue d'un dieu, c'est la présence même du dieu qui est visée. Ce qui est visé à travers l'œuvre d'art dépend de la philosophie de l'art que l'on adopte.

Problèmes / paradoxes

– Toute religion est-elle liée à un dieu? (problème de la religion bouddhiste par exemple).

Notions et repères

– La croyance religieuse doit-elle s'appuyer sur un savoir (une révélation, une vision de Dieu, une tradition d'interprétation des textes...) ou doit-elle être une foi «aveugle»?

– Le croyant doit-il nécessairement se soumettre à une tradition, ou bien peut-il établir une forme directe de lien à Dieu? Peut-il y avoir une «religion naturelle», ou bien toute religion passe-t-elle par une Église? Peut-il y avoir une religion individuelle, ou bien la religion est-elle essentiellement collective?

– Religion et rationalité sont-elles compatibles? Peut-on être à la fois philosophe et religieux? à la fois scientifique et religieux?

– La religion est-elle libératrice pour l'homme, ou bien aliénante?

– Est-il possible à l'homme de ne pas être religieux? L'athéisme est-il vraiment possible? (problème du maintien d'attitudes de type religieux dans une société sécularisée, par exemple en art ou en politique: il n'est pas si facile que l'on croit de se débarrasser de toute croyance).

Un sujet, des références essentielles

SUJET: *Faut-il en finir avec la religion?*

1. Misère de l'homme sans Dieu

Pascal voit dans la religion la seule voie possible vers le bonheur.

«Les grandeurs et les misères de l'homme sont tellement visibles, qu'il faut nécessairement que la véritable religion nous enseigne et qu'il y a quelque grand principe de grandeur en l'homme, et qu'il y a un grand principe de misère. Il faut donc qu'elle nous rende raison de ces étonnantes contrariétés.

Il faut que, pour rendre l'homme heureux, elle lui montre qu'il y a un Dieu; qu'on est obligé de l'aimer; que notre unique félicité est d'être en lui, et notre unique mal d'être séparé de lui; qu'elle reconnaisse que nous sommes pleins de ténèbres qui nous empêchent de le connaître et de l'aimer; et qu'ainsi nos devoirs nous obligeant d'aimer Dieu, et nos concupiscences nous en détournant, nous sommes pleins d'injustice. Il faut qu'elle nous rende raison de ces oppositions que nous avons à Dieu et à notre propre bien. Il faut qu'elle nous enseigne les remèdes à ces impuissances, et les moyens d'obtenir ces remèdes. Qu'on examine sur cela toutes les religions du monde, et qu'on voie s'il y en a une autre que la chrétienne qui y satisfasse.»

Pascal, *Pensées* (Posthume, 1670), 430.

2. La religion, une manifestation d'infantilisme

Pour Freud, la religion est un poison dont l'homme doit se libérer pour devenir adulte.

«Ainsi je suis en contradiction avec vous lorsque, poursuivant vos déductions, vous dites que l'homme ne saurait absolument pas se passer de la consolation que lui apporte l'illusion religieuse, que, sans elle, il ne supporterait pas le poids de la vie, la réalité cruelle. Oui, cela est vrai de l'homme à qui vous avez instillé dès l'enfance le doux – ou doux et amer – poison. Mais de l'autre, qui a été élevé dans la sobriété ? Peut-être celui qui ne souffre d'aucune névrose n'a-t-il pas besoin d'ivresse pour étourdir celle-ci. Sans aucun doute l'homme alors se trouvera dans une situation difficile ; il sera contraint de s'avouer toute sa détresse, sa petitesse dans l'ensemble de l'univers ; il ne sera plus le centre de la création, l'objet des tendres soins d'une providence bénévole. Il se trouvera dans la même situation qu'un enfant qui a quitté la maison paternelle, où il se sentait si bien et où il avait chaud. Mais le stade de l'infantilisme n'est-il pas destiné à être dépassé ? L'homme ne peut pas éternellement demeurer un enfant, il lui faut enfin s'aventurer dans un univers hostile. On peut appeler cela "l'éducation en vue de la réalité" ; ai-je besoin de vous dire que mon unique dessein, en écrivant cette étude, est d'attirer l'attention sur la nécessité qui s'impose de réaliser ce progrès ? »

Freud, L'Avenir d'une illusion (1927), chapitre IX.

3. Le sens de la parole «Dieu est mort»

Nietzsche fait de la mort de Dieu, de la fin de la croyance, un tournant de la civilisation européenne, dont le sens n'est pas encore clair.

« Le plus grand récent événement – à savoir que "Dieu est mort", que la croyance au Dieu chrétien est tombée en discrédit – commence dès maintenant à étendre son ombre sur l'Europe. Aux quelques rares, tout au moins, doués d'une suspicion assez pénétrante, d'un regard assez subtil pour ce spectacle, il semble en effet que quelque soleil vienne de décliner, que quelque vieille, profonde confiance se soit retournée en doute : à ceux-là notre vieux monde doit paraître de jour en jour plus crépusculaire, plus méfiant, plus étranger, "plus vieux". Mais sous le rapport essentiel on peut dire : l'événement en soi est beaucoup trop considérable, trop lointain, trop au-delà de la faculté conceptuelle du grand nombre pour que l'on puisse prétendre que la nouvelle en soit déjà parvenue, bien moins encore, que d'aucuns se rendent compte de ce qui s'est réellement passé, comme de tout ce qui doit désormais s'effondrer, une fois ruinée cette croyance, pour avoir été fondée sur elle, et pour ainsi dire enchevêtrée en elle : par exemple notre morale européenne dans sa totalité. »

Nietzsche, Le Gai Savoir (1881-1882), V, § 343.

Notions et repères

Notion 13 L'histoire [L, ES]

Définition élémentaire

L'histoire désigne l'ensemble des faits passés importants pour un peuple ou pour l'humanité, mais aussi le récit de ces faits, ou la science portant sur ces faits. Pour distinguer, on met parfois un H majuscule pour parler de l'Histoire comme ensemble des faits. Entre les faits eux-mêmes et le discours sur les faits, c'est la même distance qu'entre le réel et le langage.

Étymologie

Du grec *istoria*, « enquête » (titre du livre d'Hérodote, considéré comme le premier historien) : le terme montre bien que l'histoire n'est pas la transcription passive de « faits » qui se livreraient tout prêts à l'observateur, mais le fruit d'une reconstitution active et nécessairement parcellaire menée par un sujet qui est lui-même acteur de l'histoire.

Distinctions

– En tant que science historique, l'histoire s'oppose au mythe, récit religieux qui raconte les origines du monde et de l'humanité et les faits fondateurs de la société. L'histoire, dans sa tentative d'être objective, cherche à analyser et à comparer diverses sources d'informations.
– L'histoire se distingue aussi du témoignage. Le récit par un témoin est un document historique parmi d'autres : étant subjectif, il n'est pas, en lui-même, une preuve scientifique.
– L'histoire se distingue des « faits de tous les jours » : elle ne retient que certains faits, considérés comme significatifs dans l'évolution de la société.
– On peut distinguer l'histoire de la « pré-histoire » : l'histoire commence avec l'invention de l'écriture et la présence de témoignages écrits.
– On peut distinguer histoire et destin : histoire désignant une collection d'événements organisés autour d'un sujet, tandis que la notion de « destin » organise les événements en fonction de leur point d'aboutissement.

Problèmes / paradoxes

– En tant que succession d'événements, l'Histoire a-t-elle un sens, une direction ? Est-elle progrès ? décadence ?
– Et si elle a un sens, quelles sont les forces qui déterminent celui-ci ? La Providence divine ? La raison humaine ? La lutte des classes ?...

– Si les processus historiques sont orientés et déterminés, l'homme est-il libre ? Sont-ce les hommes qui font l'Histoire, ou l'Histoire qui fait les hommes ?

– Peut-on vraiment dissocier les faits du discours sur les faits ? Qu'est-ce qu'un « fait » ? Les faits sont-ils quelque chose qui s'impose de soi-même à la conscience, ou doivent-ils être élaborés par celle-ci ?

– En tant que connaissance du passé, comment l'histoire est-elle possible ? Si le passé est « passé », donc disparu, comment le connaître ? Comment re-présenter le passé, c'est-à-dire le rendre de nouveau présent ?

– Le paradoxe de la science historique, c'est qu'elle est elle-même historiquement située. Dans ces conditions peut-elle être objective ? La science historique étant une recherche menée par des individus eux-mêmes inscrits dans l'Histoire, l'histoire peut-elle être une science objective ? Quels sont les moyens pour l'historien de « prouver » ce qu'il dit ?

– L'histoire se distingue-t-elle du mythe ? de l'idéologie ?

– L'histoire porte-t-elle seulement sur le passé ? Peut-on être l'historien de son temps ? La connaissance historique sert-elle à prévoir l'avenir ?

– Peut-il y avoir une histoire des faits ordinaires, du quotidien ?

Un sujet, des références essentielles

SUJET : *L'objectivité est-elle possible en histoire ?*

1. La recherche de l'objectivité

À propos de son travail sur la guerre du Péloponnèse, Thucydide oppose l'histoire, comme enquête et comparaison des témoignages, aux mythes homériques et au traitement poétique de l'histoire.

« Quant aux actions accomplies au cours de cette guerre [celle du Péloponnèse], j'ai évité de prendre mes informations du premier venu et de me fier à mes impressions personnelles. Tant au sujet des faits dont j'ai moi-même été témoin que pour ceux qui m'ont été rapportés par autrui, j'ai procédé chaque fois à des vérifications aussi scrupuleuses que possible. Ce ne fut pas un travail facile, car il se trouvait dans chaque cas que les témoins d'un même événement en donnaient des relations discordantes, variant selon les sympathies qu'ils éprouvaient pour l'un ou l'autre camp ou selon leur mémoire.

Il se peut que le public trouve peu de charme à ce récit dépourvu de romanesque. Je m'estimerai pourtant satisfait s'il est jugé utile par ceux qui voudront voir clair dans les événements du passé, comme dans ceux, semblables ou similaires, que la nature humaine nous réserve dans l'avenir. Plutôt qu'un morceau d'apparat composé pour l'auditoire d'un moment, c'est un capital impérissable qu'on trouvera ici. »

Thucydide, *La Guerre du Péloponnèse* (Ve siècle av. J.-C.).

2. La tentation du scepticisme historique

« Il s'en faut bien que les faits décrits dans l'histoire ne soient la peinture exacte des mêmes faits tels qu'ils sont arrivés. Ils changent de forme dans la tête de l'historien, ils se moulent sur ses intérêts, ils prennent la teinte de ses préjugés. Qui est-ce qui sait mettre exactement le lecteur au lieu de la scène pour voir un événement tel qu'il s'est passé ? L'ignorance ou la partialité déguisent tout. Sans altérer même un trait historique, en étendant ou resserrant des circonstances qui s'y rapportent, que de faces différentes on peut lui donner ! Mettez un même objet à divers points de vue, à peine paraîtra-t-il le même, et pourtant rien n'aura changé que l'œil du spectateur. Suffit-il pour l'honneur de la vérité de me dire un fait véritable, en me le faisant voir tout autrement qu'il n'est arrivé ? Combien de fois un arbre de plus ou de moins, un rocher à droite ou à gauche, un tourbillon de poussière élevé par le vent ont décidé de l'événement d'un combat sans que personne s'en soit aperçu ?... Or que m'importent les faits en eux-mêmes, quand la raison m'en reste inconnue, et quelles leçons puis-je tirer d'un événement dont j'ignore la vraie cause ?... La critique elle-même, dont on fait tant de bruit, n'est qu'un art de conjecturer, l'art de choisir entre plusieurs mensonges celui qui ressemble le mieux à la vérité. »

Rousseau, *L'Émile* (1762).

3. Entre bonne et mauvaise subjectivité

L'objectivité en histoire ne peut pas complètement suspendre la subjectivité, mais elle suppose de distinguer une « bonne » et une « mauvaise » subjectivité.

« L'objectivité ici doit être prise en son sens épistémologique strict : est objectif ce que la pensée méthodique a élaboré, mis en ordre, compris et ce qu'elle peut ainsi faire comprendre. Cela est vrai des sciences physiques, des sciences biologiques ; cela est vrai aussi de l'histoire. Nous attendons par conséquent de l'histoire qu'elle fasse accéder le passé des sociétés humaines à cette dignité de l'objectivité. Cela ne veut pas dire que cette objectivité soit celle de la physique ou de la biologie : il y a autant de niveaux d'objectivité qu'il y a de comportements méthodiques. Nous attendons donc que l'histoire ajoute une nouvelle province à l'empire varié de l'objectivité.

Cette attente en implique une autre : nous attendons de l'historien une certaine qualité de subjectivité, non pas une subjectivité quelconque, mais une subjectivité qui soit précisément appropriée à l'objectivité qui convient à l'histoire. Il s'agit donc d'une subjectivité impliquée, impliquée par l'objectivité attendue. Nous pressentons par conséquent qu'il y a une bonne et une mauvaise subjectivité, et nous attendons un départage de la bonne et de la mauvaise subjectivité, par l'exercice même du métier d'historien. »

Ricœur, *Histoire et vérité* (1955).

Notion 14 La raison et le réel [L, ES, S]

Définitions élémentaires

– La raison est la faculté humaine de produire des représentations objectives (faculté de «discerner le Bien et le Mal, le Vrai et le Faux», selon Descartes).
– Le réel, c'est l'ensemble de ce qui est.
– Il y a un face-à-face entre la raison et le réel [voir repère «objectif/subjectif»] : la raison n'a d'existence qu'en tant qu'elle est une faculté de penser, de représenter, le réel – et de le distinguer de l'illusion. Réciproquement, le réel, c'est ce qui est identifié comme tel par la raison. Lorsque la raison a le réel pour objet, elle se prend donc aussi elle-même pour objet.

Étymologie

– Raison vient du latin *ratio*, «calcul», «compte». La raison, c'est donc d'abord une faculté de calculer.
– Réel vient du latin *res*, «la chose» : le réel, c'est l'ensemble des choses, ce qui nous renvoie aussi à l'idée de matérialité, de chose palpable. Le réel c'est ce qui se touche, plus que ce qui se voit.

Distinctions

– La raison, en tant que faculté du sujet, s'inscrit dans un système de distinction qui la définit par rapport aux autres facultés, notamment la sensibilité et l'imagination [voir tableau proposé pour «la perception»]. La sensibilité, parce qu'elle semble immédiate, paraît donner une représentation directe du réel : elle n'en est en fait que plus trompeuse ; la raison est la faculté qui permet de se détourner des illusions des sens, de les dépasser et d'accéder à une représentation plus réelle – parce que plus abstraite – des choses [voir repère «abstrait/concret» et Platon].
– Dans le registre moral, la raison s'oppose aux passions : celles-ci sont des impulsions du sujet, liées au corps, à la sensibilité et à l'imagination ; la raison permet d'être raisonnable : de maîtriser ces impulsions et de désamorcer leurs éventuels effets destructeurs.
– La raison s'oppose à la folie : être rationnel est (selon Aristote*) le propre de l'homme : la folie est un dérèglement des facultés qui rend l'homme imprévisible, insocialisable, éventuellement dangereux pour lui-même ou pour les autres. Par opposition, la raison apparaît comme ce qui garantit que l'individu va être prévisible, social, non dangereux.
– Le réel s'oppose à l'illusion, qui n'est que l'apparence du réel.

Problèmes / paradoxes

– La raison réalise la possibilité pour la subjectivité d'être objective, ce qui paraît contradictoire. Est-ce véritablement possible ? Dans quelles limites et à quelles conditions, sachant qu'une re-présentation du réel, pour «objective» qu'elle soit ne se confond pas, en principe, avec les objets eux-mêmes ?
– Comment peut-il y avoir une connexion, une adéquation, entre nos idées et les choses ? Peut-on vraiment différencier raison et opinion ?
– Comment un discours rationnel – donc une représentation langagière – peut-il correspondre de manière adéquate à une réalité matérielle ?
– Si l'on pense qu'aucune connexion n'est possible et donc qu'il n'y a pas de connaissance rationnelle possible (ce qui est la position des sceptiques), on rencontre un nouveau paradoxe : comment prouver que la connaissance est impossible, sinon par la raison ? Dire cela, c'est de nouveau prétendre affirmer une vérité.
– Mais qu'appelle-t-on « le réel» ? On peut penser que les objets «réels» ne sont pas les objets matériels, mais que ce sont des «idées», qui sont déjà du même ordre que les représentations. Par exemple si l'on dit que les seules vraies réalités sont les concepts mathématiques, tandis que les objets palpables ne sont en fait que des illusions [voir Platon].
– Il y a donc un cercle, puisque la raison a pour objet le réel, mais c'est elle qui doit déterminer en quoi consiste ce réel. Ce que l'on appelle de ce nom est nécessairement déjà une représentation du réel.

Un sujet, des références essentielles

SUJET : *La raison peut-elle atteindre le réel ?*

1. La raison, faculté de distinguer le vrai et le faux

Pour Descartes, la raison est propre à tous les hommes, même si tous ne savent pas également s'en servir.

«Le bon sens est la chose du monde la mieux partagée ; car chacun pense en être si bien pourvu que ceux même qui sont les plus difficiles à contenter en toute autre chose n'ont point coutume d'en désirer plus qu'ils en ont. En quoi il n'est pas vraisemblable que tous se trompent : mais plutôt cela témoigne que la puissance de bien juger et distinguer le vrai d'avec le faux, qui est proprement ce qu'on nomme le bon sens ou la raison, est naturellement égale en tous les hommes ; et ainsi que la diversité de nos opinions ne vient pas de ce que les uns sont plus raisonnables que les autres, mais seulement de ce que nous conduisons nos pensées par diverses voies, et ne considérons pas les mêmes choses. Car ce n'est pas assez d'avoir l'esprit bon, mais le principal est de l'appliquer bien.»

Descartes, *Discours de la méthode* (1637), I.

2. La tentation du scepticisme

Si c'est la raison qui doit garantir l'adéquation de la raison au réel, nous sommes face à un cercle vicieux.

« Pour juger des apparences que nous recevons des sujets, il nous faudrait un instrument judicatoire ; pour vérifier cet instrument, il nous y faut de la démonstration ; pour vérifier la démonstration, un instrument : nous voilà au rouet. Puisque les sens ne peuvent arrêter notre dispute, étant pleins eux-mêmes d'incertitude, il faut que ce soit la raison ; aucune raison ne s'établira sans une autre raison : nous voilà à reculons jusques à l'infini. […]

Finalement, il n'y a aucune constante existence, ni de notre être, ni de celui des objets. Et nous, et notre jugement, et toutes choses mortelles vont coulant et roulant sans cesse. Ainsi il ne se peut établir rien de certain de l'un à l'autre, et le jugeant et le jugé étant en continuelle mutation et branle.

Nous n'avons aucune communication à l'être, parce que toute humaine nature est toujours au milieu entre le naître et le mourir, ne baillant de soi qu'une obscure apparence et ombre, et une incertaine et débile opinion. Et si, de fortune, vous fichez votre pensée à vouloir prendre son être, ce sera ni plus ni moins que qui voudrait empoigner l'eau : car plus il serrera et pressera ce qui de sa nature coule partout, plus il perdra ce qu'il voulait tenir et empoigner. Ainsi, vu que toutes choses sont sujettes à passer d'un changement en autre, la raison qui y cherche une réelle subsistance se trouve déçue, ne pouvant rien appréhender de subsistant et permanent, parce que tout ou vient en être et n'est pas encore du tout, ou commence à mourir avant qu'il soit né. »

Montaigne, *Essais* (1580-1595), livre II, chapitre XII.

3. Raison et réalité mathématique

La raison peut appréhender le réel parce que celui-ci est de nature mathématique.

« La philosophie est écrite dans ce livre immense perpétuellement ouvert devant nos yeux (je veux dire l'Univers), mais on ne peut le comprendre si l'on n'apprend pas d'abord à connaître la langue et les caractères dans lesquels il est écrit. Il est écrit en langue mathématique et ses caractères sont des triangles, des cercles, et d'autres figures géométriques sans l'intermédiaire desquelles il est humainement impossible d'en comprendre un seul mot. »

Galilée, *L'Essayeur* (1623).

Notion 15 # Théorie et expérience [L]

Définitions élémentaires

– Une théorie est un ensemble de propositions organisées de manière systématique, visant à donner une représentation discursive d'un ensemble de phénomènes.
– L'expérience, c'est la mise en relation du sujet avec le réel.

Explication du lien entre les deux notions

Il y a un lien dialectique entre théorie et expérience, que l'on peut décomposer de la manière suivante :
1. L'expérience du monde suggère qu'il existe des régularités que l'on fixe dans des propositions («le soleil se lève à l'Est chaque matin» par exemple). C'est l'*induction* : on passe de l'expérience à la théorie.
2. La théorie décrit donc l'expérience et cherche en elle des confirmations : c'est l'*expérimentation*. La théorie nous guide pour scruter le réel et pour déterminer de quelles expériences nous avons besoin pour la tester.
3. Le résultat de l'expérience confirme, ou au contraire infirme, notre hypothèse théorique : on revient donc de l'expérience à la théorie, soit pour corriger celle-ci, soit pour la considérer comme établie (jusqu'à preuve du contraire) et en tirer de nouvelles conséquences.

Étymologie

– *Theoria* en grec signifie «contemplation» : en ce sens, la théorie est une vision du réel ; mais le sens actuel ne correspond que partiellement à cette étymologie, car une théorie est plutôt un discours qu'une simple vision.
– «Expérience» vient du verbe latin *experiri*, «essayer». En rapport avec le grec *empeiria*, «expérience», qui donne le mot «empirique» = «qui vient de l'expérience».

Distinctions

– La théorie s'oppose à la pratique [voir repère «théorique/pratique»] : la théorie est censée être purement spéculative, abstraite, et la pratique, la mise en application de la théorie ; mais il peut y avoir une pratique sans théorie, un savoir-faire non systématisé, qu'on appelle, justement, un savoir-faire «empirique» (c'est-à-dire tiré de l'expérience).
– L'expérience s'oppose, dans un certain sens, à l'inexpérience, le fait de ne pas avoir beaucoup vécu et d'avoir une faible capacité de prévision.
– Le contraire radical de l'expérience, c'est l'autisme ou le solipsisme : la clôture du sujet sur lui-même, sans aucun rapport avec le monde extérieur (quoique l'on puisse aussi parler d'une expérience intérieure).

– Il faut distinguer «expérience» et «expérimentation», c'est-à-dire un sens passif de l'expérience (réception de données) et un sens actif (activité de production de données, obtenues par un travail sur le réel).

Problèmes / paradoxes

On rencontre des problèmes du même type que pour «la raison et le réel», mais plus spécifiques.

– Comment la théorie peut-elle être adéquate à l'expérience? Comment le langage* peut-il donner une représentation juste du réel? N'y a-t-il de théorie que disjointe de l'expérience?

– Une théorie peut-elle être définitive, ou est-ce toujours une construction provisoire?

– Qu'est-ce qui vient en premier? La théorie ou l'expérience? Est-ce de l'expérience que l'on induit la théorie? Ou bien faut-il déjà avoir une certaine théorie pour percevoir les objets de l'expérience?

– Qu'est-ce qu'un «fait»? L'expérience nous «donne»-t-elle quoi que ce soit ou bien est-ce nous qui allons chercher et sélectionner ce dont nous avons besoin pour nos théories? L'expérience nous instruit-elle, ou est-ce la théorie qui informe l'expérience?

– L'expérience est-elle possible? L'homme n'est-il pas enfermé dans sa conscience*?

Un sujet, des références essentielles

SUJET: *Une expérience peut-elle se passer de présupposés théoriques?*

1. Le primat de la spéculation pure sur l'expérience

«Même je remarquais, touchant les expériences, qu'elles sont d'autant plus nécessaires qu'on est plus avancé en connaissance; [...]. Premièrement, j'ai tâché de trouver en général les principes ou premières causes de tout ce qui est ou qui peut être dans le monde, sans rien considérer pour cet effet que Dieu seul qui l'a créé, ni les tirer d'ailleurs que de certaines semences de vérités qui sont naturellement en nos âmes. Après cela, j'ai examiné quels étaient les premiers et plus ordinaires effets qu'on pouvait déduire de ces causes; et il me semble que par là j'ai trouvé des cieux, des astres, une terre, et même sur la terre de l'eau, de l'air, du feu, des minéraux, et quelques autres telles choses, qui sont les plus communes de toutes et les plus simples, et par conséquent les plus aisées à connaître. Puis, lorsque j'ai voulu descendre à celles qui étaient plus particulières, il s'en est tant présenté à moi de diverses, que je n'ai pas cru qu'il fût possible à l'esprit humain de distinguer les formes ou espèces de corps qui sont sur la terre, d'une infinité d'autres qui pourraient y être si c'eût été le vouloir de Dieu de les y mettre, ni par conséquent de les rapporter à notre usage, si ce n'est qu'on vienne au devant des causes par les effets, et qu'on se serve de plusieurs expériences particulières. Ensuite de quoi, repassant mon esprit sur tous les objets qui s'étaient jamais présentés à mes sens, j'ose bien dire que je n'y ai remarqué aucune chose que je ne pusse assez commodément expliquer par les principes que j'avais trouvés. »

Descartes, *Discours de la méthode* (1637), VI.

2. Le primat de l'expérience sur la raison

L'empirisme : voir Locke*, Hume*, Condillac*.

3. Le va-et-vient entre théorie et expérience

« Quand Galilée fit rouler ses sphères sur un plan incliné avec un degré d'accélération dû à la pesanteur déterminé selon sa volonté, quand Torricelli fit supporter à l'air un poids qu'il savait lui-même d'avance être égal à celui d'une colonne d'eau à lui connue, ou quand, plus tard, Stahl transforma les métaux en chaux et la chaux en métal, en leur ôtant ou en lui restituant quelque chose, ce fut une révélation lumineuse pour tous les physiciens. Ils comprirent que la raison ne voit que ce qu'elle produit elle-même d'après ses propres plans et qu'elle doit prendre les devants avec les principes qui déterminent ses jugements, suivant des lois immuables, qu'elle doit obliger la nature à répondre à ses questions et ne pas se laisser conduire pour ainsi dire en laisse par elle ; car autrement, faites au hasard et sans aucun plan tracé d'avance, nos observations ne se rattacheraient point à une loi nécessaire, chose que la raison demande et dont elle a besoin.

Il faut donc que la raison se présente à la nature tenant, d'une main, ses principes qui seuls peuvent donner aux phénomènes concordant entre eux l'autorité de lois, et de l'autre, l'expérimentation qu'elle a imaginée d'après ces principes, pour être instruite par elle, il est vrai, mais non pas comme un écolier qui se laisse dire tout ce qu'il plaît au maître, mais, au contraire, comme un juge en fonction qui force les témoins à répondre aux questions qu'il leur pose. »

Kant, *Critique de la raison pure* (1781-1787), Préface.

4. L'expérimentation, test de la théorie

Voir Bacon*.

5. La théorie, guide de l'expérience

Voir Bachelard*.

6. La falsifiabilité de la théorie par l'expérience, critère de scientificité

Voir Popper*.

Notion 16 La démonstration [L, ES, S]

Définition élémentaire

La démonstration est un raisonnement permettant de déduire (ou inférer) une conclusion à partir d'hypothèses de départ.

Étymologie

D'une racine indo-européenne *men*, « avoir une activité mentale », qui donne en latin à la fois *mens*, « l'esprit », mais aussi *monstrare*, « montrer ». Dans la même famille, on trouve aussi « réminiscence », « monstre », et « mensonge »...

Distinctions

– Démontrer se distingue de « montrer » : on démontre à l'aide d'arguments rationnels ; celui qui montre se contente de l'évidence sensible.
– La démonstration s'oppose à la croyance : celui qui « croit » ne peut pas dire pourquoi il croit ce qu'il croit. Celui qui a démontré appuie son opinion sur des principes qui permettent de la justifier.

Problèmes / paradoxes

– La démonstration est-elle possible ? Elle semble aller des hypothèses vers la conclusion, mais ne trouve-t-elle pas en fait les arguments dont elle a besoin pour une conclusion qu'elle a déjà établie ?
– Quel est le statut de la démonstration ? Les hypothèses qui lui servent de base sont-elles des vérités ? Ou bien simplement des postulats que l'on demande d'admettre pour les besoins de la démonstration ?

Un sujet, des références essentielles

SUJET : *Sur quoi se fondent nos démonstrations ?*

1. Le modèle géométrique ou les limites de la démonstration

« Cette véritable méthode, qui formerait les démonstrations dans la plus haute excellence, s'il était possible d'y arriver, consisterait en deux choses principales : l'une, de n'employer aucun terme dont on n'eût auparavant expliqué nettement le sens ; l'autre, de n'avancer jamais aucune proposition qu'on ne démontrât par

des vérités déjà connues ; c'est-à-dire, en un mot, à définir tous les termes et à prouver toutes les propositions. [...]
Certainement cette méthode serait belle, mais elle est absolument impossible : car il est évident que les premiers termes qu'on voudrait définir, en supposeraient de précédents pour servir à leur explication, et que de même les premières propositions qu'on voudrait prouver en supposeraient d'autres qui les précédassent ; et ainsi il est clair qu'on n'arriverait jamais aux premières. Aussi, en poussant les recherches de plus en plus, on arrive nécessairement à des mots primitifs qu'on ne peut plus définir, et à des principes si clairs qu'on n'en trouve plus qui le soient davantage pour servir à leur preuve. D'où il paraît que les hommes sont dans une impuissance naturelle et immuable de traiter quelque science que ce soit, dans un ordre absolument accompli. Mais il ne s'ensuit pas de là qu'on doive abandonner toute sorte d'ordre. Car il y en a un, et c'est celui de la géométrie, qui est à la vérité inférieur en ce qu'il est moins convaincant, mais non pas en ce qu'il est moins certain. Il ne définit pas tout et ne prouve pas tout, et c'est en cela qu'il lui cède ; mais il ne suppose que des choses claires et constantes par la lumière naturelle, et c'est pourquoi il est parfaitement véritable, la nature le soutenant au défaut du discours. Cet ordre, le plus parfait entre les hommes, consiste non pas à tout définir ou à tout démontrer, ni aussi à ne rien définir ou à ne rien démontrer, mais à se tenir dans ce milieu de ne point définir les choses claires et entendues de tous les hommes, et de définir toutes les autres ; et de ne point prouver toutes les choses connues des hommes, et de prouver toutes les autres. »

Pascal, *De l'esprit géométrique* (1658).

2. Volonté d'appliquer le modèle géométrique en philosophie

« Ces longues chaînes de raisons, toutes simples et faciles, dont les géomètres ont coutume de se servir pour parvenir à leurs plus difficiles démonstrations, m'avaient donné occasion de m'imaginer que toutes les choses qui peuvent tomber sous la connaissance des hommes s'entresuivent en même façon, et que, pourvu seulement qu'on s'abstienne d'en recevoir aucune pour vraie qui ne le soit, et qu'on garde toujours l'ordre qu'il faut pour les déduire les unes des autres, il n'y en peut avoir de si éloignées auxquelles enfin on ne parvienne, ni de si cachées qu'on ne découvre. Et je ne fus pas beaucoup en peine de chercher par lesquelles il était besoin de commencer : car je savais déjà que c'était par les plus simples et les plus aisées à connaître ; et, considérant qu'entre tous ceux qui ont ci-devant recherché la vérité dans les sciences, il n'y a eu que les seuls mathématiciens qui ont pu trouver quelques démonstrations, c'est-à-dire quelques raisons certaines et évidentes, je ne doutais point que ce ne fût par les mêmes qu'ils ont examinées ; bien que je n'en espérasse aucune autre utilité, sinon qu'elles accoutumeraient mon esprit à se repaître de vérités, et ne se contenter point de fausses raisons. »

Descartes, *Discours de la méthode* (1637), II.

3. Les quatre préceptes de la méthode et la règle de l'évidence

Descartes rêvait d'appliquer ces préceptes à toute connaissance, fondant ainsi une science universelle qu'il appelait *mathesis universalis*.

«Le premier était de ne recevoir jamais aucune chose pour vraie que je ne la connusse évidemment être telle; c'est-à-dire, d'éviter soigneusement la précipitation et la prévention, et de ne comprendre rien de plus en mes jugements que ce qui se présenterait si clairement et si distinctement à mon esprit, que je n'eusse aucune occasion de le mettre en doute. Le second, de diviser chacune des difficultés que j'examinerais, en autant de parcelles qu'il se pourrait, et qu'il serait requis pour les mieux résoudre. Le troisième, de conduire par ordre mes pensées, en commençant par les objets les plus simples et les plus aisés à connaître, pour monter peu à peu comme par degrés jusques à la connaissance des plus composés, et supposant même de l'ordre entre ceux qui ne se précèdent point naturellement les uns les autres. Et le dernier, de faire partout des dénombrements si entiers et des revues si générales, que je fusse assuré de ne rien omettre.»

Descartes, *Discours de la méthode* (1637), II.

4. Critique du principe d'évidence

Leibniz soutient que le critère formel de cohérence logique est un meilleur garant de vérité que le recours à un principe supposé «évident».

«J'ai signalé ailleurs la médiocre utilité de cette fameuse règle qu'on lance à tout propos, – de ne donner son assentiment qu'aux idées claires et distinctes – si l'on n'apporte pas de meilleures marques du clair et du distinct que celles données par Descartes. Mieux valent les règles d'Aristote et des Géomètres, comme, par exemple, de ne rien admettre (mis à part les principes, c'est-à-dire les vérités premières ou bien les hypothèses), qui n'ait été prouvé par une démonstration valable, dis-je, à savoir, ne souffrant ni d'un vice de forme ni d'un vice matériel. Il y a vice matériel si l'on admet quoi que ce soit en dehors des principes ou de ce qui est démontré en retournant aux principes et à partir d'eux, par une argumentation valable. Par forme correcte, j'entends non seulement la syllogistique classique, mais aussi toute forme démontrée au préalable qui conclut par la force de son dispositif; c'est ce que font aussi les formes opératoires d'arithmétique et d'algèbre; les formes des livres de comptes, et même, d'une certaine façon, les formes du procès en justice. Mais en attendant, pour agir, nous nous contentons parfois d'un certain degré de vraisemblance; d'ailleurs cette partie de la logique – la plus utile dans la vie – l'estimation du degré de probabilité, reste encore à faire.»

Leibniz, *Méditations sur la connaissance, la vérité et les idées* (1684).

Notion 17 L'interprétation [L, ES]

Définition élémentaire

Interpréter, c'est passer du signifiant au signifié : c'est exprimer le ou les sens latents dans un ensemble de données considérées comme un texte. Par exemple, le musicien qui interprète une partition ; l'exégète qui interprète le commandement de Dieu inscrit dans un texte sacré ; le lecteur, qui passe des lettres aux sons, et des sons au sens des mots et des phrases ; le lecteur qui passe du sens littéral d'une métaphore à son sens figuré ; le juge qui interprète la loi générale pour l'appliquer à un cas particulier...

Étymologie

Du latin *interpretari*, « expliquer », « traduire » et *interpres*, « médiateur ».

Distinctions

– La notion d'interprétation s'oppose à celle de « compréhension immédiate » : penser qu'il faut interpréter, c'est penser que le sens (d'un phénomène, d'un texte...) n'est pas donné directement, par lui-même, « littéralement », mais est produit par celui qui interprète.
– L'interprétation se distingue aussi de l'affirmation arbitraire : l'interprète n'est, en principe, pas libre de ce qu'il dit : il ne fait que transmettre un sens qu'il trouve et qui ne dépend pas, ou pas entièrement, de lui.

Problèmes / paradoxes

– Une interprétation peut-elle être objective ? Si le sens est produit par celui qui interprète, comment être sûr qu'il ne dit pas juste ce qu'il veut ? Comment être sûr que l'interprétation n'est pas purement subjective et arbitraire ? Existe-t-il un lien nécessaire et fixe entre ce qui est interprété (l'objet interprété) et ce qui est interprété (le sens proposé par l'interprète) ?
– Où s'arrête l'interprétation ? L'interprétation suppose un support que l'on interprète, mais comment appréhender ce support sinon par une première interprétation ? Et celui à qui l'interprète s'adresse devra à son tour interpréter ce que celui-ci lui dit : il semble donc y avoir un emboîtement infini d'interprétations, aussi bien en amont qu'en aval de l'interprétation, sans que l'on puisse dire où est le sens véritable.

Un sujet, des références essentielles

SUJET : *Pouvons-nous connaître sans interpréter ?*

1. La vérité révélée

La vérité révélée délivre un message dont le sens s'impose immédiatement, comme le montre l'exemple de la conversion de saint Augustin.

«Je disais et je pleurais dans toute l'amertume d'un cœur brisé. Et tout à coup j'entends sortir d'une maison voisine comme une voix d'enfant ou de jeune fille qui chantait et répétait souvent : "PRENDS, LIS ! PRENDS, LIS !" Et aussitôt, changeant de visage, je cherchai sérieusement à me rappeler si c'était un refrain en usage dans quelque jeu d'enfant ; et rien de tel ne me revint à la mémoire. Je réprimai l'essor de mes larmes, et je me levai, et ne vis plus là qu'un ordre divin d'ouvrir le livre de l'Apôtre, et de lire le premier chapitre venu. Je savais qu'Antoine, survenant, un jour, à la lecture de l'Évangile, avait saisi, comme adressées à lui-même, ces paroles : "Va, vends ce que tu as, donne-le aux pauvres, et tu auras un trésor dans le ciel ; viens, suis-moi (Matthieu XIX, 21)" et qu'un tel oracle l'avait aussitôt converti à vous.
Je revins vite à la place où Alypius était assis ; car, en me levant, j'y avais laissé le livre de l'Apôtre. Je le pris, l'ouvris, et lus en silence le premier chapitre où se jetèrent mes yeux : "Ne vivez pas dans les festins, dans les débauches, ni dans les voluptés impudiques, ni en conteste, ni en jalousie ; mais revêtez-vous de Notre-Seigneur Jésus-Christ, et ne cherchez pas à flatter votre chair dans ses désirs." Je ne voulus pas, je n'eus pas besoin d'en lire davantage. Ces lignes à peine achevées, il se répandit dans mon cœur comme une lumière de sécurité qui dissipa les ténèbres de mon incertitude. »

Saint Augustin, *Confessions* (396-397 ap. J.-C.), VIII, 12.

2. Les abus d'interprétation

L'interprétation biblique donne lieu à de nombreux abus. Il faut donc se donner une méthode pour interpréter correctement les textes sacrés. Pour Spinoza, cette méthode est semblable à celle que l'on applique à la connaissance de la nature.

«Pour nous, si nous voulons nous séparer de cette foule agitée des théologiens vulgaires, et, délivrant notre âme de leurs vains préjugés, ne pas nous exposer à confondre des opinions tout humaines avec les enseignements divins, nous devons nous tracer pour l'interprétation des livres saints une méthode sûre, sans laquelle toute connaissance certaine de la pensée du Saint-Esprit est évidemment impossible. Or, pour caractériser d'avance notre pensée en peu de mots, nous croyons que cette méthode pour interpréter sûrement la Bible, loin d'être différente de la méthode qui sert à interpréter la nature, lui est au contraire parfaitement conforme. Quel est en effet l'esprit de la méthode d'interprétation de la nature ? Elle consiste à tracer avant tout une histoire fidèle de ses phénomènes, pour aboutir ensuite, en partant de ces données certaines, à d'exactes définitions des choses naturelles. Or c'est exactement le même procédé qui convient à la sainte Écriture. Il faut premièrement en faire une histoire fidèle, et se former ainsi un fonds de données et de principes bien assurés, d'où l'on déduira plus tard la vraie pensée des auteurs de l'Écriture par une suite de conséquences légitimes. Quiconque pratiquera cette méthode, pourvu qu'il ne se serve dans l'interprétation de l'Écriture d'autres données ni d'autres principes que ceux qui sont contenus dans son histoire, est parfaitement certain de se mettre à l'abri de toute erreur, et de pouvoir discuter sur des objets qui passent la portée humaine avec la même sécurité que sur les choses qui sont du ressort de la raison. »

Spinoza, *Traité théologico-politique* (1670), VII.

3. L'interprétation du monde

Notre rapport au monde est en permanence un rapport d'interprétation.

« La nouveauté trouve nos sens hostiles et rebelles, et même dans les processus sensoriels les plus "simples" "règnent" déjà les passions : la crainte, l'amour, la haine, sans oublier la passion passive de la paresse. – De même qu'un lecteur ne lit pas aujourd'hui tous les mots (et encore moins toutes les syllabes) d'une page, mais de vingt mots en prend quatre ou cinq au hasard et "devine" le sens qu'il présume leur convenir, – de même nous ne voyons jamais un arbre exactement et complètement, avec ses feuilles, ses branches, sa couleur, sa forme ; il nous est tellement plus facile de laisser notre imagination former un à peu près d'arbre ! Même en présence des événements les plus étranges, nous ne procédons pas autrement ; nous imaginons la plus grande partie de l'événement et nous sommes à peine capables de ne pas assister en "inventeurs" à n'importe quel phénomène. En d'autres termes, nous sommes par nature et depuis toujours habitués à mentir. Ou pour le dire avec plus de politesse et d'hypocrisie, et aussi de façon plus agréable à l'oreille, chacun est beaucoup plus artiste qu'il ne pense. »

Nietzsche, *Par-delà le bien et le mal* (1886), V, § 192.

Notion 18 Le vivant [L, S]

Définition élémentaire

Le vivant est l'ensemble des êtres qui ont en eux, en vertu de l'organisation particulière de leurs éléments, un principe de croissance, liée à des échanges avec le milieu extérieur, et susceptibles de se reproduire.

Étymologie

Du latin *vivere*, « vivre », *vita*, « vie ». En grec, distinguer la racine *zoè*, « le phénomène de vie », d'où *zoon*, « être vivant », « animal » et *bios*, « la vie », au sens de manière de vivre, manière de se comporter.

Distinctions

– La vie s'oppose à la mort. Mais il faut remarquer que « mourir » est quelque chose qui ne peut arriver qu'aux vivants.
– Le vivant s'oppose donc de manière plus radicale à la matière inerte, matière sans mouvement.
– Il faut distinguer organisme et mécanisme : un mécanisme est fait de pièces disjointes dont l'articulation conditionne le mouvement de l'ensemble, tandis que dans un organisme, les éléments (organes) sont dans une relation d'interdépendance et d'interrégulation qui semble subordonnée au fonctionnement de l'organisme pris comme un tout [voir repère « mécanisme / finalisme »].

Problèmes / paradoxes

– Qu'est-ce que la vie ? Il y a quelque chose de miraculeux dans le vivant. Comment se fait le passage de la matière inerte à la matière vivante ? Est-ce une tendance interne à la matière ? Y a-t-il un principe extérieur à celle-ci qui lui insuffle la vie ? (un esprit ? un élan vital ? Dieu ?...) Est-ce le produit d'un mécanisme de sélection naturelle des organisations de la matière ? (Les virus, cas limite, marquant le passage de la matière inerte au vivant).
– Comment connaître le fonctionnement d'un organe sans le séparer de l'organisme dans lequel il est ? La difficulté que pose l'étude du vivant, c'est que, par l'étude de ses phénomènes, je modifie l'organisme que j'étudie. À la limite, en voulant l'étudier, je le tue, rendant ainsi impossible son étude en tant qu'être vivant. (Paradoxe de la dissection).
– L'organisme peut-il être réduit à un mécanisme ? Est-ce simplement un mécanisme plus complexe que les mécanismes artificiels, ou bien y a-t-il des différences essentielles de fonctionnement entre ceux-ci et l'organisme ?

Notions et repères

– Ce qui revient à la question : comment la biologie se constitue-t-elle comme science, indépendante de la science physique ?

– Problème de l'évolution des espèces : les êtres vivants sont-ils des formes fixes (fixisme) ? Ou bien le produit d'une évolution (évolutionnisme) ? Et quel est le mécanisme de cette évolution ? (Lamarckisme : transmission des caractères acquis / Darwinisme : mutations aléatoires et sélection naturelle).

Un sujet, des références essentielles

SUJET : *L'être vivant peut-il être réduit à un mécanisme ?*

1. L'âme, moteur interne du vivant

Ce qui différencie le vivant de la matière inerte réside, selon Aristote, dans l'âme.

« L'âme disparue, il n'y a plus d'animal et aucune des parties ne demeure la même, sinon seulement par la configuration extérieure, comme ceux qui, dans la légende, ont été changés en pierres ; s'il en est ainsi, il appartiendra au naturaliste de parler de l'âme et d'en avoir la science, et sinon de toute l'âme, du moins de ce qui fait l'animal ce qu'il est ; le naturaliste doit connaître ce qu'est l'âme, ou cette partie spéciale de l'âme, et tout ce qui accompagne son essence, d'autant plus que la nature se dit en deux sens : la matière et la substance. C'est cette dernière qui joue le rôle de moteur et de fin. C'est cela qu'est l'âme de l'animal, ou tout entière, ou une partie d'elle-même. Ainsi, il faut, dans l'étude de la nature, insister davantage sur l'âme que sur la matière, dans la mesure précisément selon laquelle c'est par l'âme que la matière est nature, et non l'inverse ; en effet, le bois n'est lit et trépied, que parce qu'il est cela en puissance. »

Aristote, *Des parties des animaux* (IVe siècle av. J.-C.), 1, 1.

2. La conception matérialiste

La théorie cartésienne des animaux-machines affirme le caractère simplement mécanique des animaux (par opposition à l'homme, qui a, lui, une âme en plus de son corps).

« […] ceux qui, sachant combien de divers automates, ou machines mouvantes, l'industrie des hommes peut faire, sans y employer que fort peu de pièces, à comparaison de la grande multitude des os, des muscles, des nerfs, des artères, des veines, et de toutes les autres parties qui sont dans le corps de chaque animal, considéreront ce corps comme une machine qui, ayant été faite des mains de Dieu, est incomparablement mieux ordonnée et a en soi des mouvements plus admirables qu'aucune de celles qui peuvent être inventées par les hommes.

Et je m'étais ici particulièrement arrêté à faire voir que, s'il y avait de telles machines qui eussent les organes et la figure extérieurs d'un singe ou de quelque autre animal sans raison, nous n'aurions aucun moyen pour reconnaître qu'elles ne seraient pas en tout de même nature que ces animaux. »

Descartes, *Discours de la méthode* (1637), Ve partie.

3. L'être vivant irréductible à une machine

L'être vivant manifeste une faculté d'auto-organisation, il procure une réalité objective au concept d'une fin de la nature.

«Dans une montre une partie est l'instrument du mouvement des autres, mais un rouage n'est pas la cause efficiente de la production d'un autre rouage; certes une partie existe pour une autre, mais ce n'est pas par cette autre partie qu'elle existe. C'est pourquoi la cause productrice de celles-ci et de leur forme n'est pas contenue dans la nature (de cette matière), mais en dehors d'elle dans un être, qui d'après des Idées peut réaliser un tout possible par sa causalité. C'est pourquoi aussi dans une montre un rouage ne peut en produire un autre et encore moins une montre d'autres montres, en sorte qu'à cet effet elle utiliserait (elle organiserait) d'autres matières; c'est pourquoi elle ne remplace pas d'elle-même les parties, qui lui ont été ôtées, ni ne corrige leurs défauts dans la première formation par l'intervention des autres parties, ou se répare elle-même, lorsqu'elle est déréglée: or tout cela nous pouvons en revanche l'attendre de la nature organisée. – Ainsi un être organisé n'est pas simplement machine, car la machine possède uniquement une force motrice; mais l'être organisé possède en soi une force formatrice qu'il communique aux matériaux, qui ne la possèdent pas (il les organise): il s'agit ainsi d'une force formatrice qui se propage et qui ne peut pas être expliquée par la seule faculté de mouvoir (le mécanisme). On dit trop peu de la nature et de son pouvoir pour des productions organisées, quand on l'appelle un analogue de l'art; on imagine alors l'artiste (un être raisonnable) en dehors d'elle. Elle s'organise au contraire elle-même dans chaque espèce de ses produits organisés; dans l'ensemble il est vrai, d'après un même modèle, mais avec les modifications convenables exigées pour la conservation de soi-même suivant les circonstances.

Dans la nature les êtres organisés sont ainsi les seuls, qui, lorsqu'on les considère en eux-mêmes et sans rapport à d'autres choses, doivent être pensés comme possibles seulement en tant que fins de la nature et ce sont ces êtres qui procurent tout d'abord une réalité objective au concept d'une fin qui n'est pas une fin pratique, mais une fin de la nature, et qui, ce faisant, donnent à la science de la nature le fondement d'une téléologie, c'est-à-dire une manière de juger ses objets d'après un principe particulier, que l'on ne serait autrement pas du tout autorisé à introduire dans cette science (parce que l'on ne peut nullement apercevoir a priori la possibilité d'une telle forme de causalité).»

Kant, *Critique de la faculté de juger* (1790).

Notions et repères

Notion 19 La matière et l'esprit [L, ES, S]

Définitions élémentaires

– La matière, ou «matière sensible», est la masse passive de ce qui peut faire l'objet d'une perception vraie (non illusoire), notamment ce qui peut être touché.
– L'esprit est une réalité pensante active.

Explication du lien entre les deux notions

La matière et l'esprit s'opposent et se complètent pour former l'ensemble du réel : ce qui pense d'un côté (l'esprit), ce qui est pensé de l'autre (la matière). L'opposition matière/esprit recoupe celle entre matière et forme [voir repère «matière/forme»] si l'on considère que la matière est quelque chose de passif, qui ne s'anime que sous l'effet d'un esprit. Aux extrêmes deux philosophies s'opposent : le spiritualisme, pour qui la matière n'a pas d'existence réelle, seul l'esprit en a ; et de l'autre côté, le matérialisme, pour qui tout est matière, même l'esprit.

Étymologie

– Matière vient du latin *mater*, «la mère» : il y a un lien entre la mère, la matrice, ce qui produit, et la matière, ce qui est produit. Ce lien se fait par le mot *materies*, qui désigne d'abord le tronc d'arbre d'où poussent les branches ; puis le tronc d'arbre avec lequel on construit des ouvrages de charpente ; d'où l'idée générale de «matière», liée à la fois à la production naturelle et à la production artificielle. Remarquer que, d'après cette étymologie, la matière est un principe actif, et non quelque chose de passif.
– Esprit vient du latin *spiritus*, «le souffle», puis «le souffle vital», et «l'âme». Le souffle, c'est donc à la fois une matière très subtile, mais aussi ce qui souffle sur la matière et la met en mouvement.

Distinctions

Outre l'opposition esprit/matière, on trouve aussi d'autres distinctions :
– matière/forme* : (en grec : *hylè/morphè*) La matière est la masse passive, la forme, le principe actif qui lui donne forme (on parle du schéma «hylémorphique» pour désigner cette association matière/forme).
– L'esprit, en tant que synonyme d'intelligence, s'oppose à la sensibilité.
– L'esprit s'oppose à la lettre (en droit) : l'esprit d'un texte, c'est son intention générale ; la lettre du texte, c'est ce qui est écrit, son interprétation la plus stricte.

Problèmes / paradoxes

– Si esprit et matière sont deux genres différents de réalité, comment peuvent-ils être liés ? Comment l'esprit peut-il agir sur le corps ? Comment la matière peut-elle agir sur l'esprit ?

– La matière et l'esprit s'opposent-ils vraiment ? Ce dualisme a-t-il un sens ? Peut-on réduire la matière à l'esprit ? Ou l'esprit à la matière ?

– Qu'est-ce que la matière ? Elle semble ce qu'il y a de plus «concret», de plus réel, mais sait-on ce qu'elle est ? Jusqu'où peut-on la décomposer ? Quel rapport entre ce que la science nous révèle de l'infiniment petit, de l'infiniment grand, et ce qui se passe au niveau de notre expérience commune ?

– La matière est-elle aussi inerte et passive que ce que l'on croit communément ? N'y a-t-il pas en elle des principes d'activité ?

– Problème de l'émergence : dans la perspective matérialiste, comment expliquer que le phénomène de la pensée émerge d'une structure simplement matérielle ?

Un sujet, des références essentielles

SUJET : *Comment penser le lien entre la matière et l'esprit ?*

1. Une théorie purement matérialiste de l'âme

«Je dis que l'âme (souvent nous disons l'intelligence), dans laquelle résident le principe et la règle de nos actions, n'est pas moins une partie de notre corps que les mains, les pieds et les yeux. […] Voici une raison de conclure que l'esprit et l'âme sont corporels : Car, s'ils font mouvoir nos membres, s'ils nous arrachent des bras du sommeil, s'ils altèrent la couleur du visage et gouvernent à leur gré l'homme entier, comme ces opérations supposent un contact, et le contact une substance corporelle, ne faut-il pas avouer que l'esprit et l'âme sont corporels ? […]

L'âme est formée de molécules imperceptibles, beaucoup plus déliées que les éléments de l'eau, des nuages et de la fumée puisqu'elle se meut avec plus de vitesse et de facilité.»

Lucrèce, De la nature (Ier siècle av. J.-C), III.

2. La glande pinéale

Pour Descartes, l'âme et le corps dont deux substances distinctes, mais pourtant liées. Le siège de l'âme se trouve dans le cerveau, dans la glande pinéale.

«Art. 31. Qu'il y a une petite glande dans le cerveau en laquelle l'âme exerce ses fonctions plus particulièrement que dans les autres parties.

Il est besoin aussi de savoir que, bien que l'âme soit jointe à tout le corps, il y a néanmoins en lui quelque partie en laquelle elle exerce ses fonctions plus particulièrement qu'en toutes les autres. Et on croit communément que cette partie est le cerveau, ou peut-être le cœur : le cerveau, à cause que c'est à lui que se rapportent les organes des sens ; et le cœur, à cause que c'est comme en lui qu'on sent les passions. Mais, en examinant la chose avec soin, il me semble avoir évidemment reconnu que la partie du corps en laquelle l'âme exerce immédiatement ses fonctions n'est nullement le cœur, ni aussi tout le cerveau, mais seulement la plus intérieure de ses parties, qui est une certaine glande fort petite, située dans le milieu de sa substance, et tellement suspendue au-dessus du conduit par lequel les esprits de ses cavités antérieures ont communication avec ceux de la postérieure, que les moindres mouvements qui sont en elle peuvent beaucoup pour changer le cours de ces esprits, et réciproquement que les moindres changements qui arrivent au cours des esprits peuvent beaucoup pour changer les mouvements de cette glande. »

Descartes, *Les Passions de l'âme* (1649).

3. Problème logique de l'union âme-corps

L'idée de l'union de l'âme et du corps pose un problème logique : comment peuvent-ils être d'essence différente et pourtant liés ? C'est ce que souligne Spinoza.

« Qu'entend-il, je le demande, par l'union de l'âme et du corps ? Quelle idée claire et distincte peut-il avoir d'une pensée étroitement unie à une portion de l'étendue ? Je voudrais au moins qu'il eût expliqué cette union par la cause prochaine. Mais dans sa philosophie la distinction entre l'âme et le corps est si radicale qu'il n'aurait pu assigner une cause déterminée ni à cette union ni à l'âme elle-même, et il aurait été contraint de recourir à la cause de l'univers, c'est-à-dire à Dieu. »

Spinoza, *Éthique* (1675), V.

4. La pensée comme propriété du corps organisé

« Je crois la pensée si peu incompatible avec la matière organisée, qu'elle semble en être une propriété, telle que l'électricité, la faculté motrice, l'impénétrabilité, l'étendue, etc. »

La Mettrie, *L'Homme-machine* (1748).

5. La pensée : un rapport adaptatif du corps à son milieu

« [...] j'ai déplacé la question en définissant très largement la pensée comme le rapport adaptatif que les organismes entretiennent avec leur milieu. Ce déplacement m'a amené à confirmer la proposition que ce sont les corps qui pensent, même si, la pensée étant un rapport entre le vivant et son milieu, on ne saurait lui attribuer une place précise dans l'espace d'un seul corps ».

Prochiantz, *Les Anatomies de la pensée. À quoi rêvent les calamars ?* (1997).

La vérité [L, ES, S]

Définition élémentaire

La vérité est l'adéquation d'une représentation avec ce qu'elle représente. En particulier, c'est le fait qu'un jugement corresponde de manière adéquate à ce sur quoi il porte. Pour reprendre l'exemple donné par le logicien Tarski : l'énoncé « la neige est blanche » est vrai si et seulement si la neige est en effet blanche.

Étymologie

Du latin *veritas*. En grec : *alètheia*, couramment traduite par « vérité », mais qui signifie aussi « dévoilement », « levée du voile ».

Distinctions

– La vérité s'oppose à l'erreur, qui est une représentation non adéquate de l'objet. (Mentir, c'est induire autrui en erreur en lui donnant une fausse représentation de ce qui est.)
– La vérité s'oppose à l'illusion, qui est non seulement une représentation non adéquate mais qui en plus se donne pour vraie.
– Il faut distinguer les « vérités matérielles » et les « vérités formelles » : les premières portent sur les faits empiriques, comme en sciences physiques ou en histoire ; les secondes caractérisent la cohérence logique d'énoncés non empiriques, comme en logique ou en mathématiques.

Problèmes / paradoxes

La notion de vérité condense une grande partie des problèmes de la philosophie :
– La vérité est-elle possible ? Si la vérité est une propriété d'un énoncé, comment celui-ci peut-il « correspondre » à un fait empirique ? N'y a-t-il pas une hétérogénéité entre le langage et le réel qui rend impossible une telle correspondance ou adéquation ? [Voir notion « la raison et le réel » et « le langage ».]
– Sur quoi porte la vérité ? Porte-t-elle sur les choses du monde, ou bien sur d'autres représentations de la conscience ?
– Peut-il y avoir des vérités subjectives ? Peut-on dire « à chacun sa vérité », ou bien toute vérité est-elle nécessairement universelle ?
– La vérité est-elle correspondance avec un objet ? Est-elle cohérence interne d'un énoncé ? Ou bien encore est-elle correspondance du sujet parlant avec soi-même ?
– Comment évaluer la vérité d'un jugement ? Cette évaluation est elle-même un nouveau jugement, donc comment évaluer qu'elle est vraie à son tour ? Et ainsi

de suite. Il semble donc y avoir un cercle qui impose de porter une infinité de jugements pour pouvoir dire que quelque chose est vrai.

– Le faux est-il nécessairement le contraire du vrai ? Ne peut-il pas y avoir une part de vérité dans le faux ? L'opposition vrai / faux est-elle nécessairement binaire ? Peut-on penser entre les deux un lien dialectique ?

Un sujet, des références essentielles

SUJET : *La vérité peut-elle se définir par son utilité ?*

1. La vérité comme adéquation de l'idée avec son objet

« La première signification de Vrai et de Faux semble avoir son origine dans les récits ; et l'on a dit vrai un récit, quand le fait raconté était réellement arrivé ; faux, quand le fait raconté n'était arrivé nulle part. Plus tard, les philosophes ont employé le mot pour désigner l'accord d'une idée avec son objet ; ainsi, l'on appelle idée vraie celle qui montre une chose comme elle est en elle-même ; fausse, celle qui montre une chose autrement qu'elle n'est en réalité. Les idées ne sont pas autre chose en effet que des récits ou des histoires de la nature dans l'esprit. Et de là on en est venu à désigner de la même façon, par métaphore, des choses inertes ; ainsi, quand nous disons de l'or vrai ou de l'or faux, comme si l'or qui nous est présenté racontait quelque chose sur lui-même, ce qui est ou n'est pas en lui. »

Spinoza, *Pensées métaphysiques* (1663).

2. Ce qui est utile à la vie

Pour la théorie pragmatique, la vérité est définie comme la manière la plus efficace d'être en rapport avec le réel.

« En tête de cette vague, apparue dans la logique scientifique, marchent aujourd'hui MM. Schiller et Dewey avec leur théorie pragmatique de la vérité et de la signification qui est partout la sienne. Partout, enseignent-ils, dans nos idées, dans nos croyances, le mot "vérité" signifie la même chose que dans la science. Et ce qu'il faut toujours entendre par ce mot, c'est, disent-ils, que "nos idées, qui, d'ailleurs, font elles-mêmes partie de notre expérience et ne sont rien en dehors de celle-ci, deviennent vraies dans la mesure où elles nous aident à entrer en relations, d'une manière satisfaisante, avec d'autres parties de notre expérience, à les simplifier", à nous y mouvoir en tous sens par des concepts permettant de couper au plus court, au lieu de suivre l'interminable succession des phénomènes particuliers. Dès lors qu'une idée pourra, pour ainsi dire, nous servir de monture ; dès lors que, dans l'étendue de notre expérience, elle nous transportera de n'importe quel point à n'importe quel autre ; dès lors que, par elle, sera établie entre les choses une liaison de nature à nous contenter ; dès lors, enfin, qu'elle fonctionnera de façon à nous donner une parfaite sécurité, tout en simplifiant notre travail, tout en économisant notre effort, – cette idée sera vraie dans ces limites, et seulement dans ces limites-là ; vraie à ce point de vue, et non pas à un autre ; vraie d'une vérité "instrumentale", vraie à titre d'"instrument", et seulement à ce titre.

Telle est la théorie de la vérité "instrumentale", ou de la vérité consistant pour nos idées dans leur aptitude à fournir un certain "travail" ; – théorie enseignée avec tant de succès à Chicago [Dewey], et ensuite propagée à Oxford [Schiller] avec tant d'éclat. »

William James, Le Pragmatisme (1907).

3. La volonté de vérité, une volonté de mort ?

« Donc la foi dans la science, cette foi qui existe en fait d'une façon incontestable, ne peut avoir son origine dans un calcul utilitaire ; elle a dû se former au contraire malgré le danger et l'inutilité de la "vérité à tout prix", danger et inutilité que la vie démontre sans cesse. (Vérité "à tout prix" ! Nous savons trop bien ce que c'est, nous ne le savons hélas que trop, quand nous avons offert sur cet autel, et sacrifié de notre couteau, toutes les croyances, une à une !)

"Vouloir la vérité" ne signifie donc pas « vouloir ne pas se laisser tromper », mais, et il n'y a pas d'autre choix : "vouloir ne pas tromper les autres ni soi-même", ce qui nous ramène dans le domaine moral.

Qu'on se demande sérieusement en effet : "Pourquoi vouloir ne pas tromper ?", surtout s'il semble – et c'est bien le cas ! – que la vie soit montée en vue de l'apparence, j'entends qu'elle vise à égarer, à duper, à dissimuler, à éblouir, à aveugler, et si, d'autre part, en fait, elle s'est toujours montrée sous son plus grand format du côté des fourbes (*polytropoi*) les moins scrupuleux ?

Interprété timidement, ce dessein de ne pas tromper peut passer pour donquichotterie, petite déraison d'enthousiaste ; mais il se peut qu'il soit aussi quelque chose de pire : un principe destructeur ennemi de la vie… "Vouloir le vrai" ce pourrait être, secrètement, vouloir la mort. »

Nietzsche, Le Gai Savoir (1881-1887), § 344.

Notions et repères

Notion 21 La politique [L, ES, S]

Définition élémentaire

En tant que champ de réflexion, la politique est l'ensemble de ce qui concerne l'organisation de la vie collective des hommes. En tant qu'activité, la politique est l'art de gouverner (ou la science de gouverner, si l'on en a une approche plus rationaliste).

Étymologie

Du grec *polis*, « la ville », « la cité » – sachant que les cités grecques étaient chacune des États autonomes. D'où *politès*, « le citoyen » ; *politeia*, « droit de cité », « administration d'un homme d'État », « régime politique », « constitution » ; *politikos,* « qui concerne les citoyens et l'État ». D'où aussi la « politesse » (manière d'être ensemble) et la « police » (gardiens de l'ordre public).

Distinctions

– En tant que champ de réflexion, on peut distinguer la politique de la « logique » et de l'« épistémologie » (réflexion sur les sciences) ; de l'« esthétique » (réflexion sur l'art et le beau) ; de l'« éthique » (réflexion sur le Bien et le Mal).
– Plus spécialement, la politique se distingue de la morale : la morale concerne le comportement humain considéré en dehors des institutions collectives : elle pose de manière absolue la question du Bien et du Mal ; la politique concerne le comportement humain en tant qu'il passe par des institutions collectives.
– On distingue parfois « la » politique et « le » politique : la première désigne l'activité politique elle-même (gouverner, militer, négocier…) ; le second désigne un champ de réflexion philosophique.
– On distingue aussi la politique au sens large et la « politique politicienne » : cette dernière a un sens péjoratif, renvoyant aux intrigues, manipulations, compromis honteux liés à la pratique du pouvoir.

Problèmes / paradoxes

– Le problème fondamental de la politique : comment faire de la multiplicité des individus l'unité d'une collectivité ? Et comment préserver le multiple (la diversité) dans l'un ? Si l'on échoue d'un côté, on tombe dans l'anarchie (le multiple déborde l'un) ; si l'on échoue de l'autre, on tombe dans le totalitarisme (l'un asservit le multiple). La politique se situe entre ces deux écueils.
– La politique est-elle une science ? Peut-il y avoir une approche rationnelle de la politique, qui permettrait de transformer le gouvernement des hommes en « gestion des ressources humaines » ?

– Quels sont les liens entre la politique et l'art ? Que signifie l'expression « art de gouverner » ? À quelle rationalité spécifique renvoie cette expression, et quelle est la différence avec la rationalité des sciences ?

– D'autre part, quel usage la politique fait-elle de l'art ? (propagande ? encouragement des formes d'expression ?...)

– Dans quelle mesure la politique peut-elle être morale ? Le pouvoir corrompt-il nécessairement ?

– La politique doit-elle être morale ? Son but est-il d'instaurer une vie collective vertueuse, ou bien d'assurer la stabilité du pouvoir coûte que coûte ?

Un sujet, des références essentielles

SUJET : *La politique suppose-t-elle nécessairement la violence ?*

1. Politique et pouvoir

Le but de la politique : rester au pouvoir [voir Machiavel].

2. Politique et conflit

La politique est essentiellement conflit, et son critère spécifique est la distinction ami / ennemi.

« La distinction spécifique du politique, à laquelle peuvent se ramener les actes et les mobiles politiques, c'est la discrimination de l'ami et de l'ennemi.

Elle fournit un principe d'identification qui a valeur de critère, et non une définition exhaustive ou compréhensive. Dans la mesure où elle ne se déduit pas de quelque autre critère, elle correspond, dans l'ordre du politique, aux critères relativement autonomes de diverses autres oppositions : le bien et le mal en morale, le beau et le laid en esthétique, etc.

En effet, le concept d'ennemi inclut, au niveau de la réalité concrète, l'éventualité d'une lutte. »

Schmitt, *La Notion de politique* (1932).

3. Politique et justice

Une autorité politique n'est légitime que si elle s'exerce avec justice.

« Quand on veut y regarder de près, il peut paraître sans doute fort extraordinaire que la fonction de l'homme d'État consiste dans la possibilité d'étudier les moyens de s'assurer la domination la plus absolue sur les peuples voisins, que ces peuples le veuillent ou ne le veuillent pas. Comment pareil office peut-il être celui d'un homme d'État ou d'un législateur, alors qu'il n'est même pas légitime ? Or n'a rien de légitime une autorité qui s'exerce non pas avec justice seulement, mais encore avec une injustice ; […]

Néanmoins, la plupart des hommes semblent penser que l'art de gouverner despotiquement est l'art de l'homme d'État et cette sorte de gouvernement que

Notions et repères

chaque peuple déclare injuste et désavantageux pour lui-même, il ne rougit pas de l'exercer envers les autres, car si dans les affaires qui les intéressent personnellement, les hommes réclament une autorité respectueuse de la justice, dans leurs relations avec les autres ils n'ont aucun souci de ce qui est juste. Mais c'est là une position absurde. »

Aristote, Politique (IVe siècle av. J.-C.), VII, 2, 1324b 22.

4. Politique et pacte social

La communauté politique se fonde par un contrat par lequel les individus se donnent une volonté collective.

« Si donc on écarte du pacte social ce qui n'est pas de son essence, on trouvera qu'il se réduit aux termes suivants : "Chacun de nous met en commun sa personne et toute sa puissance sous la suprême direction de la volonté générale ; et nous recevons en corps chaque membre comme partie indivisible du tout".

À l'instant, au lieu de la personne particulière de chaque contractant, cet acte d'association produit un corps moral et collectif composé d'autant de membres que l'assemblée a de voix, lequel reçoit de ce même acte son unité, son « moi » commun, sa vie et sa volonté. Cette personne publique qui se forme ainsi par l'union de toutes les autres prenait autrefois le nom de "Cité", et prend maintenant celui de "République" ou de "corps politique", lequel est appelé par ses membres "État" quand il est passif, "Souverain" quand il est actif, "Puissance" en le comparant à ses semblables. À l'égard des associés ils prennent collectivement le nom de "Peuple", et s'appellent en particulier "citoyens" comme participants à l'autorité souveraine, et "sujets" comme soumis aux lois de l'État. »

Rousseau, Du contrat social (1762), I, 6.

5. Politique et infrastructure économique

Les formes politiques ne sont pas des réalités autonomes, elles sont déterminées par l'infrastructure économique et par la lutte des classes.

« La structure sociale et l'État résultent constamment du processus vital d'individus déterminés ; mais de ces individus non point tels qu'ils peuvent s'apparaître dans leur propre représentation ou apparaître dans celle d'autrui, mais tels qu'ils sont en réalité, c'est-à-dire, tels qu'ils œuvrent et produisent matériellement ; donc tels qu'ils agissent sur des bases et dans des conditions et limites matérielles déterminées et indépendantes de leur volonté.

La production des idées, des représentations et de la conscience est d'abord directement et intimement mêlée à l'activité matérielle et au commerce matériel des hommes, elle est le langage de la vie réelle. »

Marx et Engels, L'Idéologie allemande (1845-1846), I, A.

La société [L, ES, S]

Définition élémentaire

La société est un groupe organisé d'individus. La société humaine est un groupe organisé d'êtres humains, caractérisé par des institutions et des traditions.

Étymologie

Du latin *socius*, « compagnon », « allié de guerre ».

Distinctions

– La société s'oppose à l'individu isolé.

– La société humaine s'oppose à la nature, en ce qu'elle est constituée d'institutions mises en place par les hommes. Contrairement à la nature, elle est un fait culturel [voir notion « la culture »] et elle évolue selon une histoire*.

– La société se distingue de l'État : la première est l'ensemble des citoyens ou sujets (on peut se la représenter comme un axe horizontal) ; le second est l'instance dirigeante de ces citoyens (axe vertical). On distinguera alors la « société civile » du « gouvernement » et on distinguera les phénomènes sociaux des phénomènes politiques. Par exemple, la vie économique concerne la société civile ; la guerre avec un autre État concerne le gouvernement.

– Le sociologue allemand Tonnies (1855-1936) distingue « société » (en allemand : *Gesellschaft*) et « communauté » (*Gemeinschaft*). La première est une association de sujets rationnels, dont les rapports sont réglés de manière juridique, par des contrats. La seconde est une association considérée comme plus « naturelle », fondée sur des liens affectifs et traditionnels non formalisés. Cette distinction rejoint en partie celle que Rousseau* avait proposée entre « l'âge des familles » (qui est une première sortie de la dispersion des hommes à l'état de nature) et « l'état de société » à proprement parler (fondé sur la reconnaissance de la propriété privée).

Problèmes / paradoxes

– La société a cela de paradoxal qu'elle réalise l'unité d'une multiplicité (*la société / les individus*). Deux questions réciproques se posent donc : dans quelle mesure réalise-t-elle en effet une unité ? Et si c'est le cas, dans quelle mesure préserve-t-elle encore les individualités ?

– Y a-t-il des sociétés animales ? Leurs regroupements (ruches, fourmilières, meutes...) sont-ils du même type que la société humaine ?

– Comment se forme la société humaine ? Est-ce une tendance naturelle de l'homme (l'homme est-il un « animal sociable ») ? Ou bien le fruit d'un « funeste hasard » (Rousseau) ayant provoqué un rapprochement forcé des hommes malgré leur asociabilité ?

– Dans les phénomènes sociaux, quelle est la part de la société civile et quelle est celle de l'État ? (En économie en particulier) Peut-on les disjoindre ?

Un sujet, des références essentielles

SUJET : *L'homme est-il naturellement sociable ?*

1. L'état de nature, un état de guerre

Pour Hobbes, l'état de nature est un état de guerre, qui ne cesse qu'avec la création d'un pouvoir commun.

« Nous trouvons […] dans la nature humaine trois principales causes de discorde : tout d'abord, la Compétition ; en second lieu, la Défiance ; et, en troisième lieu, la Gloire. La première pousse les hommes à s'attaquer en vue du Gain, la seconde en vue de la Sécurité, et la troisième en vue de la Réputation. La Compétition fait employer la Violence pour se rendre Maître de la personne des autres, de leurs femmes, de leurs enfants, de leurs troupeaux ; la Défiance la fait employer pour se défendre ; la Gloire pour des riens : en un mot, un sourire, une différence d'opinion, un autre signe quelconque de dépréciation dirigée directement contre Soi ou indirectement contre sa Famille, ses Amis, son Pays, sa Profession ou son Nom.

Hors des États Civils, il y a perpétuellement Guerre de chacun contre chacun. Il est donc ainsi manifeste que, tant que les hommes vivent sans une Puissance commune qui les maintienne tous en crainte, ils sont dans cette condition que l'on appelle Guerre, et qui est la guerre de chacun contre chacun. »

Hobbes, *Léviathan* (1651), I, Chapitre XIII.

2. L'homme naturel : solitaire et pacifique

L'état de nature, selon Rousseau, est un état de dispersion sans violence. La société ne naît pas d'une tendance naturelle de l'homme, mais d'un « funeste hasard » qui force les hommes à se rapprocher.

« N'allons pas surtout conclure avec Hobbes que pour n'avoir aucune idée de la bonté, l'homme soit naturellement méchant, qu'il soit vicieux parce qu'il ne connaît pas la vertu, qu'il refuse toujours à ses semblables des services qu'il ne croit pas leur devoir, ni qu'en vertu du droit qu'il s'attribue avec raison aux choses dont il a besoin, il s'imagine follement être le seul propriétaire de tout l'univers. Hobbes a très bien vu le défaut de toutes les définitions modernes du droit naturel : mais les conséquences qu'il tire de la sienne montrent qu'il la prend dans un sens qui n'est pas moins faux. En raisonnant sur les principes qu'il établit, cet auteur devait dire que l'état de nature étant celui où le soin de notre conservation est le moins préjudiciable à celle d'autrui, cet état était par conséquent le plus propre à la paix, et le plus convenable au genre humain. Il dit précisément le contraire, pour avoir fait entrer mal à propos dans le soin de la conservation de l'homme sauvage le besoin de satisfaire une multitude de passions qui sont l'ouvrage de la société, et qui ont rendu les lois nécessaires.»

Rousseau, *Discours sur l'origine et les fondements de l'inégalité parmi les hommes* (1752).

3. L'insociable sociabilité de l'homme

Le caractère insociable de l'homme contribue paradoxalement, par l'émulation qu'il provoque, à un meilleur fonctionnement de la société.

«J'entends ici par antagonisme l'*insociable sociabilité* des hommes, c'est-à-dire leur inclination à entrer en société, inclination qui est cependant doublée par une répulsion générale à le faire, menaçant constamment de désagréger cette société. L'homme a un penchant à s'associer, car dans un tel état, il se sent plus qu'homme par le développement de ses dispositions naturelles. Mais il manifeste aussi une grande propension à *se détacher* (s'isoler), car il trouve en même temps en lui le caractère d'insociabilité qui le pousse à vouloir tout diriger dans son sens ; et, de ce fait, il s'attend à rencontrer des résistances de tous côtés, de même qu'il se sait par lui-même enclin à résister aux autres. C'est cette résistance qui éveille toutes les forces de l'homme, le porte à surmonter son inclination à la paresse, et, sous l'impulsion de l'ambition, de l'instinct de domination ou de cupidité, à se frayer une place parmi ses compagnons qu'il supporte de mauvais gré, mais dont il ne peut se passer [...]. Sans ces qualités d'insociabilité, peu sympathiques certes par elles-mêmes, source de la résistance que chacun doit nécessairement rencontrer à ses prétentions égoïstes, tous les talents resteraient à jamais enfouis en germes [...], dans une concorde, une satisfaction et un amour mutuels parfaits [...]. Remercions donc la nature pour cette humeur peu conciliante, pour la vanité rivalisant dans l'envie, pour l'appétit insatiable de possession ou même de domination [...]. L'homme veut la concorde, mais la nature sait mieux que lui ce qui est bon pour son espèce : elle veut la discorde.»

Kant, *Idée d'une histoire universelle au point de vue cosmopolitique* (1784), Proposition IV.

Notions et repères

Notion 23 Les échanges [ES]

Définition élémentaire

Échanger signifie obtenir quelque chose en donnant quelque chose d'autre à la place.

Au pluriel, «les échanges» renvoie à l'ensemble des échanges entre les membres de la communauté humaine, c'est-à-dire en particulier, à tout ce qui concerne la vie économique.

Étymologie

Du bas latin *cambiare*, c'est d'abord un mot technique emprunté au vocabulaire commercial. Dès l'origine, il a donc une connotation économique.

Distinctions

– Échanger s'oppose à garder pour soi. C'est ce qui distingue par exemple les êtres vivants [voir notion «le vivant»] des choses inertes qui restent fixes, ou s'usent sans recevoir rien de l'extérieur.

– Dans le domaine politico-économique, les échanges s'opposent donc à l'idéal d'*autarcie*, c'est-à-dire d'autosuffisance. Dans la cité autarcique, telle que la pensait Aristote*, tous les échanges économiques se font de manière interne, sans avoir besoin d'établir de rapports avec les autres cités.

– L'échange s'oppose au *don* : dans l'échange, je donne en vue de recevoir, tandis que le don n'attend rien en retour. Cela n'empêche pas qu'il y ait des systèmes de don et de «contre-don» (comme lorsque l'on invite des gens qui vous ont invités), mais le contre-don est très différent de l'objet d'échange.

– La notion d'«échanges» va de pair avec celles de travail et de production : par le travail, l'homme produit des objets qu'il peut échanger pour en obtenir d'autres (c'est le troc).

Problèmes / paradoxes

– La notion d'échange pose un problème logique : elle suppose qu'un objet peut valoir pour un autre. Comment est-ce possible ? Quelle équivalence y a-t-il entre du pain et une chaise par exemple ?

– Et lorsque les «objets» échangés sont des abstractions : comment mesurer l'équivalence entre un travail et un salaire, par exemple ?

– On peut aussi poser la question de la valeur de l'échange lui-même : est-ce un idéal ? Peut-on penser des rapports humains autrement que sous le mode de l'échange ?

– Réciproquement, le don pur est-il possible ? Est-il vraiment possible de donner sans rien attendre en retour ?

Un sujet, des références essentielles

SUJET : *Les échanges économiques sont-ils un rempart contre la violence ?*

1. « La main invisible »

Pour Smith, chacun profite à la société en poursuivant son intérêt égoïste.

« Chaque individu travaille nécessairement à rendre aussi grand que possible le revenu annuel de la société. À la vérité, son intention en général n'est pas en cela de servir l'intérêt public, et il ne sait même pas jusqu'à quel point il peut être utile à la société. [...] en cela, comme dans beaucoup d'autres cas, il est conduit par une main invisible à remplir une fin qui n'entre nullement dans ses intentions ; et ce n'est pas toujours ce qu'il y a de plus mal pour la société, que cette fin n'entre pour rien dans ses intentions. Tout en ne cherchant que son intérêt personnel, il travaille souvent d'une manière bien plus efficace pour l'intérêt de la société, que s'il avait réellement pour but d'y travailler. »

Smith, *Recherches sur la nature et les causes de la richesse des nations* (1776).

2. L'impérialisme, stade suprême du capitalisme

Pour Marx, les échanges entraînent des phénomènes de concentration monopolistique des moyens de production, qui s'appuient sur l'usage brut de la force.

« En Angleterre, on réunit [les divers facteurs de l'accumulation primitive], vers la fin du XVIIe siècle, en un système méthodique comprenant la *colonisation*, le régime de la dette publique, *l'organisation moderne des finances* et le *protectionnisme*. Ces méthodes reposent en partie sur la simple force brutale, comme le système colonial ; toutes s'appuient sur la force de l'État, pour activer à l'extrême la transformation du mode de production féodal en mode de production capitaliste et abréger les phases de transition. La force est l'accoucheuse de toute vieille société en travail. Elle-même est une puissance économique. »

Marx, *Le Capital* (1867-1894).

3. Le capitalisme ne se réduit pas à l'avidité du gain

Max Weber montre que l'usage de la violence n'est pas essentiellement lié au capitalisme.

« L'avidité d'un gain sans limite n'implique en rien le capitalisme, bien moins encore son "esprit". [...] Nous appellerons action économique "capitaliste" celle qui repose sur l'espoir d'un profit par l'exploitation des possibilités *d'échange*, c'est-à-dire sur des chances (formellement) pacifiques de profit. L'acquisition par la force (formelle et réelle) suit ses propres lois et il n'est pas opportun (mais comment l'interdire à quiconque ?) de la placer dans la même catégorie que l'action orientée (en dernière analyse) vers le profit provenant de l'échange. »

Weber, *L'Éthique protestante et l'esprit du capitalisme* (1905).

Notions et repères

Notion 24 L'État [L, ES, S]

Définition élémentaire

L'État est l'instance gouvernante d'une société. Au sens général, par rapport aux autres États, *un* État désigne l'ensemble de la société ainsi que son gouvernement.

Étymologie

Initialement, il n'y pas de différence étymologique entre « état » et « État » : ils viennent tous deux du latin *stare*, « se tenir », et de *status*, « attitude, manière d'être », d'où « condition sociale », « état » (comme dans l'expression « tiers état »), « nation », et enfin « État », « gouvernement ».

Distinctions

– L'État se distingue de la société civile [voir notion « la société »] : la société est l'ensemble des citoyens ou sujets (on peut se la représenter comme un axe horizontal) ; l'État est l'instance dirigeante de ces citoyens (axe vertical).
– L'État se distingue de la nation : l'État renvoie plus spécifiquement aux institutions gouvernementales ; la nation, c'est le peuple uni par une conscience historique commune, mais sans nécessairement s'être donné des institutions.
– L'État se distingue de la tribu : tout groupe humain organisé n'en est pas un. L'État suppose un certain nombre d'institutions spécifiques (gouvernement, armée, administration...) que ne possèdent pas toutes les sociétés humaines. En ce sens, l'État est une création spécifiquement européenne datant du XVIᵉ siècle.
– L'État se distingue des instances plus petites qu'il englobe (régions, départements, communes...), ainsi que des instances plus grandes dans lesquelles il est englobé (confédération, empire...).

Problèmes / paradoxes

– Comment advient la forme d'organisation spécifique qu'est l'État ? L'État est-il quelque chose d'universel, ou bien une institution particulière, naissant dans des circonstances historiques particulières ? Est-ce le produit d'un contrat ou le produit d'une histoire ?
– L'État est-il la meilleure forme d'organisation politique ?
– L'horizon de l'histoire humaine est-il la formation d'un État mondial ?
– La question classique de l'Antiquité est : quelle est la meilleure forme d'État ? monarchie (gouvernement d'un seul) ? oligarchie (gouvernement de quelques uns) ? démocratie (gouvernement du peuple) ? anarchie (pas de gouvernement) ?

– Avec Machiavel (XVIe siècle), la question devient plutôt : quels sont les meilleurs moyens pour que l'État se maintienne en place ? (La justice et la vertu ou la ruse et la violence ?)

– L'État est-il une instance impartiale, dépassant les clivages de la société, ou bien l'instrument de la domination d'une classe sociale sur les autres ?

Un sujet, des références essentielles

SUJET : *Les individus pourraient-ils se passer de l'État ?*

1. L'homme sans cité, un être dénaturé

Voir Aristote*.

2. État et réalisation de l'individu

L'État est l'instance en laquelle l'individu réalise de manière ultime sa liberté et son humanité.

« L'État, comme réalité en acte de la volonté substantielle, réalité qu'elle reçoit dans la conscience particulière de soi universalisée, est le rationnel en soi et pour soi : cette unité substantielle est un but propre absolu, immobile, dans lequel la liberté obtient sa valeur suprême, et ainsi ce but final a un droit souverain vis-à-vis des individus dont le plus haut devoir est d'être membres de l'État.

Si on confond l'État avec la société civile, et si on le destine à la sécurité et à la protection de la propriété et de la liberté personnelles, l'intérêt des individus en tant que tels est le but suprême en vue duquel ils sont rassemblés et il en résulte qu'il est facultatif d'être membre d'un État. Mais sa relation à l'individu est tout autre ; s'il est l'esprit objectif, alors l'individu lui-même n'a d'objectivité, de vérité et de moralité que s'il en est un membre. »

Hegel, Principes de philosophie du droit (1821).

3. L'État, un produit de la société

L'État n'est pas un absolu : il a une réalité historique, liée aux divisions de classes, et il est appelé à être dépassé.

« L'État n'est donc pas un pouvoir imposé du dehors à la société ; il n'est pas davantage "la réalité de l'idée morale", "l'image et la réalité de la raison", comme le prétend Hegel. Il est bien plutôt un produit de la société à un stade déterminé de son développement ; il est l'aveu que cette société s'empêtre dans une insoluble contradiction avec elle-même, s'étant scindée en oppositions inconciliables qu'elle est impuissante à conjurer. Mais pour que les antagonismes, les classes aux intérêts économiques opposés, ne se consument pas, elles et la société, en une lutte stérile, le besoin s'impose d'un pouvoir qui, placé en apparence au-dessus de la société, doit estomper le conflit, le maintenir dans les limites de l'"ordre"; et ce pouvoir, né de la société, mais qui se place au-dessus d'elle et lui devient de plus en plus étranger, c'est l'État. [...] Comme l'État est né du besoin de réfréner des oppositions de classes, mais comme il est né, en même temps, au milieu du conflit de ces classes, il est, dans la règle, l'État de la classe la plus puissante, de celle qui domine au point de vue économique et qui, grâce à lui, devient aussi classe politiquement dominante et acquiert ainsi de nouveaux moyens pour mater et exploiter la classe opprimée. »

Engels, L'Origine de la famille, de la propriété privée et de l'État (1884).

4. La tentation anarchiste : détruire l'État

« Nous pensons que la politique, nécessairement révolutionnaire, du prolétariat, doit avoir pour objet immédiat et unique la destruction des États. Nous ne comprenons pas qu'on puisse parler de la solidarité internationale lorsqu'on veut conserver des États [...], l'État par sa nature même étant une rupture de cette solidarité et par conséquent une cause permanente de guerre ».

Bakounine, Lettre au journal La Liberté (1872).

5. Le peuple contre l'État

« Il y a quelque part encore des peuples et des troupeaux, mais ce n'est pas chez nous mes frères, chez nous il y a des États.
État, qu'est-ce que cela ? Allons ! Ouvrez vos oreilles, je vais vous parler de la mort des peuples.
L'État, c'est le plus froid de tous les monstres froids. Il ment froidement et voici le mensonge qui rampe de sa bouche : "Moi l'État, je suis le peuple".
C'est un mensonge ! Ils étaient des créateurs ceux qui créèrent les peuples et qui suspendirent au-dessus des peuples une foi et un amour : ainsi ils servaient la vie.
Ce sont des destructeurs ceux qui tendent des pièges au grand nombre et qui appellent cela un État : ils suspendent au-dessus d'eux un glaive et cent appétits.
Partout où il y a encore du peuple, il ne comprend pas l'État et il le déteste comme le mauvais œil et une dérogation aux coutumes et aux lois. »

Nietzsche, Ainsi parlait Zarathoustra (1882-1885).

6. Les dérives possibles de la démocratie

Voir Tocqueville*.

7. La division des pouvoirs ou faire jouer l'État contre l'État

« Nous exigeons que l'État limite la liberté de telle sorte qu'en fin de compte, la liberté de chacun soit protégée par la loi ».

Popper, La Société ouverte et ses ennemis (1945).

Notion 25 La justice et le droit [L, ES, S]

Définitions élémentaires

– La justice, c'est le principe supérieur, le critère idéal d'après lequel un état de fait ou une obligation peuvent être reconnus comme légitimes ou illégitimes.

– Dans un autre contexte, la Justice (parfois alors écrite avec une majuscule « Justice ») peut aussi désigner l'institution judiciaire, le pouvoir d'appliquer les lois : les juges, les tribunaux, la police.

– Le droit a un sens spécifiquement légal (ou objectif) : c'est l'ensemble des règles (lois, décrets, coutumes...) organisant la vie des individus en société (sens objectif). Il a aussi un sens moral (ou subjectif) : « avoir un droit », c'est pouvoir demander quelque chose à quelqu'un au nom d'un principe supérieur.

Étymologie

– Droit : de *directus*, « sans déviation, ce qui est permis ». Dérivé de *rex*, « roi ».
– Justice : de *justus*, « équitable et exact ». Dérivé de *jus*, « formule religieuse ayant force de loi ».

Distinctions

– Le droit est réciproque du devoir* : avoir un droit, c'est imposer un devoir à quelqu'un, et réciproquement, avoir un devoir c'est donner un droit à quelqu'un.

– Le droit (au sens légal de système juridique) s'oppose à l'illégalité. Cependant, si la loi interdit le délit, elle n'en exclut pas l'existence, au contraire : elle n'existe que parce qu'elle en prévoit l'existence.

– Le droit s'oppose au fait [voir repère « en droit/ en fait »] : le droit est de l'ordre de la norme, du devoir-être ; le fait est de l'ordre de l'être ; il n'a pas de valeur (juste ou injuste) en lui-même.

– On distingue le droit positif et le droit naturel : le droit positif, c'est l'ensemble du droit existant (les codes, les coutumes reconnues...) ; la notion de droit naturel renvoie à l'idée qu'il y aurait des lois rationnelles du comportement humain inscrites dans la nature même (par exemple, l'idée que l'homme est libre).

– Distinguer la justice en tant qu'égalité (principe du même traitement pour tous) et la justice en tant qu'équité (principe du traitement différencié en fonction des mérites respectifs de chacun).

– La justice s'oppose à l'injustice : l'injustice c'est le décalage entre ce qui est et ce qui, au nom d'un principe supérieur, devrait être. Il y a dans l'idée de justice l'idée (religieuse) d'un équilibre, d'une juste mesure, entre l'homme et l'univers, entre l'homme et les autres hommes.

– La justice s'oppose à la vengeance qui est individuelle (elle ne se soucie pas d'un ordre social global) et disproportionnée (on tue pour une insulte...).

Problèmes / paradoxes

– Il y a une tension entre la notion de système juridique et l'idéal de la justice : le droit est-il juste, ou bien n'a-t-il rien à voir avec la justice ?
– Peut-il y avoir un « ordre public » si aucune exigence de justice n'est respectée ?
– Vaut-il mieux un ordre, fût-il une dictature, que pas d'ordre du tout ?
– Existe-t-il un droit naturel ? Et quel serait son contenu (l'égalité des hommes, ou leur inégalité) ? (D'où des questions comme : l'esclavage peut-il être juste ?)
– La justice est-elle équité (à chacun selon son mérite) ou égalité (à chacun la même chose) ? Les deux notions sont-elles séparables ?
– Comment mesurer la proportion entre le délit et la sanction ? (L'argent peut-il compenser une vie ? et la prison ? et la peine de mort ? Quel rapport entre ces peines et les crimes commis ?)
– Quelle est la fonction du châtiment ? (sanction, mise à l'écart, réinsertion, compensation, réconciliation... ?)

Un sujet, des références essentielles

SUJET : *Peut-il y avoir une justice en dehors du droit ?*

1. Le décalage entre justice et droit

Antigone oppose aux lois écrites de la cité (promulguées par Créon qui lui interdit d'ensevelir son frère Polynice) les « lois non-écrites » qui sont la justice divine.

« CRÉON. – Et tu as osé passer outre à mes lois ?
ANTIGONE. – Oui, car ce n'est pas Zeus qui les a proclamées, et la Justice qui siège auprès des dieux de sous terre n'en a point tracé de telles parmi les hommes. Je ne croyais pas, certes, que tes édits eussent tant de pouvoir qu'ils permissent à un mortel de violer les lois divines : lois non écrites, celles-là, mais infaillibles. Ce n'est pas d'aujourd'hui ni d'hier, c'est de toujours qu'elles sont en vigueur, et personne ne les a vues naître. Leur désobéir, n'était-ce point, par un lâche respect pour l'autorité d'un homme, encourir la rigueur divine ? »

Sophocle, *Antigone* (v. 442 av. J.-C.).

2. La prosopopée des lois

On ne peut être juste en désobéissant aux lois de sa cité : c'est ce que dit Socrate, dans la « prosopopée des lois », pour expliquer pourquoi il ne cherche pas à échapper à sa condamnation à mort.

«SOCRATE. – Vois si tu l'entendras de cette autre manière : Au moment de nous enfuir ou de sortir d'ici, quel que soit le mot qu'il te plaira de choisir, si les Lois et la République venaient se présenter devant nous, et nous disaient : "Réponds-moi, Socrate, que vas-tu faire ? L'action que tu entreprends a-t-elle d'autre but que de nous détruire, nous qui sommes les Lois, et avec nous la République tout entière, autant qu'il dépend de toi ? Ou te semble-t-il possible que l'État subsiste et ne soit pas renversé, lorsque les arrêts rendus restent sans force et que de simples particuliers leur enlèvent l'effet et la sanction qu'ils doivent avoir ?" Que répondrons-nous, Criton, à ce reproche et à d'autres semblables ?»

Platon, *Criton* (IVe siècle av. J.-C.), 50a.

3. Pouvoir et obéissance

On ne doit obéissance qu'à un pouvoir légitime.

«Bien loin qu'un roi fournisse à ses sujets leur subsistance il ne tire la sienne que d'eux, et selon Rabelais un roi ne vit pas de peu. Les sujets donnent donc leur personne à condition qu'on prendra aussi leur bien ? Je ne vois pas ce qu'il leur reste à conserver.

On dira que le despote assure à ses sujets la tranquillité civile. Soit ; mais qu'y gagnent-ils, si les guerres que son ambition leur attire, si son insatiable avidité, si les vexations de son ministère les désolent plus que ne feraient leurs dissensions ? Qu'y gagnent-ils, si cette tranquillité même est une de leurs misères ? On vit tranquille aussi dans les cachots ; en est-ce assez pour s'y trouver bien ?»

Rousseau, *Du contrat social* (1762), IV.

4. De l'état de nature à l'état civil

Les avantages du droit positif doivent être tels qu'ils compensent le renoncement au droit naturel. Ce n'est qu'en société qu'une véritable notion de justice peut avoir un sens.

«Ce que l'homme perd par le contrat social, c'est sa liberté naturelle et un droit illimité à tout ce qui le tente et qu'il peut atteindre ; ce qu'il gagne, c'est la liberté civile et la propriété de tout ce qu'il possède. Pour ne pas se tromper dans ces compensations, il faut bien distinguer la liberté naturelle qui n'a pour bornes que les forces de l'individu, de la liberté civile qui est limitée par la volonté générale, et la possession qui n'est que l'effet de la force ou le droit du premier occupant, de la propriété qui ne peut être fondée que sur un titre positif.

On pourrait sur ce qui précède ajouter à l'acquis de l'état civil la liberté morale, qui seule rend l'homme vraiment maître de lui ; car l'impulsion du seul appétit est esclavage, et l'obéissance à la loi qu'on s'est prescrite est liberté.»

Rousseau, *Du contrat social* (1762), VIII.

Notnotions et repères

Notion 26 La morale [L, ES, S]

Définition élémentaire

La morale est la réflexion sur le bon comportement, c'est-à-dire sur la question « comment être heureux ? ». De là, c'est également l'interrogation sur le Bien et le Mal et sur la vertu. Par dérivation, on appelle « morale » un ensemble de règles prétendant définir quel est le bon comportement.

Étymologie

Du latin, *mos*, « les mœurs », « l'attitude », « la manière d'être » (équivalent du grec *ethos*, qui donne le mot « éthique »).

Distinctions

– En tant que science du bon comportement, la morale se distingue des autres champs de recherche : par exemple, la morale se distingue de la science de la nature : celle-ci étudie ce qui est, la morale étudie ce qui doit être.
– La morale se distingue de l'esthétique : elle étudie le Bien, tandis que l'esthétique étudie le Beau.
– Elle se distingue de la politique* : elle étudie le Bien en restant au niveau du sujet ou de la relation entre sujets, sans réfléchir sur les institutions qui structurent la vie collective.
– Il faut distinguer amoral et immoral : ce qui est amoral est ce sur quoi il n'est pas pertinent de porter un jugement moral (par exemple ce qui est de l'ordre des besoins, de la nécessité, est amoral) ; ce qui est immoral est ce qui va contre la morale, c'est-à-dire précisément ce que la morale définit comme « mal ».
– Il faut bien comprendre que, contrairement à l'usage courant du mot, « la morale » ne désigne pas un système moral particulier (celui qui prêche le respect et la tolérance), mais n'importe quel système de prescription : il y a donc plusieurs « morales », selon les cultures, les époques, peut-être même les individus (il peut y avoir une morale du non-respect par exemple). Juger quelle morale est meilleure que les autres est déjà l'objet d'une théorie morale.
– On distingue parfois morale et éthique : la morale serait un système de valeurs imposé de l'extérieur (et éventuellement ressenti comme arbitraire), donnant des règles applicables à la vie courante ; tandis que l'éthique serait le produit d'une réflexion rationnelle, remontant à une recherche des premiers principes, activement prise en charge par l'individu.

Problèmes / paradoxes

Toutes les distinctions par rapport aux autres champs de la connaissance peuvent être interrogées :

– Peut-on disjoindre science et morale ? Ne dit-on pas *« science sans conscience n'est que ruine de l'âme »* ? La science construit-elle son objectivité en se séparant de toute considération morale (= positivisme juridique) ? Ou bien reste-t-elle qu'elle le veuille ou non guidée par des présupposés moraux ?

– Peut-on disjoindre art* et morale ? La recherche du Beau n'est-elle pas en soi un projet moral ?

– Peut-on disjoindre morale et politique ? Tout projet politique n'est-il pas porteur de certains présupposés moraux ?

– Peut-on échapper à la morale ? Y a-t-il quoi que ce soit de vraiment « amoral » ? Les processus nécessaires n'ont-ils pas eux aussi une valeur morale ?

– Peut-il y avoir une morale de l'immoralité ? Une anti-morale n'est-elle pas à son tour une morale ?

– Peut-il y avoir une morale qui fasse abstraction des notions de respect et de tolérance ? Peut-il y avoir une morale du plaisir égoïste par exemple ?

– Peut-on juger qu'un système moral est meilleur qu'un autre ?

– Toute morale étant définie par et pour un sujet, comment s'élève-t-elle au-dessus de la subjectivité pour devenir objective ?

Un sujet, des références essentielles

SUJET : *Quelle est l'origine de la morale ?*

1. Origine divine de la morale

Pas de morale sans Dieu : l'obéissance aux commandements est fondée sur la promesse du royaume des cieux.

« Ne croyez pas que je sois venu pour abolir la loi ou les prophètes ; je suis venu non pour abolir, mais pour accomplir.

Car, je vous le dis en vérité, tant que le ciel et la terre ne passeront point, il ne disparaîtra pas de la loi un seul iota ou un seul trait de lettre, jusqu'à ce que tout soit arrivé.

Celui donc qui supprimera l'un de ces plus petits commandements, et qui enseignera aux hommes à faire de même, sera appelé le plus petit dans le royaume des cieux ; mais celui qui les observera, et qui enseignera à les observer, celui-là sera appelé grand dans le royaume des cieux.

Car, je vous le dis, si votre justice ne surpasse celle des scribes et des pharisiens, vous n'entrerez point dans le royaume des cieux. »

« Le sermon sur la montagne », Évangile selon saint Matthieu (v. 80-90 ap. J.-C.), 5.

2. Inquiétude de l'homme sans Dieu

«Mitja : "Et si Dieu n'existait pas ? Si Rakitin avait raison, lorsqu'il dit qu'il s'agit d'une idée créée par les hommes ? Alors, si Dieu n'existe pas, l'homme est le roi de la terre, de la création. Magnifique ! Mais comment pourra-t-il être vertueux sans Dieu ? […] Mais qu'est ce que la vertu ? Réponds-moi Aleksèj. Pour moi c'est une chose, pour un Chinois une autre, donc il s'agit d'une chose relative. Ou pas ? Ou bien elle n'est pas une chose relative ? Il s'agit d'une question insidieuse." […] "Alors, si c'est comme ça, tout est permis ?"»

Dostoïevski, Les Frères Karamazov (1880), partie IV, livre XI, chap. IV.

3. Le fondement rationnel de la morale

Pour Kant, l'obligation morale a son fondement en nous-mêmes.

«Il n'est maintenant plus surprenant, si nous jetons un regard en arrière sur toutes les tentatives qui ont pu être faites pour découvrir le principe de la moralité, que toutes aient nécessairement échoué. On voyait l'homme lié par son devoir à des lois, mais on ne réfléchissait pas qu'il n'est soumis qu'à sa propre législation, encore que cette législation soit universelle, et qu'il n'est obligé d'agir que conformément à sa volonté propre, mais à sa volonté établissant par destination de la nature une législation universelle. Car, si l'on ne le concevait que comme soumis à une loi (quelle qu'elle soit), celle-ci impliquerait nécessairement en elle un intérêt sous forme d'attrait ou de contrainte, parce qu'elle ne dériverait pas comme loi de sa volonté, et que sa volonté serait forcée conformément à la loi par quelque chose d'autre, à agir d'une certaine manière. Or c'était cette conséquence de tout point inévitable qui faisait que tout effort pour trouver un principe suprême du devoir était perdu sans retour. Car on ne découvrait jamais le devoir, mais la nécessité d'agir par un certain intérêt. […] J'appellerai donc ce principe, principe de l'AUTONOMIE de la volonté, en opposition avec tous les autres principes, que pour cela je mets au compte de l'HÉTÉRONOMIE.»

Kant, Fondements de la Métaphysique des mœurs (1785), deuxième section.

4. L'invention de la morale

Ce fut la grande ruse des faibles, selon Nietzsche, que de déguiser l'impuissance sous le nom de vertu.

«Mais cette constatation amère, cette prudence de qualité très inférieure que possède même l'insecte (qui, en cas de grand danger, fait le mort, pour ne rien faire "de trop"), grâce à ce faux-monnayage, à cette duperie de soi propres à l'impuissance, a pris les dehors pompeux de la vertu qui sait attendre, qui renonce et qui se tait, comme si la faiblesse même du faible − c'est-à-dire son essence, son activité, toute sa réalité unique, inévitable et indélébile − était un acte délibéré, quelque chose de voulu, de choisi, un exploit, un acte de mérite.»

Nietzsche, Généalogie de la morale (1887).

Définition élémentaire

La liberté c'est pouvoir faire ce que l'on veut.

Étymologie

Du latin *liber*, « libre ».

Distinctions

– La liberté s'oppose à la contrainte : l'obstacle extérieur, mais aussi la loi naturelle, la nécessité. La contrainte est ce qui crée la non-correspondance entre notre vouloir et notre pouvoir.

– La liberté s'oppose aussi à l'aliénation qui n'est pas la simple contrainte extérieure mais plutôt une contrainte intérieure : le sujet veut lui-même ce qui cause la perte de sa liberté (par exemple, l'esclave qui ne veut pas sortir de sa prison, parce qu'il y trouve un certain confort).

– La liberté s'oppose, en principe, à la notion de détermination : si je suis déterminé à agir par quelque chose d'autre que moi, je ne suis pas libre.

Problèmes / paradoxes

– La notion de liberté pose un problème logique : pour pouvoir « faire ce que l'on veut », il faut pouvoir prévoir les conséquences de ses actes (pour que « ce que je fais » produise effectivement « ce que je veux ») ; il faut donc s'inscrire dans une chaîne causale où certaines causes produisent inévitablement certains effets (sinon, je ne peux rien prévoir, tout est aléatoire) ; mais si je m'inscris dans une telle chaîne causale, mon propre désir, « ce que je veux », est lui-même déterminé par des causes : il n'est donc pas libre.

– Si la liberté consiste à échapper à toute détermination, elle doit donc être quelque chose de quasi miraculeux. Est-ce possible ? Mais si la liberté n'est pas possible comment expliquer le sentiment du libre arbitre ?

– La notion de liberté absolue nous entraîne dans un cercle : la liberté absolue consiste à échapper à toute contrainte ; mais échapper à toute contrainte suppose d'échapper à toute forme d'être, car être c'est toujours être pris dans un ensemble de déterminations. Pour échapper à toute contrainte il faut donc être mort. Mais être mort est la contrainte suprême puisque alors, on ne peut plus rien faire (ni même vouloir faire). Le *summum* de la liberté est donc le *summum* de la contrainte [voir dissertation n° 1].

– Dès lors il faut se demander si être libre c'est bien échapper à toute contrainte.

– Une notion paradoxale permet de penser la liberté : celle de structure (pour le monde physique : la loi de la gravité par exemple). La structure est à la fois ce qui rend possible la liberté et ce qui l'empêche d'être jamais complète.

– Se pose alors une autre série de problèmes liés à une conception quantitative de la liberté. La liberté est toujours relative : elle n'est pas absence de toute contrainte, mais diminution de certaines contraintes. Mais est-on libre de se rendre libre ?

Un sujet, des références essentielles

Sujet : *Être libre, est-ce être responsable de ses actes ?*

1. Réalité du libre arbitre

Descartes définit la volonté comme une faculté infinie.

«Je ne puis pas aussi me plaindre que Dieu ne m'a pas donné un libre arbitre, ou une volonté assez ample et parfaite, puisqu'en effet je l'expérimente si vague et si étendue, qu'elle n'est renfermée dans aucunes bornes. Et ce qui me semble bien remarquable en cet endroit, est que, de toutes les autres choses qui sont en moi, il n'y en a aucune si parfaite et si étendue, que je ne reconnaisse bien qu'elle pourrait être encore plus grande et plus parfaite. [...]
Car elle consiste seulement en ce que nous pouvons faire une chose, ou ne la faire pas (c'est-à-dire affirmer ou nier, poursuivre ou fuir), ou plutôt seulement en ce que, pour affirmer ou nier, poursuivre ou fuir les choses que l'entendement nous propose, nous agissons en telle sorte que nous ne sentons point qu'aucune force extérieure nous y contraigne. »

Descartes, *Méditations métaphysiques* (1641), IV.

2. L'illusion de la liberté

L'homme « n'est pas un empire dans un empire » : même s'il croit être libre, ses volontés sont en fait déterminées par des causes, comme n'importe quel phénomène naturel [voir Spinoza].

3. Liberté et responsabilité

En distinguant l'homme en tant que réalité sensible et l'homme en tant que sujet rationnel, Kant explique comment celui-ci peut à la fois être pensé comme déterminé et comme un être libre.

«Qu'on prenne un acte volontaire, par exemple un mensonge pernicieux, par lequel un homme a introduit un certain désordre dans la société, dont on recherche d'abord les raisons déterminantes, qui lui ont donné naissance, pour juger ensuite comment il peut lui être imputé avec toutes ses conséquences. Sous le premier point de vue, on pénètre le caractère empirique de cet homme jusque dans ses sources que l'on recherche dans la mauvaise éducation, dans les mauvaises fréquentations, en partie aussi dans la méchanceté d'un naturel insensible à la honte, qu'on attribue en partie à la légèreté et à l'inconsidération, sans négliger les circonstances tout à fait occasionnelles qui ont pu influer. Dans tout cela, on procède comme on le fait, en général, dans la recherche de la série des causes déterminantes d'un effet naturel donné. Or, bien que l'on croie que l'action soit déterminée par là, on n'en blâme pas moins l'auteur, et cela, non pas à cause de son mauvais naturel, non pas à cause des circonstances qui ont influé sur lui, et non pas même à cause de sa conduite passée ; car on suppose qu'on peut laisser tout à fait de côté ce qu'a été cette conduite et regarder la série écoulée des conditions comme non avenue, et cette action comme entièrement inconditionnée par rapport à l'état antérieur, comme si l'auteur commençait absolument avec elle une série de conséquences. Ce blâme se fonde sur une loi de la raison où l'on regarde celle-ci comme une cause qui a pu et a dû déterminer autrement la conduite de l'homme, indépendamment de toutes les conditions empiriques nommées. [...] l'action est attribuée au caractère intelligible de l'auteur : il est entièrement coupable à l'instant où il ment ; par conséquent, malgré toutes les conditions empiriques de l'action la raison était pleinement libre, et cet acte doit être attribué entièrement à sa négligence. »

Kant, *Critique de la raison pure* (1781-1787).

4. Déterminisme et liberté

Le déterminisme n'est pas incompatible avec la liberté [voir Alain].

5. Libre arbitre et punition

La notion de libre arbitre, notion suspecte, inventée pour punir.

« Il ne nous reste aujourd'hui plus aucune espèce de compassion avec l'idée du "libre arbitre" : nous savons trop bien que c'est le tour de force théologique le plus mal famé qu'il y ait, pour rendre l'humanité "responsable" à la façon des théologiens, ce qui veut dire : pour rendre l'humanité dépendante des théologiens. [...] Je ne fais que donner ici la psychologie de cette tendance à vouloir rendre responsable. – Partout où l'on cherche des responsabilités, c'est généralement l'instinct de punir et de juger qui est à l'œuvre. On a dégagé le devenir de son innocence lorsque l'on ramène un état de fait quelconque à la volonté, à des intentions, à des actes de responsabilité : la doctrine de la volonté a été principalement inventée à fin de punir, c'est-à-dire avec l'intention de trouver coupable. Toute l'ancienne psychologie, la psychologie de la volonté n'existe que par le fait que ses inventeurs, les prêtres, chefs de communautés anciennes, voulurent se créer le droit d'infliger une peine. »

Nietzsche, *Le Crépuscule des idoles* (1888).

Notions et repères

Notion 28 Le devoir [L, ES, S]

Définition élémentaire

Le devoir c'est ce qu'il faut faire. Au sens courant, il peut être le produit d'une contrainte extérieure. Mais au sens philosophique, le sentiment du devoir est produit par le sujet lui-même : c'est ce sans la réalisation de quoi le sujet se considérerait comme en dessous de lui-même. Quoique le sentiment du devoir crée des conflits internes au sujet (entre mon désir et mon devoir), accomplir son devoir est toujours pour le sujet une manière de résoudre un conflit interne.

Étymologie

Du latin *debere*, « devoir », lui-même dérivé de *habere*, « avoir » (ce que l'on entend encore dans l'expression « avoir à faire quelque chose »).

Distinctions

– Le devoir s'oppose au droit*, dont il est le réciproque.
– Le devoir est distinct de la contrainte extérieure.
– Kant distingue « agir par devoir » et « agir conformément au devoir » : dans le premier cas, on agit de manière proprement vertueuse ; dans le second, on agit comme quelqu'un de vertueux (ou de moral), mais cela ne prouve pas qu'on l'est en effet. Au reste, être vertueux étant une qualité strictement subjective, on ne peut jamais prouver qu'on l'est véritablement (et pas même à soi-même).
– Le devoir se distingue du désir : tous deux sont deux modalités du vouloir, qui ne sont pas nécessairement contradictoires, l'un étant d'ordre rationnel, l'autre d'ordre sensible.

Problèmes / paradoxes

– Si le devoir est une détermination du vouloir, la raison peut-elle m'aider à savoir ce que je dois faire ?
– Quel est le rapport entre la raison et le devoir ? Ce que je dois faire, est-ce déterminé par un raisonnement, ou bien est-ce le produit d'un pur choix sans justification ?
– Le sentiment du devoir est-il vraiment rationnel ? N'est-il pas l'intériorisation d'une contrainte extérieure ?
– N'est-il pas la manifestation d'un désir qui se dissimule à lui-même ?
– Si l'action par devoir ne peut jamais être saisie empiriquement, puis-je jamais savoir si j'agis moralement ?
– Pour les mêmes raisons, puis-je savoir si j'agis de manière immorale ?

Un sujet, des références essentielles

SUJET : *Le devoir est-il hostile à la vie ?*

1. Le devoir et la foi

Le devoir vis-à-vis de Dieu est inconditionnel et sans commune mesure avec la conservation de la vie.

« Après ces choses, Dieu mit Abraham à l'épreuve, et lui dit : Abraham ! Et il répondit : Me voici !

Dieu dit : Prends ton fils, ton unique, celui que tu aimes, Isaac ; va-t'en au pays de Morija, et là offre-le en holocauste sur l'une des montagnes que je te dirai.

Abraham se leva de bon matin, sella son âne, et prit avec lui deux serviteurs et son fils Isaac. Il fendit du bois pour l'holocauste, et partit pour aller au lieu que Dieu lui avait dit.

Le troisième jour, Abraham, levant les yeux, vit le lieu de loin.

Et Abraham dit à ses serviteurs : Restez ici avec l'âne ; moi et le jeune homme, nous irons jusque-là pour adorer, et nous reviendrons auprès de vous.

Abraham prit le bois pour l'holocauste, le chargea sur son fils Isaac, et porta dans sa main le feu et le couteau. Et ils marchèrent tous deux ensemble.

Alors Isaac, parlant à Abraham, son père, dit : Mon père ! Et il répondit : Me voici, mon fils ! Isaac reprit : Voici le feu et le bois ; mais où est l'agneau pour l'holocauste ? Abraham répondit : Mon fils, Dieu se pourvoira lui-même de l'agneau pour l'holocauste. Et ils marchèrent tous deux ensemble.

Lorsqu'ils furent arrivés au lieu que Dieu lui avait dit, Abraham y éleva un autel, et rangea le bois. Il lia son fils Isaac, et le mit sur l'autel, par-dessus le bois.

Puis Abraham étendit la main, et prit le couteau, pour égorger son fils.

Alors l'ange de l'Éternel l'appela des cieux, et dit : Abraham ! Abraham ! Et il répondit : Me voici !

L'ange dit : N'avance pas ta main sur l'enfant, et ne lui fais rien ; car je sais maintenant que tu crains Dieu, et que tu ne m'as pas refusé ton fils, ton unique.

Abraham leva les yeux, et vit derrière lui un bélier retenu dans un buisson par les cornes ; et Abraham alla prendre le bélier, et l'offrit en holocauste à la place de son fils. »

Ancien Testament, Genèse (IXe-IVe siècle av. J.-C.).

2. Le devoir et l'inclination

Vivre par devoir et vivre conformément au devoir, ce n'est pas la même chose.

« Au contraire, conserver sa vie est un devoir, et c'est en outre une chose pour laquelle chacun a encore une inclination immédiate. Or, c'est pour cela que la sollicitude souvent inquiète que la plupart des hommes y apportent n'en est pas moins dépourvue de toute valeur intrinsèque et que leur maxime n'a aucun prix moral. Ils conservent la vie conformément au devoir sans doute, mais non par devoir. En revanche, que des contrariétés et un chagrin sans espoir aient enlevé à un homme tout goût de vivre, si le malheureux, à l'âme forte, est plus indigné de son sort qu'il n'est découragé ou abattu, s'il désire la mort et cependant conserve la vie sans l'aimer, non par inclination ni par crainte, mais par devoir, alors sa maxime a une valeur morale. »

Kant, *Fondements de la métaphysique des mœurs* (1785).

3. Critique du devoir

L'idée d'un devoir impersonnel est contraire à la vie.

« Un mot encore contre Kant moraliste. Une vertu doit être notre invention, notre défense la plus personnelle et légitime dans le besoin : prise dans un tout autre sens, elle n'est qu'un danger. Ce qui n'en est pas une condition vitale nuit à notre existence : une vertu est nuisible quand elle ne tient qu'à un sentiment de respect pour l'idée de "vertu" comme le voulait Kant. La "vertu", le "devoir", le "bien en soi", le bien à caractère d'impersonnalité et d'universalité, autant de chimères où s'expriment la décadence, l'exténuation finale de la vie, toute la chinoiserie à la marque de Königsberg.

Les profondes lois de la conservation et de la croissance exigent le contraire : que chacun s'invente sa vertu, son impératif catégorique. Un peuple va à sa perte quand il confond son devoir propre avec l'idée générale du devoir. Rien ne cause de ruine plus profonde, plus intérieure, que toute forme de devoir "impersonnel", de sacrifice au Moloch de l'abstraction. Et dire que l'on n'a pas senti ce danger mortel qu'est l'impératif catégorique de Kant ! »

Nietzsche, *L'Antéchrist* (1888).

Définition élémentaire

Le bonheur est un état de plénitude continue. C'est le fait, pour le sujet, d'avoir accompli l'ensemble de ses potentialités.

Étymologie

«Bon-heur» vient de «heur» (du latin *augurium*, «accroissement accordé par les dieux à une entreprise», dérivé de *augere*, «accroître» – même racine que le mois d'«août»!) qui signifie bonne fortune, faveur divine. L'étymologie indique que le bonheur est quelque chose qui vient forcément de l'extérieur: il ne nous appartient pas de le construire par nous-mêmes.

Distinctions

– Il faut distinguer bonheur et plaisir: le premier est un état stable (puisque c'est un état de complétude, de plénitude); le second correspond au mouvement de combler de manière temporaire le vide ouvert dans le désir.
– Il faut distinguer bonheur et vertu même si les deux peuvent se rejoindre: le premier est produit de manière aléatoire, contingente, par les circonstances extérieures; la seconde est une manière de construire par soi-même la forme de plénitude permise à l'homme sans tenir compte des circonstances extérieures.

Problèmes / paradoxes

– Le bonheur est-il possible? Il y a un paradoxe interne du bonheur: si le bonheur est un état de plénitude, il suppose que tout ce que je peux accomplir soit accompli. Mais si tous mes désirs sont satisfaits, cela me prive d'une part importante de moi-même qui est, justement, ma faculté de désirer. Un être sans désir ne sera peut-être pas malheureux, mais il ne correspond pas non plus à l'idée complète d'un être heureux. Et un être à qui il reste quelque chose à désirer n'est pas tout à fait heureux non plus.
– Certains philosophes (les stoïciens par exemple) ont voulu résoudre le problème en disant que le bonheur était tout de même dans la suspension du désir. D'où la question: l'absence de désir permet-elle le bonheur? Et comment parvenir à cette absence de désir?
– D'autres (les épicuriens) ont voulu voir dans le plaisir le vrai bonheur. D'où la question: le bonheur est-il réductible au plaisir?
– Si l'on veut rendre compatible bonheur et plaisir, il faut dire que le bonheur consiste non pas dans une plénitude fermée sur elle-même, mais dans le

renouvellement permanent du désir. La question qui se pose alors est la suivante : comment permettre ce renouvellement ?

Un sujet, des références essentielles

SUJET : *Le bonheur se trouve-t-il dans le plaisir ?*

1. Le plaisir, principe et fin du bonheur

« Il faut, en outre, considérer que, parmi les désirs, les uns sont naturels, les autres vains, et que, parmi les désirs naturels, les uns sont nécessaires, les autres naturels seulement. Parmi les désirs nécessaires, les uns le sont pour le bonheur, les autres pour l'absence de souffrances du corps, les autres pour la vie même. En effet, une étude de ces désirs qui ne fasse pas fausse route, sait rapporter tout choix et tout refus à la santé du corps et à l'absence de troubles de l'âme, puisque c'est là la fin de la vie bienheureuse. Car c'est pour cela que nous faisons tout : afin de ne pas souffrir et de n'être pas troublés. Une fois cet état réalisé en nous, toute la tempête de l'âme s'apaise, le vivant n'ayant plus à aller comme vers quelque chose qui lui manque, ni à chercher autre chose par quoi rendre complet le bien de l'âme et du corps. Alors, en effet, nous avons du plaisir quand, par suite de sa non-présence, nous souffrons, mais quand nous ne souffrons pas, nous n'avons plus besoin du plaisir.

Et c'est pourquoi nous disons que le plaisir est le principe et la fin de la vie bienheureuse. »

Épicure, *Lettre à Ménécée* (IIIᵉ siècle av. J.-C.).

2. Critique d'Épicure par Kant

Selon Kant, on ne peut pas distinguer des plaisirs nobles et des plaisirs bas, comme prétend le faire Épicure.

« Si, avec Épicure, nous ne retenons dans la vertu, comme détermination de la volonté, que le simple plaisir qu'elle promet, nous ne pouvons ensuite lui reprocher de considérer ce plaisir comme tout à fait de même nature que les plaisirs des sens les plus grossiers ; car il n'y a aucune raison de le blâmer d'avoir attribué uniquement aux sens corporels les représentations par lesquelles ce sentiment serait excité en nous. Il a recherché la source de beaucoup d'entre elles, autant qu'on peut le conjecturer, aussi bien dans l'usage de la faculté supérieure de connaître ; mais cela ne l'empêchait pas et ne pouvait pas non plus l'empêcher de considérer, une fois ce principe posé, même le plaisir que nous procurent ces représentations assurément intellectuelles, et par lequel seul elles peuvent être des principes déterminants de la volonté, comme étant tout à fait de même nature que les autres plaisirs. »

Kant, *Critique de la raison pratique* (1788).

3. L'idéal du bonheur

Selon Kant, on ne peut pas définir rationnellement en quoi consiste le contenu du bonheur, parce que le bonheur est un idéal de l'imagination.

« Le concept du bonheur est un concept si indéterminé, que, malgré le désir qu'a tout homme d'arriver à être heureux, personne ne peut jamais dire en termes précis et cohérents ce que véritablement il désire et il veut. La raison en est que tous les éléments qui font partie du concept du bonheur sont dans leur ensemble empiriques, c'est-à-dire qu'ils doivent être empruntés à l'expérience, et que cependant pour l'idée du bonheur, un tout absolu, un maximum de bien-être dans mon état présent et dans toute ma condition future, est nécessaire. Or il est impossible qu'un être fini, si perspicace et en même temps si puissant qu'on le suppose, se fasse un concept déterminé de ce qu'il veut ici véritablement. Veut-il la richesse ? Que de soucis, que d'envie, que de pièges ne peut-il pas par là attirer sur sa tête ! Veut-il beaucoup de connaissance et de lumières ? Peut-être cela ne fera-t-il que lui donner un regard plus pénétrant pour lui représenter d'une manière d'autant plus terrible les maux qui jusqu'à présent se dérobent encore à sa vue et qui sont pourtant inévitables, […]. Bref, il est incapable de déterminer avec une entière certitude d'après quelque principe ce qui le rendrait véritablement heureux : pour cela il lui faudrait l'omniscience. »

Kant, Fondements de la métaphysique des mœurs (1785).

4. Bonheur et désir

Le seul bonheur véritable est dans le désir lui-même.

« Tant qu'on désire on peut se passer d'être heureux ; on s'attend à le devenir ; si le bonheur ne vient point, l'espoir se prolonge, et le charme de l'illusion dure autant que la passion qui le cause. Ainsi cet état se suffit à lui-même, et l'inquiétude qu'il donne est une sorte de jouissance qui supplée à la réalité.

Qui vaut mieux, peut-être. Malheur à qui n'a plus rien à désirer ! Il perd pour ainsi dire tout ce qu'il possède. On jouit moins de ce qu'on obtient que de ce qu'on espère, et l'on n'est heureux qu'avant d'être heureux. En effet, l'homme avide et borné, fait pour tout vouloir et peu obtenir, a reçu du Ciel une force consolante qui rapproche de lui tout ce qu'il désire, qui le soumet à son imagination, qui le lui rend présent et sensible, qui le lui livre en quelque sorte, et pour lui rendre cette imaginaire propriété plus douce, le modifie au gré de sa passion. Mais tout ce prestige disparaît devant l'objet même ; rien n'embellit plus cet objet aux yeux du possesseur ; on ne se figure point ce qu'on voit ; l'imagination ne pare plus rien de ce qu'on possède, l'illusion cesse où commence la jouissance. Le pays des chimères est en ce monde le seul digne d'être habité, et tel est le néant des choses humaines, qu'hors l'Être existant par lui-même, il n'y a rien de beau que ce qui n'est pas. »

Rousseau, Julie ou La Nouvelle Héloïse (1761), 6e partie, Lettre VIII,
de Mme de Wolmar à Saint-Preux.

Notions et repères

Absolu / relatif

L'Absolu, c'est ce qui ne dépend de rien d'extérieur à soi (du latin *ab-solutus* = séparé). Le relatif, au contraire, c'est ce qui est « en relation avec » quelque chose d'autre, donc qui dépend de quelque chose d'autre.

Dans la pensée religieuse, l'Absolu, c'est Dieu : parce que tout dépend de Dieu, mais Dieu, lui, ne dépend de rien. L'homme, lui, est un être relatif : il dépend du monde qui l'entoure, il dépend de ses parents (pour naître), etc. Mais pour certains mystiques, l'homme peut peut-être faire une expérience de l'Absolu, dans la contemplation pure de Dieu. On pourrait aussi trouver un exemple philosophique d'expérience de l'Absolu dans le « je pense donc je suis » de Descartes, qui est l'exemple d'une vérité absolue qui ne dépend de rien d'extérieur à elle [voir « un auteur/une idée » : Descartes, p. 197].

Le « relativisme », c'est l'idée qu'il n'y a pas de vérité absolue, que l'opinion de chacun dépend de lui-même (en général, la philosophie combat le relativisme, parce qu'elle cherche, au contraire, des vérités universelles).

➜ *Principales notions concernées : l'existence et le temps ; la religion ; la vérité ; la liberté ; le bonheur.*

Abstrait / concret

Ce qui est abstrait, c'est ce qui est « en dehors », « loin » : loin du concret qui, lui, est proche, à portée de main, solide. Les idées sont abstraites, mais voir, toucher, c'est concret.

Chez Platon*, l'opposition entre le « monde sensible » et le « monde intelligible » recoupe l'opposition entre concret et abstrait. Pour Platon, les Idées, abstraites, sont plus « élevées », et sont « mieux » que les réalités sensibles concrètes. Mais, en même temps, il n'est intéressant de connaître les idées abstraites que si c'est pour « redescendre » ensuite [voir l'allégorie de la caverne de Platon, p. 178] pour comprendre les réalités concrètes. L'abstrait n'a donc pas de valeur en soi : il ne vaut que s'il trouve ensuite une application concrète. Mais si on ne commençait pas par sortir du concret, par s'élever au-dessus de lui pour prendre de la distance, on en resterait prisonnier.

➜ *Principales notions concernées : la raison et le réel ; théorie et expérience ; la vérité ; la morale.*

En acte / en puissance

L'opposition acte / puissance vient de la pensée d'Aristote*. Il distingue ce qui est « actuellement », réellement, effectivement, maintenant (= en acte) ; et ce qui est potentiellement, virtuellement, c'est-à-dire ce qui peut être, qui tend à être mais qui n'est pas encore (= en puissance).

Un exemple simple permet de très bien comprendre cette distinction : un poulain est (en acte) un poulain ; mais c'est (en puissance) un cheval, c'est-à-dire qu'il y a quelque chose dans le poulain (on dirait aujourd'hui son programme génétique) qui le fait progressivement devenir cheval adulte.

La différence en puissance / en acte permet ainsi de penser le devenir des êtres : elle permet d'expliquer pourquoi le poulain (ou moi, ou n'importe quel être) *change* mais reste pourtant *le même* animal. Elle permet ainsi de penser la permanence des êtres malgré le passage du temps.

Principales notions concernées : l'existence et le temps ; le travail et la technique ; le vivant ; la matière et l'esprit.

Analyse / synthèse

Analyser c'est décomposer, mettre en morceaux plus petits ; faire la synthèse, au contraire, c'est composer ou recomposer, c'est-à-dire mettre ensemble, rassembler.

Ces termes peuvent être liés à la chimie (on fait par exemple l'analyse d'une substance, c'est-à-dire qu'on la décompose en ses éléments pour voir de quoi elle est faite. Analyse et synthèse ont aussi un sens intellectuel : Descartes* explique ainsi comment, en mathématiques, pour résoudre un problème, il faut d'abord l'analyser, c'est-à-dire, le décomposer en un ensemble de petits problèmes simples, puis faire la synthèse des résultats obtenus, c'est-à-dire les mettre ensemble pour résoudre le problème complexe dont on était parti.

▶ **Principales notions concernées :** *la raison et le réel ; la démonstration ; le vivant.*

Repère 5
Cause / fin

La cause, c'est ce qui produit un phénomène, ce « à cause » de quoi quelque chose se produit. La « fin », dans ce contexte, c'est ce *en vue de quoi* la chose se produit, son but, ce qu'elle vise.

La distinction cause / fin vient d'Aristote*. La cause est à l'origine du phénomène ; la fin, elle, est à... sa fin. Par exemple, la cause d'une statue, c'est le sculpteur : c'est lui qui « fait » la statue. Mais la fin de la statue, son but, sa finalité, c'est de décorer un palais (par exemple) : elle a été sculptée pour, en vue de, dans le but de décorer le palais.

L'opposition cause / fin marque toute la différence entre la science des Anciens et la science moderne, telle qu'elle commence à se développer au XVIIe siècle avec Galilée et Descartes. Pour les Anciens (Aristote en particulier), connaître une chose, c'est connaître son but, sa cause finale, sa destination. Connaître la chenille, c'est savoir qu'elle va devenir papillon, par exemple. Tandis que pour la science moderne, on ne peut pas vraiment connaître la fin (le but) des choses : « pourquoi l'univers ? » par exemple, est une question que l'on est obligé de laisser en suspens ; mais on peut connaître les causes : le mécanisme qui produit les choses : qu'est-ce qui se passe, dans la chenille, qui fait qu'elle devient papillon ?

▶ **Principales notions concernées :** *la raison et le réel ; l'interprétation ; le vivant ; la liberté.*

Repère 6
Contingent / nécessaire / possible

Le contingent, c'est *ce qui peut ne pas être* ; le nécessaire, c'est *ce qui ne peut pas ne pas être* ; le possible, c'est *ce qui peut être*

Dans une conception déterministe du monde, comme celle de Leibniz* par exemple, tout ce qui arrive se produit de manière *nécessaire* : tout a une cause, et il n'y a pas de hasard dans le monde, c'est-à-dire pas de contingence : si je jette trois dés, il y a un ensemble de causes qui se réunissent (angle de jetée, petits reliefs sur la table, élasticité des dés, etc.) pour que j'obtienne ces trois numéros là, et pas autre chose. C'est pourquoi on peut calculer et prévoir le résultat de phénomènes dont on connaît les règles de fonctionnement (par exemple, on peut calculer la trajectoire d'un projectile d'après sa masse, la force et l'angle de projection, les frottements de l'air, etc.)

Se pose aussi le problème de la liberté*, car si tout est nécessaire, y a-t-il une place pour la liberté de l'homme ? Dans la vie courante, on admet l'existence de contingences : il y a des choses qui se produisent et dont on a l'impression qu'elles auraient pu ne pas se produire (pourquoi ai-je eu tel accident tel jour ?).

▶ **Principales notions concernées :** *l'histoire ; la raison et le réel ; la politique ; la liberté.*

Repère 7
Croire / savoir

Croire, c'est avoir une représentation hypothétique du monde, sans forcément admettre qu'elle est seulement hypothétique ; savoir, c'est avoir une représentation vraie du monde, en sachant pourquoi elle est vraie.

Il y a un sens faible et un sens fort de « croire » : le sens faible, c'est « avoir une opinion », comme lorsque je dis que « je crois qu'il fera beau demain ». Au sens faible, la croyance est donc plus faible que le savoir. Mais il y a aussi un sens fort, comme lorsque l'on dit « je crois en Dieu »,

Notions et repères

où la croyance se pose comme équivalente ou même plus forte que le « savoir ».

Il faut bien noter que « croire » et « savoir » ne s'opposent pas comme « faux » et « vrai » : je peux croire quelque chose (« il va faire beau ») et que cela se vérifie, sans pour autant que cela ait été un savoir. Le savoir n'est donc pas seulement l'opinion juste : il doit être accompagné de preuves. Par exemple, je « sais » que $12 + 15 = 27$. Le savoir est une représentation qui est accompagnée de la conscience de la nécessité de cette représentation. C'est pourquoi un « savoir » ne peut pas être faux : lorsque je me rends compte que je me suis trompé, je me rends compte que ce que je prenais pour un savoir n'était qu'une croyance : c'est le propre de la croyance qu'elle peut se faire passer pour un savoir ; mais la réciproque n'est pas vraie. Évidemment, la question qui se pose est : le savoir est-il possible ? Tout n'est-il pas seulement croyance ? C'est le problème central de la philosophie que d'essayer de différencier les deux [voir Descartes et le « je pense donc je suis »].

➔ *Principales notions concernées :* la religion ; la raison et le réel ; la vérité.

Repère 8
Essentiel / accidentel

L'essentiel est ce qui appartient à l'essence d'une chose, c'est-à-dire ce qui lui est nécessairement lié, ce qui appartient à sa définition, ce sans quoi la chose ne serait pas ce qu'elle est. L'accidentel, c'est ce qui appartient à une chose de manière contingente, qu'elle peut ne pas avoir tout en restant elle-même.

Par exemple, en chimie, l'oxygène et l'hydrogène sont essentiels pour former ce que l'on appelle l'eau : si l'on enlève l'un de ces deux éléments, ou même si l'on modifie trop leur proportion, ce n'est plus de l'eau ; par contre il peut y avoir un peu de carbone en plus (de la poussière) : c'est accidentel : cela ne change pas le fait que c'est de l'eau. Selon une définition classique de l'homme, on dira qu'il est essentiel à l'homme d'être rationnel (ou au moins potentiellement rationnel) ; sans cette potentialité de rationalité, on n'a pas affaire à

un homme, mais à un animal. De même, il est essentiel à l'animal d'être doué de sensibilité, sinon c'est un végétal. Par contre, il est accidentel – c'est-à-dire simplement non-essentiel – que l'homme soit blanc ou noir, blond ou brun, et même génial ou fou.

➔ *Principales notions concernées :* le sujet ; l'existence et le temps ; l'histoire ; la démonstration ; la liberté.

Repère 9
Expliquer / comprendre

Dans une première approche, expliquer et comprendre sont symétriques : expliquer un phénomène, c'est rendre possible sa compréhension en en fournissant une représentation dans le langage ; comprendre c'est avoir une représentation claire du phénomène, grâce à l'explication.

Par exemple, je me réveille après un accident et je demande ce qui s'est passé. Le médecin m'explique ce qui s'est passé, et je le comprends. Mais il faut noter, par-delà cette symétrie, la différence fondamentale entre expliquer et comprendre : c'est que « expliquer » suppose une extériorisation de raisons exprimées dans le langage*, tandis que « comprendre » est un phénomène subjectif [voir repère « subjectif/objectif »], intérieur. C'est cette différence qui fait que l'on peut m'expliquer quelque chose, et que pourtant, je ne le comprends pas (pensez à vos cours de maths ! ou à la lecture de ce livre…). Réciproquement, je peux comprendre sans que l'on m'explique, par intuition directe ; et je peux aussi comprendre sans pour autant être capable d'expliquer clairement ce que je comprends (dans ce cas, je ne peux pas prouver que je comprends vraiment, mais personne ne peut non plus prouver le contraire, puisque la compréhension est un phénomène purement intérieur).

C'est, selon certaines théories, ce qui fait la différence entre les sciences exactes et les sciences humaines. Les premières expliquent, sans nécessairement que cela débouche sur une compréhension intuitive profonde (dans une opération mathématique complexe par exemple, je me passe d'une représentation intuitive des quantités que je manipule) ; les secondes créent une compréhension de phénomènes humains (des coutumes étrangères par exemple) sans que celles-ci soient expliquées.

➡️ *Principales notions concernées :* *l'histoire ; la raison et le réel ; l'interprétation ; la vérité.*

Repère 10
En fait / en droit

La différence entre le fait et le droit est la différence entre l'être et le devoir-être. Ce qui est « en fait », c'est ce qui est effectivement, « actuellement ». Ce qui est « en droit », c'est ce qui doit être, mais qui n'est pas nécessairement, et ne sera peut-être jamais.

L'exemple le plus simple est celui du rapport entre la loi et les faits : en droit, il ne faut pas voler, mais en fait, il y a des gens qui volent. Dans l'expression « en droit », le mot droit a un sens plus large que son sens strictement juridique. Il peut renvoyer à une règle morale par exemple, ou même à une règle logique. Ce qui compte, c'est la distinction entre deux ordres de réalité, les normes et les faits, ce qui permet d'évaluer les faits à l'aune de quelque chose d'autre qu'eux, pour porter un jugement sur eux (que tel acte est légal, ou qu'il est juste). Ce qui est « en droit » fournit un critère d'évaluation de ce qui est « en fait ». Le problème, évidemment, c'est de savoir comment l'on applique le droit au fait : car s'il s'agit de deux ordres de réalité distincts, comment mesurer l'un par rapport à l'autre ? Il y a des cas où cela ne semble pas poser problème, mais dans le domaine juridique, on rencontre souvent cette question : comment appliquer la loi, générale, à un cas très particulier ? Autrement dit, sur quel critère décider que tel critère est juste pour s'appliquer à tel fait ?

➡️ *Principales notions concernées :* *théorie et expérience ; la justice et le droit ; le devoir.*

Repère 11
Formel / matériel

Encore une distinction héritée d'Aristote*. De manière générale, la distinction forme / matière correspond à la distinction familière entre la forme et le fond, ou entre la forme et le contenu. La forme, c'est le cadre, la matière, c'est ce que l'on met dans ce cadre.

Le domaine juridique nous offre un bon exemple de distinction entre critère formel et critère matériel. Ainsi, lorsqu'un premier jugement rendu par un tribunal est examiné une seconde fois par une Cour d'appel (qui juge le jugement), celle-ci peut rejeter le premier jugement pour des raisons *formelles* : parce que les délais légaux n'ont pas été respectés, par exemple. Ou bien, elle peut rejeter le jugement pour des raisons *matérielles*, qui portent sur le contenu (telle personne a été accusée d'un vol, mais elle réussit à prouver, devant la Cour d'appel, qu'elle était innocente, par exemple). Chez Aristote, on trouve l'opposition entre « cause formelle » et « cause matérielle » : la « cause formelle » d'une chose, c'est sa définition, ses traits essentiels ; la « cause matérielle », c'est la matière dont une chose est faite : par exemple la cause matérielle d'une statue, c'est le marbre dont elle est faite. Sa cause formelle, c'est la figure d'Hercule.

➡️ *Principales notions concernées :* *le sujet ; l'art ; la démonstration ; la justice et le droit.*

Repère 12
Genre / espèce / individu

Genre et espèce sont deux concepts permettant la classification des individus. Ils sont notamment utilisés par Aristote, dans ses travaux d'histoire naturelle, pour classifier les êtres vivants les uns par rapport aux autres. Le genre, c'est le groupe général auquel appartient un individu ; l'espèce, c'est le sous-groupe, plus précis, qui permet de resserrer la définition de cet individu ; enfin, l'individu, c'est l'être (qui peut encore être un groupe d'êtres) qui est défini par les deux termes précédents.

Notions et repères

Par exemple, lorsqu'Aristote dit que l'homme est un «animal rationnel», «animal» est le genre, et «rationnel» est l'espèce : on parle, plus précisément, du «genre proche» et de la «différence spécifique» : le «genre proche» de l'homme, c'est l'animal, c'est le groupe plus vaste auquel il appartient ; mais la rationalité, c'est sa «différence spécifique» (c'est-à-dire sa différence d'espèce) qui le distingue des autres membres du genre animal.

Remarquez que l'«homme» est ici le concept dont est cernée la spécificité ; mais ce n'est pas, à proprement parler, un «individu» : Socrate, par contre, est un exemple d'individu. Pour définir Socrate, on peut dire que son genre proche, c'est l'humanité ; et que sa différence spécifique, c'est l'ensemble des traits qui le distinguent des autres êtres humains (philosophe grec du Ve siècle avant J.-C., etc.).

➡ **Principales notions concernées** : *le sujet ; la raison et le réel ; la démonstration.*

Idéal / réel

C'est dans le langage courant plus qu'en philosophie que «idéal» et «réel» s'opposent. Ainsi l'idéal, c'est l'idée la plus parfaite que l'on se fait de quelque chose ou de quelqu'un (la société idéale, l'homme idéal...) ; le réel, c'est ce qui existe dans les faits. On associe aussi l'idéal à l'utopie, à une perfection qui n'existe que dans les idées, ou dans l'imagination, et on l'oppose à l'imperfection du réel.

Ce sens courant rejoint l'opposition philosophique posée par Platon* entre le monde «idéal», ou «monde des Idées», et la réalité sensible : le monde des Idées est celui qui peut être connu par l'intellect seulement, alors que la réalité sensible est connue par les sens. Pour Platon, le monde sensible est «imparfait», au sens littéral du terme c'est-à-dire inachevé, toujours en mouvement, toujours en train de changer et de se dégrader (comme le corps qui vieillit) ; le monde des Idées par contre est «parfait» c'est-à-dire qu'il est achevé, abouti, immobile et éternel. C'est pourquoi seul lui peut être véritablement connu, car comment connaître ce

qui change sans cesse ? En fait, ce qui s'oppose chez Platon, ce n'est pas tellement l'idéal et le réel, mais l'idéal et le *sensible* (ou réalité sensible). Pour lui, le réel véritable, ce n'est pas ce monde imparfait qui s'offre à nos sens, c'est l'idéal, le monde des Idées, tandis que le sensible est un monde d'illusions et de simulacres. Avant d'opposer le réel et l'idéal, il faut donc savoir comment on définit le «réel» et quelle «réalité» on donne aux «idées», car toutes les idées ne sont pas nécessairement coupées du monde...

➡ **Principales notions concernées** : *le désir ; la raison et le réel ; la société ; le bonheur.*

Identité / égalité / différence

Être identique, c'est le fait d'être le même d'un point de vue *qualitatif* ; être égal, c'est le fait d'être le même d'un point de vue *quantitatif* ; la différence peut signifier à la fois la différence qualitative (être autre), ou la différence quantitative (être plus grand, plus petit...).

Ainsi par exemple, lorsque l'on dit que «tous les hommes sont égaux en droit», on ne dit pas que tous les hommes sont identiques : on dit qu'ils sont «égaux», c'est-à-dire qu'ils sont différents individuellement, mais que, en ce qui concerne leurs droits, nul n'en a plus ou moins qu'un autre. La force de la notion d'«égalité», c'est qu'elle permet de penser le même dans la différence.

➡ **Principales notions concernées** : *le sujet ; Autrui ; la démonstration ; la société.*

Intuitif / discursif

L'intuitif est un mode d'appréhension directe du réel qui ne passe pas par le langage ; le discursif est un mode d'appréhension du réel qui passe par le «discours», donc par le langage et la raison.

L'intuition est une manière de «voir» directement le réel par l'esprit. On peut y voir une faculté infra-rationnelle, qui ressemble à l'instinct animal ; ou une faculté supra-rationnelle, d'ordre mystique. Le cliché de « l'intuition féminine » joue sur ces deux registres. Avoir l'intuition de quelque chose, c'est donc en quelque sorte le deviner, le pressentir. Lorsqu'il s'agit de la réalité extérieure, croire à l'intuition, c'est croire qu'il existe une sorte de 6e sens.

En philosophie, l'intuition désigne plutôt la faculté qu'a la conscience de voir en elle-même. « Intuitionner », c'est voir « en » soi, c'est avoir conscience de ses propres pensées. Le « *cogito* » de Descartes* est ainsi une intuition première de soi par soi. La connaissance discursive peut reposer sur des intuitions premières, mais elle les dépasse ensuite en les élaborant dans la pensée articulée et dans le langage. Par exemple, le syllogisme « Socrate est un homme, or tous les hommes sont mortels, donc Socrate est mortel » est un raisonnement discursif. Dans ce raisonnement, j'arrive à la conclusion par des étapes : je ne « vois » pas immédiatement le résultat, je le déduis, ou je le construis à partir de ce qui précède. Par contre, la notion de « triangle » fait l'objet d'une intuition immédiate : je « vois » directement en moi ce qu'est un triangle. [Voir repère « médiat/immédiat ».]

➡️ *Principales notions concernées :* la perception ; le langage ; la démonstration ; l'interprétation.

Repère 16
Légal / légitime

Ce qui est légal, c'est ce qui est conforme à la loi ; ce qui est légitime, c'est ce qui est conforme à la justice, et qui est donc reconnu comme devant être suivi.

La légalité est une contrainte extérieure à l'individu ; mais si je reconnais quelque chose comme légitime, cela signifie que je m'y plie de mon plein gré. La légalité détermine donc l'obéissance de manière *extérieure*, tandis que la légitimité détermine l'obéissance de manière *subjective* [voir repère « subjectif/objectif »]. L'exemple classique est celui d'Antigone, le personnage de la tragédie de Sophocle : sœur d'Étéocle et de Polynice, elle veut enterrer son frère, Polynice, malgré l'interdiction légale. Elle

va contre la loi de la cité, au nom de la légitimité de ce qu'elle appelle les « lois non écrites », qui relient le frère et la sœur. Elle y perdra la vie.

Légalité et légitimité sont donc deux ordres normatifs concurrents, deux types de devoirs qui ne coïncident pas toujours. Lorsque l'on fait la révolution, par exemple, c'est parce que l'on considère que les lois sont illégitimes. Mais on peut aussi considérer certaines lois comme légitimes : en démocratie (en principe du moins) les lois sont rendues légitimes par le fait que c'est le peuple qui se donne à lui-même : la contrainte extérieure est donc fondée dans la subjectivité des citoyens. Pour certains, la loi est, en tant que telle, légitime : mieux vaut une loi, disent-ils, n'importe laquelle, plutôt que l'anarchie. Cela n'est pas toujours faux, mais cela dépend quand même de la nature de la loi : les hauts fonctionnaires nazis, par exemple, ont essayé de se justifier après coup en disant qu'ils ne faisaient qu'exécuter les ordres et que l'on ne pouvait pas leur reprocher d'avoir suivi les lois de leur pays. Justement si : du fait que légalité et légitimité ne sont pas le même concept, on peut le leur reprocher.

➡️ *Principales notions concernées :* l'interprétation ; la politique ; la justice et le droit.

Repère 17
Médiat / immédiat

Est médiat ce qui passe par quelque chose d'autre (un inter-médiaire) pour atteindre son but ; est immédiat, ce qui l'atteint directement.

Par exemple [voir repère « intuitif/discursif »], l'intuition est une connaissance immédiate, tandis que la connaissance par raisonnement est médiate (on dit qu'elle est « médiée » par le raisonnement : elle passe par le raisonnement). On oppose ainsi l'immédiateté des sens, la vue, le toucher en particulier, au caractère médiat de la pensée réfléchie. Mais c'est discutable : le paradoxe de la notion d'immédiat, c'est qu'elle nous force à penser une relation entre deux termes extérieurs l'un à l'autre, et qu'en même temps cette relation doit être sans

Notions et repères

intermédiaire. Peut-être que l'immédiateté absolue n'existe jamais. Mais s'il n'y a rien d'immédiat, comment une médiation entre des termes peut-elle se faire ? Il faut bien qu'il y ait, à un moment, un point de contact sans intermédiaires... C'est un cercle. Le « cogito » de Descartes* donne un bon exemple de ce que la tradition philosophique considère comme une intuition immédiate : la conscience de soi est à la fois une relation et à la fois immédiate, puisque c'est une relation de soi à soi.

➡ **Principales notions concernées** : *la conscience ; la perception ; la vérité.*

Repère 18
Objectif / subjectif

Ces deux termes qualifient des modes de représentation du réel : on parle d'une « connaissance objective », que l'on oppose à un « point de vue subjectif ». Une connaissance objective, est une connaissance qui correspond à l'objet tel qu'il est, sans que j'y ajoute rien de moi ; à l'inverse, un point de vue subjectif, ou une opinion subjective, est l'idée que je me fais d'une chose, sans vraiment savoir si cette idée correspond ou non à l'objet. « Objectif » veut donc dire impartial, extérieur, indépendant des préférences du sujet ; « subjectif » au contraire veut dire partial, intérieur à soi, exprimant des préférences sans nécessairement de souci de les partager.

Par exemple, si quelque chose me fait plaisir, c'est un sentiment subjectif, intérieur, je suis seul à le ressentir. Par contre, que 2 + 2 = 4, c'est une vérité objective, que nul ne peut contester. On peut opposer aussi l'existence objective d'un objet (un verre posé sur une table par exemple) avec les points de vue subjectifs des individus qui regardent l'objet (trois personnes autour de la table, qui voient le verre chacune de son point de vue, et qui ne voient donc pas forcément la même chose). La grande question philosophique est la suivante : puisque toute connaissance passe nécessairement par un *sujet* connaissant, donc par la subjectivité, comment une connaissance objective est-elle possible ? Il y a un paradoxe,

puisqu'il ne peut y avoir d'objectivité que pour un sujet, donc il ne peut y avoir d'objectivité que subjective, ce qui paraît contradictoire...

La solution classique, chez Platon*, chez Descartes*, consiste à distinguer deux types de facultés chez l'homme : celles qui sont seulement subjectives : la sensibilité, propre à chacun ; et celles qui permettent l'objectivité : la raison, qui permettrait un rapport direct avec le réel [voir repère « idéal/réel »] et serait la même chez tous les hommes. La sensibilité fait que nous avons des opinions subjectives, mais la raison nous permet de connaître des vérités objectives.

➡ **Principales notions concernées** : *la conscience ; la raison et le réel ; l'interprétation ; la vérité.*

Repère 19
Obligation / contrainte

Une obligation nous pousse à agir en vertu d'une nécessité intérieure, subjective, qui nous fait reconnaître un devoir d'agir de cette manière-là. Une contrainte est une force extérieure qui nous pousse à agir contre notre volonté [voir repère « objectif/subjectif »].

Par exemple Antigone [voir repère « légal/légitime »] est « obligée » d'aller enterrer son frère Polynice, du fait de ce qu'elle considère comme une loi divine, mais elle est « contrainte » par son oncle Créon à ne pas le faire. La contrainte est physique, l'obligation est morale.

Problème : la loi nous contraint-elle ou nous oblige-t-elle ? Il y a là une ambiguïté. Les lois de la physique nous contraignent (la loi de la gravité par exemple). Mais les lois de la cité ? Elles nous contraignent si nous les considérons simplement comme des menaces policières. Elles nous obligent si nous les considérons comme légitimes.

Dans la tradition philosophique, la notion d'obligation est notamment liée à la philosophie de Kant*, pour qui l'« impératif catégorique » s'impose de lui-même à la conscience.

➡ **Principales notions concernées** : *la justice et le droit ; l'État ; la liberté ; le devoir.*

Repère 20
Origine / fondement

L'origine, c'est le point de départ chronologique d'un processus ; le fondement, c'est le point de départ logique.

L'origine du monde, par exemple, est racontée dans la Bible, dans la Genèse, ou bien elle est décrite en termes scientifiques dans la théorie du *Big Bang* ; mais ces deux descriptions, pour différentes qu'elles soient, n'expliquent pas le « fondement » du monde. Expliquer le fondement du monde supposerait de pouvoir dire « *pourquoi* » le monde existe. La Genèse et la théorie du *Big Bang* décrivent « comment » il a commencé. On parle donc de l'origine d'un *processus*, tandis que l'on parlera plutôt du fondement d'une *théorie*. Ainsi, le fondement d'un raisonnement, ce sont les principes ou les hypothèses sur lesquels il repose et d'où sont déduites les conclusions.

Les deux notions peuvent sembler n'avoir rien à voir puisqu'elles concernent deux ordres différents (logique et chronologique). Mais elles se recoupent parfois, lorsqu'un processus est à la fois chronologique et a un déroulement logique. Par exemple, Rousseau*, dans le *Discours sur l'origine et les fondements de l'inégalité parmi les hommes*, fait à la fois le récit de la naissance de la société, et montre, dans ce récit, quelles sont les *raisons* qui ont fait se développer les inégalités.

▶ *Principales notions concernées :* l'existence et le temps ; l'histoire ; la démonstration.

Repère 21
Persuader / convaincre

Persuader, c'est emporter l'adhésion de l'auditeur en faisant appel à ses émotions et à son imagination. Convaincre, c'est emporter l'adhésion grâce à des arguments rationnels. Persuader, c'est donc faire croire quelque chose à quelqu'un, sans que ce soit nécessairement vrai. Convaincre, c'est faire reconnaître la vérité de quelque chose par quelqu'un.

L'opposition entre persuader et convaincre, c'est l'opposition entre Socrate et les sophistes [voir Platon]. Les sophistes avaient pour but de persuader leur auditoire de la cause qu'ils défendaient, sans se poser la question de sa justice. Socrate, lui, cherchait à convaincre de la vérité de ses raisonnements. On pourrait croire que la meilleure manière de persuader quelqu'un, c'est de lui dire la vérité. Mais la vérité est parfois plus difficile à admettre que ce que l'on a envie d'entendre.

▶ *Principales notions concernées :* la démonstration ; la vérité ; la politique ; la justice et le droit.

Repère 22
Ressemblance / analogie

Il existe une ressemblance entre deux ou plusieurs choses lorsqu'elles ont une ou des *propriétés communes* qui leur donnent des aspects semblables. Il y a analogie lorsqu'il y a une *structure commune* à ces choses.

Ainsi, deux choses qui se ressemblent ont forcément une certaine analogie l'une avec l'autre. La réciproque n'est pas vraie : il peut y avoir une analogie entre des choses qui ne se ressemblent pas. Par exemple, deux personnes se ressemblent parce qu'elles ont certains traits communs, ce qui suppose qu'elles aient une structure générale comparable. En revanche, il peut y avoir analogie entre des choses qui n'ont pas de trait commun. Par exemple, la chiromancie (lire les lignes des mains) repose sur l'idée qu'il existe une analogie entre les lignes des mains et les événements de la vie : la forme de la main et de ses lignes est donc censée représenter le cours de la vie.

La ressemblance est plutôt d'ordre sensible : on la perçoit par les sens ; l'analogie est plutôt d'ordre intelligible : on l'établit de manière intellectuelle, et c'est pourquoi elle ne passe pas nécessairement par une ressemblance.

On parle de « raisonnement par analogie » : cela consiste à appliquer une relation de cause à effet, dans une situation connue, à une autre situation, ce qui permet de prévoir l'effet

Notions et repères

auquel on doit s'attendre. Dans les deux cas, ressemblance et analogie, il y a une part de subjectivité*. C'est pourquoi la ressemblance entre deux choses peut être perçue par certains et pas par d'autres. Quant à l'analogie, elle peut être construite de manière arbitraire, entre des termes parfaitement étrangers, pourvu que l'on parvienne à créer un système de correspondance entre eux : entre la position des planètes et le caractère des gens, entre des taches de café et une histoire d'amour, entre une succession de cartes de tarot et une succession d'événements, pour prendre les exemples les plus célèbres.

▶ *Principales notions concernées :* la perception ; la démonstration ; l'interprétation ; la vérité.

mouvement pour désigner ce qui *cause* le mouvement (la gravité terrestre par exemple, ou simplement la main qui lance une pierre). Le mobile moral, l'hypothèse rationnelle, la cause physique sont des principes de type très différents, mais qui ont en commun d'être à l'origine (ou au fondement*) de conséquences, elles-mêmes d'ordre moral, logique ou physique. Descartes* a cherché s'il n'y aurait pas un principe de tous les principes : un principe sur lequel toute connaissance reposerait, qu'elle soit logique, physique ou morale. C'est le fameux « *cogito* ».

▶ *Principales notions concernées :* la démonstration ; le devoir.

Repère 23
Principe / conséquence

Un principe est le point de départ (ce qui vient en « premier ») d'une action, d'un raisonnement ou d'un processus. Une conséquence est ce qui découle (ce qui « suit ») de ce point de départ. On peut distinguer trois domaines où ces concepts sont utiles : la morale, la logique, la physique.

En morale, lorsque je dis que « j'ai des principes », j'affirme fonder ma conduite sur des règles que je mets ensuite en application dans ma vie. La tolérance aux croyances des autres par exemple. Un principe moral s'appelle un *mobile.*

En logique, un principe est l'*hypothèse* qui sert de base à mon raisonnement : les anciens mathématiciens distinguaient ainsi les axiomes (vérités auto-suffisantes), les postulats (que l'on demande d'admettre pour permettre la démonstration) et les définitions (que l'on pose). Ce sont là trois types de principes, à partir desquels on va démontrer des propositions mathématiques plus complexes, notamment les théorèmes. Ceux-ci, à leur tour, pourront servir de principes pour des démonstrations ultérieures.

En physique, on peut parler aussi de principes, comme lorsque l'on parle du principe d'un

Repère 24
En théorie / en pratique

Une théorie est un discours sur le monde : elle décrit ou explique le fonctionnement de l'un de ses aspects. Elle établit en particulier des relations de cause à effet entre divers phénomènes. La pratique est l'application de la théorie au réel.

On dit que ce qui est vrai en théorie ne l'est pas forcément en pratique [voir repère « abstrait/concret »] : entre le discours et la réalité il y a parfois des écarts. Entre la prévision théorique (sur le mouvement d'un missile par exemple, exprimé sous forme d'une équation mathématique) et la réalité de son mouvement, il peut y avoir un décalage (à cause des frottements de l'air par exemple). Mais, comme l'a expliqué Kant* dans *Théorie et pratique*, ce décalage veut simplement dire que la théorie n'est pas correcte. On ne peut pas dire par principe qu'il y a toujours un décalage entre la théorie et la pratique, sous prétexte qu'il s'agit de deux ordres de réalité différents, l'ordre du discours (les règles, les équations...) et l'ordre des faits. Car la théorie porte *toujours sur* le réel. C'est lui qu'elle vise, même si elle le manque. Il est vrai que la théorie est nécessairement d'ordre général, tandis que l'application pratique est toujours singulière, particulière [voir repère « universel/

général/particulier/singulier »]. Mais le général est censé englober le particulier, pas seulement passer à côté.

⇒ **Principales notions concernées**: *théorie et expérience; l'interprétation; la morale.*

Repère 25
Transcendant / immanent

Transcendant signifie extérieur, « au-delà » ; immanent signifie intérieur, « en dedans ». Ces adjectifs concernent plus particulièrement le rapport de Dieu au monde. Dire que Dieu est « transcendant », c'est dire qu'il est extérieur au monde, qu'il le crée comme quelque chose vis-à-vis de quoi il se tient à une sorte de distance : c'est la distance qui sépare le Créateur et la créature. Dieu est comme le principe et le monde est comme la conséquence [voir repère « principe / conséquence »]. Une conception « immanente » de Dieu dira au contraire que Dieu est « dans » les choses, partout, qu'il baigne le monde en quelque sorte.
Chez Platon*, le monde des Idées est transcendant au mode sensible : il se situe au-delà, et pas juste « plus loin » : de l'un à l'autre il y a un saut qualitatif.
Chez Spinoza*, par contre, pour qui Dieu et la Nature (c'est-à-dire l'univers) sont la même chose (*Deus sive Natura*, « Dieu, c'est-à-dire la nature »), on trouve une affirmation forte d'une conception immanente de Dieu : Dieu est tellement « dans » le monde qu'il ne se distingue plus de lui : il *est* le monde.

⇒ **Principales notions concernées**: *la conscience; l'existence et le temps; la religion; la matière et l'esprit.*

Repère 26
Universel / général / particulier / singulier

Ce qui est universel s'applique à tous les êtres sans exception ; ce qui est général s'applique à tous ou à tous les membres d'un groupe, en admettant des exceptions ; ce qui est particulier, c'est ce à quoi s'applique le cas général ; ce qui est singulier, c'est ce à quoi aucun cas général (ni universel) ne peut s'appliquer.
Par exemple, l'être est une propriété *universelle*, commune par définition à tous les êtres. On dira aussi que les vérités mathématiques sont universelles, dans la mesure où elles ne dépendent pas des cultures mais s'imposent logiquement à tout être humain.
Le théorème de Pythagore énonce une propriété *générale* des triangles rectangles (le carré de l'hypoténuse est égal à la somme des carrés des côtés opposés). De même, si je dis « tous les hommes sont mortels », j'énonce une propriété générale concernant les êtres humains.
De ces propriétés générales, je peux donner des applications *particulières*, par exemple lorsque je dis que « Socrate est mortel », ou lorsque je calcule, grâce au théorème de Pythagore, la longueur de l'hypoténuse de tel triangle réel. Il faut remarquer que, dans ce contexte, le « cas particulier » n'est pas synonyme, comme c'est le cas dans le langage courant, de l'« exception », qui échappe à la règle. Au contraire, ici, le cas « particulier » est simplement celui auquel est appliquée la règle générale.
Cela n'empêche pas qu'il peut par ailleurs y avoir des exceptions, qui sont ou bien des cas relevant d'une autre règle, ou bien des cas singuliers, qui ne peuvent pas être saisis par des généralités. Par exemple, chaque être est *singulier* : c'est ce que Leibniz* appelle le « principe des indiscernables », lorsqu'il montre que jamais l'on ne pourra trouver deux feuilles d'arbres exactement semblables, bien qu'elles aient des propriétés communes. Le singulier, c'est donc ce qui fait qu'une chose est elle-même, irréductiblement. J'en fais l'expérience chaque fois que je dis « je ». Ma conscience de moi-même est l'expérience de mon unicité, mon individualité, ma singularité.

⇒ **Principales notions concernées**: *le sujet; la démonstration.*

PARTIE II

Méthodologie

FICHES MÉTHODE POUR LA DISSERTATION

FICHES MÉTHODE POUR L'EXPLICATION DE TEXTE

SUJETS CORRIGÉS

Fiches méthode pour la dissertation

Fiche 1 Dix points de dernière minute

10 maladresses à éviter, pour ceux qui s'y prennent tard.

1. Dans l'*introduction*, **ne pas** commencer par « *de tout temps les hommes...* » ou autre formule similaire. Philosopher, ce n'est pas faire le récit de l'histoire (supposée) de l'humanité !
Mais : commencer par des *définitions* simples des notions du sujet, pour montrer qu'elles posent des problèmes.

2. **Ne pas** recopier simplement les définitions du dictionnaire et passer à autre chose comme si de rien n'était.
Mais : *utiliser les éléments trouvés dans ces définitions* pour faire apparaître les problèmes, les contradictions, les tensions inhérents au sujet. Les définitions que vous proposez doivent être *pertinentes* pour faire avancer la réflexion.

3. Dans l'*annonce du plan*, **ne pas** dire que l'on va *démontrer* d'abord une thèse, puis que l'on va *démontrer la thèse opposée* ! C'est une démarche absurde !
Mais : annoncer chaque partie, en montrant comment chacune d'elles critique les insuffisances de la précédente.

4. **Ne pas** vouloir avoir raison tout de suite et **ne pas** dire *« je pense que »* (énoncé brut d'une opinion personnelle non démontrée).
Mais : avoir l'attitude de quelqu'un qui examine des hypothèses possibles (*« On pourrait penser que... »*) et qui les décortique.

5. **Ne pas** raconter ses expériences personnelles de *lycéen* (formules du type : *« L'étudiant qui cherche à passer le baccalauréat... »*, présentes dans presque toutes les copies, et fatigantes, à la longue, pour le correcteur.)
Mais : chercher des exemples (éventuellement tirés de votre propre expérience) qui peuvent avoir une portée *universelle*, c'est-à-dire qui dépassent votre propre personne.

6. **Ne pas** utiliser de citations d'auteurs *sans les expliquer* : les citations ne sont pas des vérités auto-suffisantes, mais des objets de réflexion.

7. **Ne pas** multiplier les citations pour en faire un catalogue.
Mais s'attarder sur le sens de chacune et chercher les problèmes qu'elle pose. À la limite, chacune des parties de la dissertation peut être considérée comme l'explication d'*une* citation.

8. **Ne pas** confondre les termes « référence », « citation » et « exemple » :
– « référence » = renvoi à un auteur et résumé de sa position (ou du problème qu'il pose) sur une question ;
– « citation » = insertion, entre guillemets, d'une phrase d'un auteur ;
– « exemple » = situation inventée, vécue ou tirée d'un texte, donnant une image concrète d'une thèse abstraite.

9. **Souligner les titres des œuvres citées.**

10. Dans la *conclusion* : **ne pas** finir de manière relativiste, ou sceptique, en disant que « de toutes façons chacun a le droit de penser ce qu'il veut ». **Mais** chercher une *nouvelle question*, *un nouveau* problème, que l'on pourrait se poser à propos de la réponse à laquelle on est finalement arrivé. Tout sujet de philosophie débouche sur *un autre* sujet de philosophie...

Conseil supplémentaire

Souvenez-vous que, quel que soit le sujet que vous traitez, le problème sous-jacent, c'est celui de la **liberté**. Cherchez toujours à revenir à cette question, en montrant le lien avec les notions de votre sujet. Vous ne pouvez pas vous tromper.

Pour plus de détails, retenez le mot **OPÉRA** et lisez avec attention les fiches qui suivent.

O<small>PERA</small> comme Orthographe et grammaire

Il ne faut pas sous-estimer l'importance de la correction et de la clarté de la langue. «Ce qui se conçoit bien s'énonce clairement et les mots pour le dire viennent aisément» disait Boileau. C'est parce que le langage est le reflet de la pensée que votre travail de réflexion philosophique sera jugé d'après la qualité de votre expression écrite – même si, heureusement, ce n'est pas le seul critère : justement, pour que l'on puisse se concentrer sur ce que vous dites, et seulement cela, il faut que votre expression soit parfaitement fluide, c'est-à-dire impeccable.

Certains correcteurs enlèvent directement des points en fonction des fautes (parfois jusqu'à deux points), ou refuseront de donner la moyenne à une copie si la langue est vraiment trop incorrecte. Ce n'est pas injuste : l'épreuve de philosophie du baccalauréat est une épreuve qui vise, notamment, à tester vos aptitudes à l'expression écrite. De plus, il est en effet très rare de trouver une très bonne copie bourrée de fautes de langue. Il y a bien sûr des exceptions, que les correcteurs savent très bien repérer et évaluer à leur juste mérite. La différence se fait en général sur les copies moyennes : une copie moyenne avec beaucoup de fautes aura une moins bonne note qu'une copie moyenne bien relue et exempte de fautes. Le plus souvent, c'est d'abord un problème d'attention, et il est normal que les correcteurs sanctionnent une copie qui a visiblement été écrite sans soin.

Faites donc bien attention à vous relire, plusieurs fois s'il le faut. Trop d'élèves laissent passer des fautes qu'ils auraient pu éviter, et donnent ainsi une mauvaise image de leur copie alors qu'il leur aurait été facile de l'améliorer (et leur note avec). Dans l'orthographe, il se joue toujours déjà plus que l'orthographe, ne serait-ce que parce qu'une petite différence d'orthographe recouvre parfois une grande différence conceptuelle (état et État, censé et sensé, justice et Justice...)

Si l'orthographe n'est pas votre fort

Sachez que, comme pour le reste, cela se travaille. Être mauvais en orthographe n'est pas une fatalité. Mais corriger de mauvaises habitudes, souvent prises depuis l'école primaire demande certains efforts. Les moyens de progresser sont simples. D'abord, il faut **se relire**. Ensuite, lorsque vous écrivez un devoir à la maison (et pas seulement de la philosophie), il faut avoir **un dictionnaire** sous la main et vérifier l'orthographe dès que vous avez un doute. En cas de gros problèmes, il ne faut pas hésiter à avoir un **carnet d'orthographe**, dans lequel vous notez les mots qui vous paraissent difficiles et qui risquent de revenir : c'est comme à la «petite école»! Mais il n'y a pas d'âge pour apprendre, et il n'y a pas 36 méthodes. Si vous jugez cela trop enfantin, vous risquez juste de ne pas

Méthodologie

progresser! Enfin, ayez bien conscience que la meilleure manière d'apprendre à s'exprimer à l'écrit, c'est de **lire**, lire et encore lire. Ce n'est qu'ainsi que votre mémoire s'imprégnera de l'orthographe des mots, dont il faut bien avouer qu'elle est, en français, parfois alambiquée !

Quelques fautes fréquentes

- On n'écrit pas «phylosophie», ni «filosofie» mais PHILOSOPHIE.
- On n'écrit pas «language» mais LANGAGE.
- On n'écrit pas «résonner» mais RAISONNER (ce sont les cloches qui «résonnent»). Dans la même famille : RAISON, RAISONNEMENT, RAISONNABLE, RAISONNEMENT, RATIONNEL, mais RATIONALISME (un seul N).
- Pas «réflection» mais RÉFLEXION.
- On n'écrit pas «être sensé faire quelque chose», mais «être CENSÉ faire quelque chose» (être «sensé» existe mais signifie avoir du sens, ne pas être fou ou ne pas être absurde).
- Distinguer «état» (sans majuscule) et «État» (toujours avec majuscule) : «état» = manière d'être ; «État» = le gouvernement d'une société. On écrira «état de nature» et «état de société», mais «État de droit».
- Distinguer «la justice» et «la Justice» (avec majuscule) : la «justice», c'est le fait que quelque chose soit juste. La «Justice», c'est l'institution judiciaire : les tribunaux, les juges, la police...
- On n'écrit pas «la vertue», mais la VERTU.
- Pas la «foie» mais la FOI (religieuse).
- Pas «schyzophrénie» mais «SCHIZOPHRÉNIE».
- Pas «évènement» mais «événement».
- Pas «étimologie» ni «éthymologie» mais ÉTYMOLOGIE.
- On n'écrit pas «deux voir trois éléments supplémentaires», mais «deux VOIRE trois éléments supplémentaires». VOIRE signifie «et même peut-être».
- On ne dit pas «l'autrui», mais AUTRUI, sans article.
- On n'écrit pas «hautarcie» mais AUTARCIE (le fait de se suffire à soi-même).
- Pas «hontologique» ni «onthologique», mais ONTOLOGIQUE (qui concerne l'être).
- Pas «à priori» ou «à posteriori» mais *A PRIORI* ou *A POSTERIORI* (sans accent parce que c'est du latin).
- Un point de grammaire : la proposition interrogative indirecte. On ne dit pas : «On pourrait se demander si le droit est-il toujours juste ?», ni «on pourrait se demander si le droit n'est-il pas toujours juste ?» mais : «On pourrait se demander si le droit EST toujours juste.» (pas de «?» dans l'interrogative indirecte).
- N'oubliez pas aussi qu'il faut mettre des guillemets aux citations, mettre des majuscules aux noms propres, souligner les titres des ouvrages.
- Enfin Nietzsche s'écrit bien NIETZSCHE.

o**P**ERA comme **P**aradoxe / **P**roblématique

Comprendre un sujet de dissertation, c'est percevoir son caractère paradoxal (*para* = contre, *doxa* = l'opinion commune), c'est identifier le ou les problèmes qu'il pose, ou encore, c'est le problématiser. Pour l'aborder correctement, il faut retenir cette règle :

> Tout sujet est paradoxal. Il invite à critiquer un préjugé.

Le paradoxe du sujet

Ce caractère paradoxal peut prendre des formes très diverses :
– Le sujet peut être franchement provocant (ex : *Faut-il en finir avec la tolérance ?*).
– Il peut avoir l'air d'une contradiction dans les termes, à la limite de l'absurdité (ex. : *Peut-on librement renoncer à sa liberté ?*).
– Il peut mettre en rapport des concepts apparemment opposés (ex. : *Peut-il y avoir un art du laid ?*).
– Ou inversement, proposer d'opérer une distinction entre des concepts qu'on aurait tendance à relier (ex. : *Le droit est-il nécessairement juste ?*).
– Il peut être tout simplement bizarre (ex. : *Pourquoi suis-je moi plutôt qu'un autre ?*).
– Parfois, le paradoxe est double : lorsque le sujet oppose clairement deux thèses possibles, qui vous paraissent également légitimes l'une et l'autre, sans que l'une soit plus de l'ordre de l'opinion commune et l'autre de l'ordre du paradoxe philosophique (ex. : *Le langage sert-il d'abord à s'exprimer ou à communiquer ?*). Il ne faut pas hésiter alors à montrer que l'une des deux thèses entraîne des paradoxes et que la thèse adverse en entraîne d'autres.
Etc.
Chaque sujet obéit à cette règle d'une manière qui lui est propre, mais vous pouvez être sûr qu'il y obéit. Et si ce n'était pas le cas, ce serait à VOUS de trouver le paradoxe.
Quel que soit le cas de figure, face à un sujet de philosophie (c'est vrai aussi dans les autres matières d'ailleurs), vous devez identifier la tension interne dont il est porteur, et qui est tout simplement CE QUI LE REND INTÉRESSANT. (Et si vous ne le trouvez pas intéressant, abstenez-vous toujours de le dire ; et surtout, dites-vous que cela signifie peut-être que vous n'y avez pas assez réfléchi, car c'est à VOUS de le rendre intéressant pour votre lecteur : c'est cela, l'exercice de la dissertation).

Méthodologie

La problématisation du sujet

• **Problématiser,** c'est montrer le caractère paradoxal du sujet, faire apparaître un «problème», là, où, éventuellement, on n'en voyait pas à première vue. Problématiser, c'est la tâche de la philosophie : montrer que des choses apparemment évidentes recouvrent en fait quantité de problèmes.

• Pour y parvenir, vous devez répondre aux questions :
1. Quel est le préjugé visé par le sujet ?
2. Comment critiquer ce préjugé ?
3. Y a-t-il moyen d'aller plus loin que cette simple critique (et de la critiquer à son tour) ?
Et vous avez votre plan ! [Voir fiche 6 «Articulations», pour plus de détails.]
C'est pourquoi il est si important d'identifier le paradoxe du sujet : car tout se construit ensuite à partir de lui ! C'est pourquoi aussi, c'est l'objet de l'introduction d'exposer ce paradoxe et, dans sa suite logique, le plan [voir fiche 7 «Introduction»].

• On appelle **problématique** la manière dont va être traité le problème posé, la recherche d'une solution. C'est donc l'objectif que vous vous fixez, ce que vous vous proposez de démontrer au terme de votre dissertation.

> **Par exemple,** dans la dissertation 2, «Ce que l'homme accomplit par son travail peut-il se retourner contre lui ?», le «problème», c'est la contradiction entre la définition élémentaire du travail comme «détournement de processus naturels de manière à les rendre **utiles** à l'homme», et de cette idée que le travail se retourne contre l'homme, donc lui devient nuisible. C'est l'opposition utile/nuisible qui pose problème dans le sujet.
>
> La problématique qui s'ensuit, c'est le parcours qui nous mène à une 3e partie dans laquelle on va essayer de dépasser l'opposition utile/nuisible (par exemple à partir de la question de l'œuvre d'art).

«Question» et «problème»

Il ne faut pas confondre la «question» posée par le sujet (avec un point d'interrogation), et le «problème» qui lui est sous-jacent (qui ne s'énonce pas nécessairement sous la forme d'une question). Ce serait comme confondre la question «Comment aller à Paris ?» et l'énoncé des obstacles que l'on peut rencontrer sur la route.

> **Par exemple :** il y a d'un côté la question posée, «Ce que l'homme accomplit par son travail peut-il se retourner contre lui ?», de l'autre, le «problème», que vous ne pouvez exprimer que si vous avez explicité une définition du travail adéquate pour le faire apparaître : ici, le caractère utile du travail.

Astuce pour problématiser

Pour la problématisation, tous les aspects de la définition d'un concept ne sont pas d'égale importance : c'est à vous de choisir ce qui est pertinent pour donner le relief voulu au sujet que vous traitez.

> **Par exemple :** ici, il n'est pas utile d'insister dès le début sur le fait que la notion de travail implique celle de « peine » et de souffrance : ce serait contre-performant, car à ce moment-là, la question posée perdrait son sens : si le travail est d'emblée caractérisé comme pénible, l'idée même qu'il puisse se « retourner contre » l'homme devient vide. Trouver le paradoxe du sujet, c'est lui donner son sens. Et pour cela, il ne faut pas tout dire en même temps.

Quelques exemples

On prend ici exprès des sujets dont la dimension paradoxale n'a rien d'évident, pour montrer comment il y a toujours moyen d'en expliciter un. Essayez par vous-même avant de lire le commentaire.

« Comment comprendre la notion de vie intérieure ? »

> Sur ce sujet, pas de contradiction interne ou de tension immédiatement visible. Mais l'intitulé « Comment comprendre… » indique qu'il doit y avoir un problème dans cette compréhension, des hésitations à surmonter. Comme la notion à interroger comprend deux termes « vie » et « intérieure », on peut chercher s'il n'y a pas quelque chose qui cloche dans cette association : « vie intérieure » : est-ce que la « vie » ne doit pas être extérieure ? Naître, par exemple, c'est sortir, c'est arriver dans le « monde extérieur ». Choisir la « vie intérieure » c'est choisir un retour en soi, un repli sur soi qui est une sorte de retrait de la « vie active ». Voilà ! On tient une piste : c'est que la vie, selon une définition élémentaire, suppose l'action, alors que la « vie intérieure » est retrait de l'action. Le problème est posé. À partir de là, on peut commencer à s'interroger : la vie suppose-t-elle toujours l'action ? La vie intérieure est-elle si passive que cela ? Etc.
>
> Une autre piste possible : faire le rapprochement entre « comprendre » et « vie intérieure » : « comprendre », c'est « prendre avec soi », assimiler, prendre en soi : « comprendre », cela suppose déjà que l'« intérieur », la subjectivité, l'esprit, est capable d'échanges avec l'extérieur, c'est-à-dire de vie. Comprendre la notion de vie intérieure, ce serait donc comprendre… ce que veut dire comprendre. Et il pourrait bien y avoir là un paradoxe, presque un cercle vicieux : comment l'esprit peut-il se comprendre lui-même ? Et on lance ainsi la réflexion : qu'est-ce qui empêcherait l'esprit de se connaître lui-même ? Que connaît-il de l'extérieur ? N'est-il pas au contraire plus difficile et plus paradoxal de connaître le monde extérieur ? Etc.

« L'État a-t-il besoin de la mémoire des citoyens ? »

Pour problématiser un sujet comme celui-ci, il faut chercher quelle tension il peut y avoir entre la notion d'État et celle de mémoire. Cette tension n'est pas immédiatement visible (pensez, par contraste à un intitulé du type : « L'État peut-il limiter ses pouvoirs par lui-même ? » Là, il s'agit directement de la question de la contradiction de l'État par soi-même). Il faut donc examiner les définitions des deux concepts, « État » et « mémoire », pour voir quels éléments en retenir qui permettent de créer une forme de contradiction entre eux. Sinon, la question restera sans relief, et l'on sera simplement tenté de répondre « oui » ou « non » et d'en rester là. Le meilleur moyen de trouver un paradoxe, c'est simplement d'essayer de répondre à la question, et de se demander pourquoi telle réponse nous paraît plus juste que la réponse inverse.

Supposons ici que l'on favorise la réponse « oui ». Oui, il nous paraît important que l'État s'appuie sur la mémoire des citoyens, à la fois pour que ceux-ci se souviennent pourquoi ils obéissent au gouvernement, et pour que, si les gouvernants manquent à leur fonction (en voulant établir une tyrannie par exemple), les citoyens puissent les rappeler à l'ordre. On tient alors les éléments d'une opposition : l'État est une institution impersonnelle, qui a une existence par-delà celle des individus qui lui sont soumis, y compris les gouvernants eux-mêmes ; la « mémoire » des citoyens renvoie au contraire à ce qui est intérieur aux individus, à leur subjectivité, éventuellement la plus intime.

On peut alors développer le paradoxe suivant : l'État et la mémoire des citoyens sont séparés par une grande distance, l'un étant extérieur aux citoyens, l'autre étant leur intériorité même. L'idée que l'État ait besoin de cette mémoire est donc paradoxal : l'État a besoin d'une armée, d'une police, il a besoin de travailleurs, etc. mais la « mémoire » peut apparaître comme quelque chose de bien secondaire. Cette distance une fois identifiée, on peut faire rebondir la réflexion et montrer au contraire, que, sans la mémoire, il n'y a pas d'adhésion subjective des citoyens à l'État, et donc pas d'État véritable.

OP**E**RA comme **E**xplicitation

La valeur d'une copie repose pour une grande part sur votre capacité à expliciter les définitions des notions sur lesquelles vous réfléchissez.

Comme les sujets de dissertation se présentent la plupart du temps sous la forme de questions (ex. : « Pourquoi faut-il respecter autrui ? »), vous avez parfois tendance à chercher à répondre directement à ces questions en faisant l'économie d'un travail d'explicitation du sens des notions mises en jeu. Vous ferez alors une liste d'arguments dans un sens (« Il faut respecter autrui, pour telles et telles raison... »), puis une liste d'arguments dans l'autre sens (« Parfois, on ne respecte pas autrui, pour telles et telles raisons... »), sans voir que ces arguments s'appuient sur certaines définitions des notions dont ils parlent (« autrui », « le respect »), et que si différentes argumentations sont possibles, c'est parce qu'une même notion peut avoir plusieurs définitions.

Pour pouvoir répondre à la question posée, vous devez vous demander quel est le sens des notions utilisées, et ne pas faire comme si c'était une évidence (Qu'est-ce qu'« autrui » ? Qu'est-ce que le respect ? Et quels sont les problèmes internes de ces notions ?). D'où un principe général :

> Toute dissertation cherche s'il est possible de trouver une unité dans la multiplicité des sens des notions du sujet.

Ce qui revient à dire que :

> Toute dissertation cherche à transformer les notions du sujet, dont le sens est multiple, en des concepts, dont la définition est unifiée.

C'est une question de bon sens : souvent, face à un sujet, vous avez envie de répondre : « ça dépend ! ». C'est vrai. Mais ça dépend de quoi ? Voilà la question à laquelle vous devez répondre. Cela dépend toujours de la définition que l'on donne aux termes que l'on utilise.

Le travail de définition, point de départ de la réflexion

Répondre sans réfléchir aux définitions amène à mélanger les arguments et à ne pas véritablement les justifier.

Par exemple, à la question « **Pourquoi faut-il respecter autrui ?** », un élève pourrait être tenté de répondre, bille en tête, qu'il faut respecter autrui, parce que ne pas le respecter, c'est mal moralement, et que s'il n'y a pas de respect, l'ordre social va être mis en danger. C'est sans doute vrai, mais cela laisse beaucoup de questions en suspens : que veut dire « mal moralement » ? Comment définir la morale ? Et est-ce un argument du même ordre que celui de l'ordre social, qui, lui, est d'ordre pratique et pas moral ?

En revanche, si l'on part de définitions explicites, on sait au moins sur quoi s'appuient les réponses.

Éléments pour une première partie. Par exemple, ici, on peut dire, dans un premier temps, qu'« autrui » est « un autre moi-même », et que le respect est « la reconnaissance de la dignité d'un être ». À partir de là, on peut dire que ne pas respecter autrui, c'est ne pas se respecter soi-même, ce qui est une forme de contradiction à la fois logique et morale vis-à-vis de soi-même. Cela ne veut pas dire que l'on respecte autrui automatiquement, mais au moins, qu'il y a quelque chose en nous (la conscience morale) qui nous indique qu'il faudrait respecter autrui (d'où la mauvaise conscience si on ne le fait pas, par exemple). Au passage, on définit aussi le terme du sujet : « il faut » n'indique pas une nécessité qui serait comme une loi de la nature (puisque nous pouvons ne pas respecter autrui), mais un « devoir moral », qui s'impose à notre conscience mais pas à nos actes.

On a donc, à partir de ces définitions, une armature pour bâtir une argumentation cohérente.

Mais ce n'est encore que la première partie. C'est parce que ces définitions ne sont qu'hypothétiques et provisoires que l'on peut (doit) les questionner... et donc passer à une deuxième partie.

Le travail de définition, moteur de la dissertation

L'erreur – trop souvent faite – est de croire qu'il suffit de recopier les définitions du dictionnaire dans l'introduction ou dans la première partie, pour passer ensuite à autre chose, et essayer de répondre au sujet sans plus du tout utiliser ces définitions. Si l'on pose des définitions, c'est d'une part pour les utiliser, d'autre part pour les questionner et voir s'il n'y en a pas d'autres possibles, qui mènent à d'autres réponses possibles.

On peut dire qu'une dissertation procède par hypothèses successives

- **1re partie** = 1re hypothèse de réponse au sujet à partir d'une 1re définition des notions.
- **2e partie** = 2e hypothèse de réponse à partir d'une 2e définition, obtenue par remise en question de la première.
- **3e partie** = tentative de réponse à la question à partir d'une définition qui se veut plus complète, plus compréhensive des notions du sujet.

Éléments pour une deuxième partie. Dans notre exemple « Pourquoi faut-il respecter autrui ? », on peut questionner la définition d'autrui comme « un autre moi-même». Qu'est-ce que signifie «un autre moi-même»? Cela a-t-il un sens? Il n'y a que moi qui sois «moi-même». Donc il y a une distance infranchissable entre moi et autrui: autrui m'apparaît toujours comme «quelque chose d'extérieur à moi». Je peux donc dire qu'accorder à autrui une dignité particulière par rapport aux autres objets qui m'entourent n'est pas une évidence. Notez bien que l'on conserve ici la même définition que précédemment pour le «respect». Ce sont ses conditions d'application à autrui que l'on fait varier. Et si je m'en tiens à la définition d'autrui comme «objet», je peux aller jusqu'à formuler l'hypothèse de réponse suivante au sujet: Il ne **faut** pas respecter autrui, rien ne m'y oblige; et d'ailleurs c'est impossible, puisque je ne sais pas vraiment qui est ou ce qu'est autrui. D'ailleurs, notre expérience de la vie en société nous montre bien que le respect est loin d'être un sentiment unanime: tout ce qu'il y a, ce sont plutôt des apparences de respect, dus à la crainte. Respecter et «être tenu en respect», ce n'est pas pareil. Je sais que si j'essaye de nuire à autrui, je m'expose à un certain nombre de problèmes, et c'est pourquoi je m'abstiens en général de le voler, de le tuer, etc. Mais ce n'est pas par respect: c'est par intérêt personnel. D'ailleurs, c'est bien parce que la seule force du respect mutuel ne suffit pas qu'il faut des lois et une police pour réguler les rapports des hommes entre eux.

La question n'est pas de savoir si vous adhérez ou non à cette réponse (d'ailleurs en principe vous n'y adhérez pas, puisque nous sommes encore au milieu du raisonnement), l'important est que vous ayez explicité la possibilité logique – selon une certaine définition d'autrui – de cette réponse pessimiste.

Arrivé là, vous pouvez aborder la suite de la dissertation dans différents états d'esprit: êtes-vous satisfait de la réponse à laquelle vous aboutissez? Si oui, vous êtes en droit d'arrêter, mais le correcteur risque de vous demander s'il n'y avait pas des objections possibles qui vous auraient permis d'aller plus loin. Sinon, il faut vous demander quelles définitions d'autrui et du respect permettraient de formuler une réponse qui vous convienne mieux.

La définition, but final de la dissertation

Le but est de parvenir à une définition plus unitaire, moins parcellaire – éventuellement moins caricaturale – que les définitions essayées dans les parties précédentes.
Non pas pour accomplir une prouesse logique, mais simplement pour parvenir à une réponse qui vous satisfasse intellectuellement, c'est-à-dire qui n'ait pas l'air d'un parti pris arbitraire, mais d'une réponse qui puisse satisfaire n'importe quel lecteur (ou lui permettre de se situer par rapport à votre réponse).
Il ne s'agit pas de prétendre que vous avez apporté la réponse ultime au sujet, et la définition ultime des concepts concernés, mais – et c'est déjà bien – d'avoir accompli un certain parcours argumentatif qui rende les objections contre vous, pas «impossibles», mais un peu plus difficiles.

Éléments pour une troisième partie. Quelles définitions proposera-t-on pour « **Pourquoi faut-il respecter autrui ?** »

Notre problème à ce stade, c'est que nous voudrions bien justifier le devoir de respect d'autrui, tout en tenant compte de l'objection faite en deuxième partie (*cf.* p. 109). Nous voudrions bien, donc, trouver une définition d'autrui dans laquelle on aurait à la fois l'idée d'une distance et d'une communauté avec moi. Pour résoudre ce type de problème, il est souvent utile d'avoir recours à ce que les psychologues appellent une pensée « latérale » : c'est-à-dire qu'au lieu de rester fixé sur les concepts initiaux, il faut chercher s'il n'y a pas d'autres concepts qui sont en jeu et dont on n'a pas encore interrogé la définition. Or, ici, il y en a un important : c'est le concept de « moi ». Quoiqu'en apparence absent des termes du sujet, la réflexion est impossible sans lui, et depuis le début, nous raisonnons en nous y référant. Or, dans les deux premières parties, nous avons supposé un « moi » qui pourrait se définir de manière autonome par rapport à autrui. C'était une conception du « moi » comme « sujet », c'est-à-dire comme « conscience et agent autonome, clos sur soi-même ». Mais on peut questionner cette définition : le « moi » est-il autonome par rapport à autrui ? On ne manquerait pas de références [voir notion 5 « Autrui »] pour appuyer l'hypothèse que « je » ne prend en fait conscience de ce que je suis moi-même que dans un rapport à autrui. « Je » ne se constitue comme personne morale que dans un rapport à autrui. Autrement dit – et cela rejaillit donc sur la définition du respect – le respect n'est pas un sentiment qui existe en soi et par soi, en l'air, et que « je » décide ou non d'accorder à autrui selon son bon vouloir de sujet autonome. Les choses sont en fait plus compliquées : ma rencontre avec autrui est ce qui précède et rend possible mon expérience du respect. Ce n'est pas moi qui « donne » mon respect à autrui, c'est autrui qui, comme dit l'expression, « m'impose le respect », non pas par la force ou par une contrainte quelconque, mais par sa présence même. Et s'il ne me l'impose pas, c'est, justement, que je ne vois pas « autrui » en lui, mais simplement un objet : ce qui justifie la possibilité de l'argumentation de la deuxième partie. D'où l'idée toute simple qu'il y a des personnes que nous respectons plus que d'autres, et aussi que certaines personnes ont plus de respect pour autrui que d'autres (par exemple parce que leur idée de l'humanité englobe plus de monde que les autres).

Nos définitions finales sont donc les suivantes :

● « Autrui » est « celui par qui j'accède à ma propre dignité en tant que personne morale ».
● « Le respect » est « la dignité que la présence d'autrui me fait reconnaître en lui ».
● « Je » est « un sujet qui ne se constitue comme personne que dans la rencontre avec autrui ».
● « Il faut » ne renvoie ni à une nécessité naturelle, ni à une contrainte sociale, ni à un calcul d'intérêt, mais à une obligation liée à la constitution de ma propre dignité.

OPE**R**A comme **R**éférences

Un des critères d'évaluation de vos copies est votre capacité à utiliser des références philosophiques (citations, exemples) en les intégrant dans votre propre raisonnement.

> **1.** L'utilisation d'un exemple pour illustrer une thèse n'a pas pour fonction de «faire joli»: il s'agit de prouver, ou de justifier, l'applicabilité de la thèse défendue.
>
> **2.** La référence à un auteur ne fait pas autorité par soi-même: elle n'a d'intérêt que si elle est expliquée.

La référence à des auteurs philosophiques n'est pas une obligation: on peut envisager que des dissertations correctes soient construites autour d'une réflexion conceptuelle rigoureuse et d'exemples inventés par l'élève. Cela dit, *une* des dimensions de la «dissertation de philosophie» est *aussi* de vous donner l'occasion de montrer que vous avez appris des choses pendant l'année, et en particulier, que vous vous êtes familiarisés avec les thèses et les textes d'un certain nombre d'auteurs, *et* que vous êtes capables de les réutiliser dans le cadre de votre propre réflexion.

Toute la difficulté est là: *réutiliser la pensée de l'auteur dans votre réflexion personnelle* en n'abandonnant ni l'auteur, ni votre propre réflexion. Comment est-ce possible? Si c'est Aristote qui pense, ce n'est pas vous, et si c'est vous, ce n'est pas Aristote...

Sauf que... la «pensée», pour qu'elle mérite ce nom, est autre chose qu'une opinion personnelle qui n'appartiendrait qu'à une personne: elle est d'emblée partageable – même si c'est pour la critiquer.

Dans cette utilisation de l'exemple, plusieurs erreurs à ne pas commettre:

Les mauvais usages des citations

1. Citer un auteur pour en tirer un argument d'autorité, c'est-à-dire poser sa citation comme une vérité indubitable et ne pas aller plus loin: «Aristote l'a dit, donc c'est vrai».

2. Laisser une citation toute seule, comme si son sens était tout de suite clair pour le lecteur, sans l'expliquer.

3. Accumuler, sur un même thème, une série de citations plus ou moins équivalentes (ou qui vous paraissent telles), ce qui provoque un «effet catalogue» désastreux.

4. Faire tout ça en même temps...

Méthodologie

Réutiliser l'exemple d'un auteur

Un système philosophique n'étant pas un traité de mathématiques, et souvent, d'ailleurs, pas un système du tout, les auteurs font comme tout le monde lorsqu'ils ont quelque chose à expliquer : ils prennent des exemples. Cela résout la question de savoir comment intégrer la pensée d'un auteur à la vôtre : si vous reprenez un exemple à un auteur, vous pouvez le citer sans pour autant que sa pensée se substitue à la vôtre. C'est bien vous qui réfléchissez et qui essayez de faire comprendre quelque chose à votre lecteur. Et comme vous savez que tel auteur, qui défend une thèse similaire, l'a illustrée avec tel ou tel exemple, vous avez le droit de le reprendre à votre compte.

– Sur un sujet comme « **Toute idée nous vient-elle des sens ?** » mettons que vous souhaitiez examiner la thèse selon laquelle les sens sont trompeurs. Vous pourriez à ce moment-là citer les exemples que propose Descartes pour illustrer cette thèse : un bâton droit trempé dans l'eau paraît brisé ; la main préalablement refroidie ressent une eau tiède comme brûlante ; une tour carrée paraît ronde vue de loin, etc. (Descartes, *Méditations métaphysiques*)

– Sur un sujet comme « **La liberté est-ce l'absence de toute contrainte ?** », pour faire apparaître comment certaines contraintes peuvent constituer des conditions de possibilité d'une action quelconque [voir dissertation n° 1], vous pouvez reprendre l'exemple donné par Kant de « la colombe légère », qui pourrait croire qu'elle volerait mieux dans le vide parce qu'il n'y aurait pas de frottements de l'air, mais qui ne pourrait en fait pas y voler du tout. (Kant, *Critique de la raison pure*).

– Sur un sujet comme « **L'homme politique doit-il rechercher la justice ?** » Vous pouvez reprendre à Machiavel l'exemple qu'il cite de César Borgia, faisant décapiter son propre homme de main « Messire Rémy d'Orque » après lui avoir fait accomplir les basses besognes (Machiavel, *Le Prince*).

Etc. Les textes de philosophie fourmillent d'exemples, plus ou moins célèbres, qui deviennent presque des références obligées lorsque l'on aborde un sujet.

Évidemment, pour pouvoir les citer, il faut les connaître... c'est notamment à cela que sert une année d'enseignement de la philosophie. Désormais, vous connaissez au moins ces trois-là (et vous en trouverez un certain nombre d'autres dans les fiches « un auteur / une idée » et dans les fiches notions).

Comment utiliser l'exemple

Par lui-même, un exemple décrit une situation concrète dont on ne sait pas quelle vérité générale elle est censée justifier : c'est à VOUS de construire cette justification. Un même exemple peut ainsi servir d'illustration à des thèses opposées, selon l'interprétation que vous lui donnez.

Pour traiter le sujet « **Toute idée nous vient-elle des sens ?** », il est facile de trouver des exemples de situations où les sens ne nous ont pas trompés : j'ai vu une tour ronde, et elle était ronde en effet. On peut aller plus loin contre Descartes, (en se référant par exemple à Locke) et dire que je n'aurais même pas les idées de « rond » et de « carré » si je ne les avais pas connues par les sens.

Mais on peut aussi renverser l'interprétation du propos de Descartes, et dire que ce que montre son exemple, c'est que les sens nous donnent bien des « idées » des choses, même si ce ne sont pas des idées vraies. Ainsi, il y a une « vérité » intrinsèque des sensations (je sens du chaud, je vois du rouge, je vois la tour ronde, etc.) même si cette « vérité » ne correspond pas à la réalité des choses mais à la réalité de ma perception elle-même.

L'exemple « prouve » qu'il existe des cas où s'applique la thèse que vous examinez. Mais il ne « prouve » que cela : il ne prouve pas la valeur universelle de la thèse. La dissertation consiste à examiner s'il n'existe pas des contre-exemples qui montreraient que la thèse souffre des exceptions, ou même, qu'elle n'est au fond admissible que dans un nombre restreint de cas, ou selon un mode de pensée assez fermé. La dissertation est donc une recherche d'exemples et de contre-exemples.

La référence : prendre un auteur comme exemple

Sans pour autant vous réfugier derrière un auteur, vous pouvez en prendre un comme représentant d'une certaine thèse philosophique, que vous analysez à un certain moment de votre développement. Rappelez-vous [voir fiches 4 et 6] que chacune de vos parties de dissertation a le statut d'une *hypothèse* développée à partir de certaines définitions, et non d'une affirmation vraie et définitive. C'est ce qui explique, là encore, que vous puissiez reprendre la pensée d'un auteur, tout en pensant par vous-même, car vous ne faites pas parler l'auteur à votre place, vous examinez, à travers l'exposé de sa pensée, une certaine possibilité philosophique. Lorsque vous envisagez une hypothèse philosophique, il est donc parfaitement adéquat de vous référer à un auteur dont c'est la thèse, et d'analyser l'un de ses textes pour voir quelle est son argumentation pour défendre cette thèse et quelle conséquence il en tire.

À la limite (même si c'est un schéma un peu rigide), vous pourriez construire votre dissertation avec un auteur par partie. Votre dissertation serait comme trois petits commentaires de textes (si vous avez trois parties) mis bout à bout et articulés autour d'une problématique commune.

Références et simplification

Lorsque l'on réduit un auteur à représenter une certaine thèse philosophique, on tire cette thèse de son contexte et on obtient une version caricaturale de la pensée de l'auteur, celle-ci étant en général bien plus riche et nuancée que

Méthodologie

l'affirmation brute à laquelle on la ramène. Les philosophes entre eux ne se gênent d'ailleurs pas pour sélectionner, chez celui qu'ils veulent critiquer, le passage qui donne prise à leur critique.

La dissertation de philosophie, en vous demandant d'articuler les unes aux autres les pensées de divers auteurs, vous impose assez souvent d'opérer de telles réductions (même si les meilleures dissertations sont celles qui sont capables de préciser la pensée des auteurs, et même, parfois, d'utiliser un même auteur – dans des textes différents – pour analyser une certaine thèse, et ensuite la thèse inverse). Le commentaire de texte est là, justement, pour compenser ce défaut et vous exercer à percevoir la singularité de la pensée d'un auteur, la richesse de ses nuances et son irréductibilité à des affirmations trop simplistes).

Par exemple, on réduit fréquemment la pensée de Descartes au doute radical et au solipsisme du « cogito » [voir fiche Descartes], comme si le but de la philosophie de Descartes était de remettre en cause l'existence de toutes choses, alors que ce n'est qu'une étape de sa pensée, dans un processus qui consiste, au contraire, à démontrer l'existence du monde et la possibilité de la science. De même, on fait de Descartes l'exemple type du rationaliste, et on laisse de côté le rôle positif que Descartes attribue aux passions. Etc.

Autres exemples dans les fiches « un auteur / une idée », rubrique « exemple d'utilisation ».

Le travail de l'exemple

Références et exemples n'ont de sens que s'il sont expliqués : il faut expliquer leur sens, et préciser au lecteur ce qu'elles apportent à votre raisonnement. Il ne s'agit donc pas de faire un simple « copier-coller », mais de se donner l'occasion de réfléchir. Travailler la pensée d'un auteur doit permettre d'aboutir à des conséquences que l'on n'avait pas forcément anticipées dans le raisonnement qui servait à l'introduire. L'auteur fait ainsi progresser la réflexion, en ouvrant de nouvelles pistes, ou en permettant de formuler des définitions qui servent ensuite de base nouvelle à l'analyse.

Les grandes étapes du travail de l'exemple

1. Introduction de la citation : résumé de ce qui précède, et du problème auquel on est arrivé.

2. 1re citation : résumé du problème.

3. Reprise des termes de la citation pour faire progresser l'analyse.

4. 2e citation : résolution du problème par l'auteur.

5. Analyse des termes de la citation.

6. Conclusion : résolution personnelle du problème.

Sur le sujet «Comment peut-on juger une œuvre d'art?», reprendre l'analyse de Kant, dans la *Critique de la faculté de juger*, peut être judicieux.
Voici le texte d'un fragment possible de dissertation incorporant, en troisième partie, cette citation de Kant.

1. On a examiné, dans les deux premières parties, deux réponses possibles à la question posée: d'une part que l'œuvre d'art s'adresse aux sens et donc qu'elle ne permet pas un jugement objectif, mais seulement des sensations subjectives de plaisir ou de déplaisir («à chacun ses goûts»). D'autre part, l'hypothèse inverse, qui consiste à dire que l'on peut faire des évaluations rationnelles de la beauté d'une œuvre, à partir de critères objectifs – et même mathématiques – d'harmonie, aussi bien en musique, en sculpture, en architecture. Ces deux conceptions, subjectiviste et objectiviste, de l'œuvre d'art, nous paraissent avoir chacune leur légitimité, alors même pourtant qu'elles sont contradictoires. Y a-t-il moyen de les rendre compatibles?

Kant a résumé le problème devant lequel nous nous trouvons maintenant dans ce qu'il appelle l'«antinomie du jugement de goût»:

2. «*Thèse: le jugement de goût ne se fonde pas sur des concepts, car autrement, on pourrait disputer à ce sujet (décider par des preuves).*

Antithèse: le jugement de goût se fonde sur des concepts, car autrement, on ne pourrait même pas, en dépit des différences qu'il présente, discuter à ce sujet (prétendre à l'assentiment nécessaire d'autrui à ce jugement)».

3. Pour Kant – et cela rejoint bien les deux aspects que nous avons exposés dans chacune de nos deux parties précédentes – on ne peut pas «disputer» de la valeur d'une œuvre, c'est-à-dire trancher cette discussion de manière définitive comme on le ferait pour un problème de mathématiques, mais on peut en «discuter». Kant reconnaît donc bien qu'il doit y avoir un aspect conceptuel, rationnel – donc objectif – dans l'évaluation de l'œuvre d'art, mais que cet aspect ne suffit pas, et qu'il est contrebalancé par des éléments purement subjectifs.

4. Kant formule sa réponse à ce problème de la manière suivante: il y bien jugement en art, mais c'est un jugement de goût qui consiste en un *«libre jeu de l'imagination et de l'entendement»*. Mixte, il met en jeu à la fois nos facultés sensibles (notre imagination) et nos facultés rationnelles (notre entendement).

5. Selon Kant, si nous portons des jugements différents sur les œuvres d'art, nous avons tous, en tant qu'êtres humains, les mêmes facultés, et certains accords sont donc possibles entre les individus. Nous pouvons «*prétendre à l'assentiment d'autrui*», et la discussion de nos jugements n'est pas nécessairement vouée à l'échec.

6. Discuter d'une œuvre d'art, ce n'est donc pas imposer ses goûts à autrui. C'est entrer dans un «jeu», dans lequel on partage le plaisir de découvrir ou faire découvrir ce qu'on ne percevait pas du premier coup, en faisant jouer entre elles ses facultés et celles d'autrui, et en éprouvant le plaisir de ce jeu, même si l'on reste en désaccord. Face à une œuvre d'art, on peut ainsi simultanément faire l'expérience d'un accord et d'un désaccord avec autrui.

Fiche 6

Méthodologie

OPER**A** comme **A**rticulations, formation du plan

Un autre critère d'évaluation important de votre copie, c'est votre faculté à construire un plan. Il s'agit d'ordonner les idées, mais surtout de créer une dynamique de la pensée, qui expose les termes d'un problème et permet d'arriver à une proposition de solution. C'est pourquoi, ce qui nous intéresse ici, ce ne sont pas tellement les «parties» (le contenu) mais les «articulations», c'est-à-dire le mouvement par lequel on passe d'une partie à l'autre.

Structure générale d'une dissertation

- Position d'un problème (introduction)
- Hypothèse de réponse (1re partie)
- Examen des limites de la 1re hypothèse et proposition d'une 2e hypothèse (2e partie)
- Tentative de résolution de la contradiction entre la 1re et la 2e hypothèse, par proposition d'une troisième hypothèse (3e partie).

Le sens de la formule «thèse-antithèse-synthèse»

La structure d'une dissertation est souvent désignée par la formule «thèse-antithèse-synthèse». On peut admettre cette formule, à condition de comprendre :
1. Que chaque partie ne propose pas une «thèse» mais une HYPOTHÈSE : c'est une différence importante, car une «thèse» est une affirmation qui se donne pour vraie, alors qu'une «hypothèse» est une supposition de réponse possible. Cette confusion entraîne souvent des formulations très maladroites, consistant à dire (lors de l'annonce du plan) : «Dans une première partie, nous démontrerons une thèse, et dans la seconde partie, nous démontrerons le contraire». C'est absurde !!!
Il ne s'agit pas de démontrer une chose et son contraire mais d'examiner la valeur respective d'argumentations contradictoires, ce qui est très différent. Dans le premier cas, vous vous contredisez vous-même (et votre note s'en ressent, même si vos idées sont bonnes par ailleurs). Dans le second cas, vous faites progresser votre réflexion sur un problème en essayant d'atteindre une solution générale. Retenez donc bien que :
Chaque partie n'est pas, en soi, une «démonstration». C'est la dissertation dans son ensemble qui est une démonstration.
En examinant plusieurs hypothèses successivement, et en les critiquant jusqu'à parvenir à celle qui résiste le mieux à la critique, vous construisez une démonstration.

2. La 3e partie, dite « synthèse », ne consiste pas à dire : « c'est un peu la thèse et un peu l'antithèse » : là encore, c'est absurde. La 3e partie n'est donc pas un compromis, ou une tentative de rendre compatible ce qui ne l'est pas en répétant ce qui a déjà été dit dans les deux premières parties. La 3e partie consiste à proposer une solution au problème posé en introduction et insuffisamment résolu par les deux premières hypothèses.

3. Il n'est PAS NÉCESSAIRE que le plan soit strictement en TROIS parties. Il peut être plus commode d'en avoir deux, ou quatre, ou même cinq. Au-delà, on risque tout de même de rendre le propos plus confus.

Attention toutefois au plan en deux parties : très fréquent, il correspond souvent à une incapacité à proposer une solution au problème. On en reste alors à l'exposé de deux thèses contradictoires, et l'on conclut de manière sceptique sur l'impossibilité de trouver une solution unitaire. C'est un peu comme si, en mathématiques, vous écriviez que vous ne pouvez pas résoudre le problème au lieu de faire la démonstration demandée. C'est toujours possible, mais il ne faut pas s'étonner d'avoir la note qui correspond.

La réflexion en mouvement

L'essentiel est donc, quel que soit le nombre de parties, de créer une dynamique de la réflexion. L'ethnologue Claude Lévi-Strauss donne, dans *Tristes tropiques* (1955) une bonne description de cette dynamique générale, même si c'est, en fait, pour s'en moquer et pour expliquer pourquoi il a été dégoûté de la philosophie. Il parle de sa classe de terminale :

> « Là, dit-il, j'ai commencé à apprendre que tout problème, grave ou futile, peut être liquidé par l'application d'une méthode, toujours identique, qui consiste à opposer deux vues traditionnelles de la question ; à introduire la première par les justifications du sens commun, puis à les détruire au moyen de la seconde ; enfin à les renvoyer dos à dos grâce à une troisième qui révèle le caractère également partiel des deux autres, ramenées par des artifices de vocabulaire aux aspects complémentaires d'une même réalité : forme et fond, contenant et contenu, être et paraître, continu et discontinu, essence et existence, etc. ». Et il ajoute : « Ces exercices deviennent vite verbaux, fondés sur un art du calembour qui prend la place de la réflexion ; les assonances entre les termes, les homophonies et les ambiguïtés fournissant progressivement la matière de ces coups de théâtre spéculatifs à l'ingéniosité desquels se reconnaissent les bons travaux philosophiques ».

Même si elle est assez méchante, cette description indique bien le mouvement d'ensemble qu'il faut chercher à créer. Tout l'art consiste à ne pas en rester à un exercice purement formel, mais à prendre appui sur ces indications de forme pour donner corps à une réflexion, menée avec toute l'honnêteté intellectuelle possible.

Les grandes étapes de la dissertation

Première partie

La première partie propose une première hypothèse de réponse. Il ne s'agit pas qu'elle soit « vraie », mais seulement plausible. Que vous la jugiez insuffisante n'est pas grave : cela fait partie de la dissertation. On part de ce qui est le moins satisfaisant pour aller vers ce qui l'est le plus. La première partie expose donc un point de vue « naïf », une vue traditionnelle, justifiée par le sens commun : c'est la voix du bon sens, l'« évidence première » ; c'est souvent aussi la voix de la tradition, ce qu'« on dit » en général. On peut regrouper toutes ces catégories sous la notion de *doxa* : c'est-à-dire l'« opinion commune », la position qui vous semble la plus couramment partagée.

Sur un sujet comme « **Est-il déraisonnable de croire en Dieu ?** », la première réponse peut être « non » : la religion est un phénomène si répandu, qu'il peut paraître même assez provocant de poser une telle question. « Non » apparaît comme une réponse première par une sorte de raison statistique, qui n'a rien de rigoureux, mais qui est simplement la voix du plus grand nombre, ce qui peut justifier que l'on commence par cette réponse. Encore une fois, on ne commence pas par elle parce qu'elle est « plus vraie », mais parce qu'elle semble plausible à première vue – Et il faut garder en mémoire que la mettre en premier suppose que l'on soit ensuite capable de la critiquer.

En plus de pouvoir apparaître comme la voix du plus grand nombre, la réponse « non, la religion n'est pas déraisonnable » peut s'appuyer sur une certaine logique : si l'on considère que la religion fournit une certaine morale, qui enseigne à vivre en paix avec autrui en se gardant des extrêmes (il y a des objections possibles à cela, mais on les garde pour la 2e partie) ; et qu'on considère que « raisonnable » signifie justement « ce qui se trouve au juste milieu » et qui permet la régulation des rapports avec autrui, alors il y a une connivence logique entre les notions de « religion » et de « raisonnable ».

Il n'y a pas une « bonne » première réponse : ce qui apparaît comme plus « évident » à l'un apparaîtra comme moins « évident » à l'autre.

Vous êtes libre de commencer par l'hypothèse que vous voulez et de justifier pourquoi c'est cette réponse là qui vous paraît être la « doxa ». Tout dépend de ce que vous voulez montrer en 3e partie : le choix de votre première partie n'est pas « bon » ou « mauvais » en soi, et le correcteur ne vous juge pas sur cela. Ce qui compte, c'est la cohérence de votre projet argumentatif.

Par exemple, vous pouvez commencer par répondre « oui il est déraisonnable de croire en Dieu » parce que, selon une autre logique, la « raison » et la « croyance » sont des concepts qui s'opposent ; ou, simplement, parce que vous êtes athée. (Mais attention, si vous posez cela en premier, il vous faudra examiner les critiques possibles de l'athéisme dans votre 2e partie).

Astuce pour bien choisir sa première partie

L'argumentation développée en première partie doit être claire et autonome. Si vous vous retrouvez, dans le cours de la première partie, en train de répondre à des objections possibles qui viennent de la possibilité d'une thèse contraire, c'est que vous vous êtes emmêlé. Vous ne pouvez pas répondre à des objections si vous ne les avez pas encore formulées !!! Le mieux est alors d'inverser l'ordre que vous aviez prévu, et de mettre votre deuxième partie en premier. Ainsi, vous pourrez répondre à ces arguments de manière cohérente *après* avoir pris le temps de les exposer.

Astuce pour écrire sans se bloquer

• Il faut sérier les idées : vouloir tout dire en même temps est nuisible.

• Le fait de voir qu'une idée appelle des objections ne doit pas vous empêcher de l'énoncer : il faut d'abord l'énoncer (et même essayer de la justifier au maximum) pour pouvoir expliquer ensuite quelles sont les objections possibles.

• Ce sont les mêmes idées contradictoires qui peuvent :
– bloquer votre réflexion si vous voulez tout dire en même temps ;
– ou l'enrichir si vous prenez le temps de les exposer l'une après l'autre.

Deuxième partie

Comme on vient de le voir, la première et la deuxième parties sont souvent interchangeables. L'important, c'est que la deuxième partie soit construite comme une critique de la première, un examen de ses limites, en faisant apparaître que sa logique apparente n'est pas universelle, et qu'il y a des contre-exemples aux exemples sur lesquels elle s'appuie.

Par exemple, si vous avez commencé par expliquer pour quelles raisons « il n'est pas déraisonnable de croire en Dieu », vous examinerez ensuite les arguments de l'athéisme. Et si vous avez commencé, au contraire, par l'idée qu'« il est déraisonnable de croire en Dieu », votre seconde partie examinera les justifications « raisonnables » et éventuellement « rationnelles » de la croyance en Dieu [voir fiche saint Anselme pour une preuve classique de l'existence de Dieu].

Cela peut apparaître comme un jeu formel arbitraire, et cela le sera si vous vous arrêtez là dans le raisonnement. Mais, en principe, l'organisation de vos deux premières parties est conditionnée par ce que vous voulez démontrer dans la troisième. Sur ce sujet en particulier, tout dépend de vos propres convictions religieuses ou philosophiques, et ce n'est pas sur leur contenu que vous serez jugé, mais sur votre capacité à les argumenter. Évidemment, si vos convictions vous interdisent l'argumentation rationnelle, ce ne sera pas très bon pour votre note de philosophie…

Troisième partie

La troisième partie est la plus importante : c'est là que vous proposez une solution au problème posé dans l'introduction. Problème qui consiste toujours à dire que, à propos de la question posée, plusieurs réponses contradictoires sont possibles selon les définitions des notions dont on part. Et ces réponses contradictoires ont été examinées dans les deux premières parties. À la fin de la deuxième partie, la tension du sujet est donc censée être en quelque sorte à son comble, puisqu'on est face à deux argumentations contradictoires qui ont pourtant chacune leur légitimité. C'est ici que la plupart des élèves « craquent », car ils sont également convaincus par leur double argumentation et, dans l'impossibilité de choisir, ils préfèrent conclure en disant que « chacun a droit à son opinion » ou que « c'est une question trop compliquée pour y répondre », ou que c'est « un peu l'un, un peu l'autre »...

Poursuivons notre exemple pour montrer comment la troisième partie est préparée par les deux premières et conditionne leur ordre de présentation.

Supposons que vous soyez athée et que vous vouliez plutôt montrer que croire en Dieu n'est pas raisonnable. Voici à grands traits une argumentation possible.

Partie I Vous pourriez d'abord, puisque vous êtes athée, expliquer l'opposition qu'il y a entre la raison, démonstrative, et la croyance, qui est en quelque sorte « aveugle » et incapable de se justifier. C'est pourquoi vous la qualifieriez de « déraisonnable » car elle commande de croire en des choses que l'on ne peut montrer, et comme on ne peut les montrer, elle est capable d'amener les conduites les plus extrêmes.

Partie II Dans un second temps – en gardant toujours en tête votre but secret de détruire tout espoir de croyance en Dieu – vous pourriez, ruse suprême, examiner tout de même pourquoi les croyants se croient « raisonnables ». Et vous montreriez alors, exemples à l'appui, qu'il y a dans les religions un message moral de mesure. L'idée de Dieu sert à donner la mesure des autres êtres et à justifier leur place dans l'univers, et ainsi à faire prendre conscience à l'homme de sa petitesse. La religion régule ainsi les rapports entre les hommes et rend parfois plus « raisonnable » que le rationalisme optimiste, qui, au nom de la science et du progrès, détruit la nature et produit des bombes.

Partie III Ayant accordé ce rôle régulateur à la croyance en Dieu, vous pourriez alors dire : ce qui compte, ce n'est pas la croyance en Dieu elle-même, mais les effets qu'elle produit, en rappelant à l'homme une certaine idée de mesure. Ainsi, pourriez-vous dire : ce qui est « raisonnable » dans la croyance en Dieu, c'est la raison qui vient s'y ajouter, ce n'est pas la croyance elle-même, dont on peut, et dont il faut même se passer pour être véritablement raisonnable. Si quelque chose d'aussi irrationnel et infondé peut produire cet effet, ne le produirait-on pas encore plus efficacement à partir d'une fondation rationnelle de la morale, fondée, par exemple, sur la notion d'intérêt collectif ? Réciproquement, les excès de la science, dénoncés en II, ne sont pas l'effet de la raison, mais d'un usage irrationnel des fruits de la raison, et d'une croyance elle aussi « aveugle » dans le progrès. Ainsi, vous renvoyez dos à dos un usage irrationnel (et déraisonnable) de la raison et un usage raisonnable de la déraison. Dans les deux cas, vous faites primer l'usage de la raison et de l'empirisme contre la foi aveugle, que ce soit en Dieu ou dans cette nouvelle divinité qu'est la Science.

Ce qui compte ici, c'est moins la force des arguments que la stratégie mise en place pour le développement : vous commencez par une version « faible » de votre thèse finale ; vous faites ensuite le détour par l'argumentation de vos adversaires ; enfin, vous vous appuyez sur cette argumentation pour en montrer les limites et énoncer alors une version « forte » de votre propre point de vue.

Examinons une autre argumentation possible, en supposant cette fois que vous êtes croyant.

Partie I Puisque vous êtes croyant, on va supposer que croire en Dieu ne vous paraît pas déraisonnable. C'est donc ce que vous diriez d'abord, en rappelant que les théologiens ont proposé des preuves rationnelles de l'existence de Dieu. La preuve par les effets, par exemple, qui consiste à dire que puisque le monde existe et que tout a une cause, il faut que le monde ait une cause, et que cette cause, c'est ce que l'on appelle Dieu.

Partie II Mais, dans un second temps, vous pourriez reconnaître la vanité d'une telle prétention à la rationalité et expliquer que, justement, la religion se fourvoie lorsqu'elle essaye de suivre la voie de la raison. Il faut au contraire qu'elle s'en dégage, pour que la « croyance » ne soit pas juste une supposition comme une autre, mais une foi véritable, portant sur ce qui est par définition invérifiable. Vous pourriez alors dire que, en effet, la croyance en Dieu n'est pas « raisonnable », mais que c'est pour cela qu'elle est forte et que, pas plus qu'elle ne peut être argumentée, elle ne peut être atteinte par aucun contre-argument.

Partie III Enfin, dans un troisième temps, beau joueur, vous pourriez reconnaître que cette argumentation du caractère purement mystique de la croyance en Dieu laisse chacun sur son quant-à-soi, les croyants d'un côté, les noncroyants de l'autre. Vous pourriez alors distinguer le « rationnel » du « raisonnable », en montrant que, si la croyance doit s'abstenir de prétendre avoir le statut d'une vérité rationnelle, comme s'il s'agissait d'une certitude scientifique, elle peut en revanche être considérée comme l'option morale la plus raisonnable, en rappelant l'analyse du « pari » de Pascal : l'existence de Dieu ne peut et ne doit pas être démontrée comme une vérité mathématique, mais croire en Dieu est un calcul raisonnable, puisque la perte est nulle en cas d'erreur, mais le gain est infini si Dieu existe véritablement. Ainsi, en tant que croyant, vous montrez aux non-croyants que ce sont eux qui, en se croyant rationnels, se montrent en fait déraisonnables – même si, pour vous, la foi est, de toutes façons, d'un ordre autre que celui de la raison.

Méthodologie

Dans ce cas, la stratégie est différente que dans le traitement précédent, puisque dans chacune des parties, la croyance en Dieu est justifiée, mais selon des modalités différentes à chaque fois, et en réfléchissant sur le sens de «raisonnable» par opposition à «rationnel». Vous voyez en tout cas que l'on peut parfaitement construire des dissertations très différentes sur un même sujet, et défendre des convictions tout à fait différentes aussi.

> Ce n'est pas sur vos opinions que vous êtes jugés : c'est sur votre capacité à les argumenter.

La dialectique et la pensée «latérale»

Le mode de pensée décrit par Lévi-Strauss, qui consiste à «renvoyer dos à dos» les deux premières parties grâce à une troisième hypothèse, s'appelle la «dialectique» : cela signifie que la dissertation fonctionne comme un «dialogue», où A et B s'opposent sans pouvoir se mettre d'accord, et où il faut faire venir C pour trancher le débat. Un exemple très simple permet de bien le comprendre :

Sur un sujet comme «**Faut-il être optimiste ?**», demandez-vous quelles pourraient être trois parties logiques. Réponse :
1. Examen des raisons pour lesquelles il faudrait être optimiste.
2. Objections et formulation de l'hypothèse contraire, selon laquelle il faudrait être pessimiste.
3. Qu'il ne faut être ni optimiste, ni pessimiste, mais RÉALISTE.
(Réfléchissez. Vous verrez que vous venez de vous-même à cette conclusion).

On voit bien, sur cet exemple, comment l'alternative dans laquelle on a commencé par s'enfermer doit être rompue par l'introduction d'un *nouveau concept* («réaliste»), imprévu au départ, qui permet de dépasser l'opposition simple sur laquelle on raisonnait en I et II.
On voit bien aussi comment il ne s'agit pas d'une solution de compromis («il faut être un peu optimiste et un peu pessimiste») mais une véritable issue vers autre chose. La troisième partie ne dit pas «peut-être ben que oui, peut-être ben que non», mais : «oui parce que non»! c'est-à-dire qu'elle montre que ce sont les mêmes raisons qui font dire oui et qui font dire non, malgré l'opposition apparente (le pessimiste et l'optimiste semblent en opposition, mais se rejoignent dans le fait qu'ils refusent chacun à leur manière d'être réalistes).
Cette dialectique, on peut l'appeler aussi un mode de pensée «latérale» : c'est une manière de résoudre les problèmes en sortant du cadre prédéfini dans lequel on s'est d'abord laissé enfermer (par exemple, dessiner une figure en passant par des points sans lever le stylo).
Ainsi, face à un sujet de philosophie, on peut dire que les deux premières parties «jouent le jeu» : elles acceptent le cadre conceptuel imposé par la formulation du

sujet. La troisième partie consiste souvent à déplacer l'interrogation, en se demandant : « ce sujet, tel qu'il est formulé, a-t-il vraiment un sens ? ».

Dans le sujet « **Est-il raisonnable de croire en Dieu ?** », les deux traitements que nous avons proposés opèrent, chacun à sa manière, un basculement de concepts de ce type en troisième partie :
– L'athée, en distinguant raison et usage de la raison, croyance et usage de la croyance, permet de sortir d'une opposition trop schématique entre raison et croyance à partir de laquelle il raisonnait d'abord.
– Le croyant, en distinguant « rationnel » et « raisonnable », fait apparaître une distinction laissée de côté en I et II, qui lui permet une nouvelle approche du sujet, dépassant elle aussi l'opposition simpliste entre croyance et raison.

Quelques articulations classiques

La réflexion doit toujours être menée en rapport avec la spécificité du sujet et selon vos propres convictions. Cela dit, à l'usage, certains enchaînements d'auteurs se retrouvent fréquemment (tout simplement parce que les sujets correspondent parfois à des débats qui ont eu lieu historiquement), et il peut être utile de les avoir en tête lorsque l'on aborde une question.

La tripartition suivante permet de traiter un grand nombre de sujets portant sur la raison et le réel.
1. L'approche de Descartes* : le rationalisme pur.
2. La critique de Descartes par les philosophes empiristes (Locke*, Hume*).
3. La résolution de l'opposition entre rationalisme pur et empirisme par la philosophie transcendantale de Kant [voir fiche Kant].

Sur un grand nombre de sujets, la succession suivante fonctionne souvent.
1. Le point de vue religieux et traditionnel.
2. Le rationalisme et la rupture avec la pensée traditionnelle (Platon*, Descartes*).
3. Nietzsche : critique du langage et présupposés inconscients du rationalisme.

Enfin, vous pouvez combiner et adapter ces deux triades. Vous obtenez alors le cadre conceptuel suivant.
1. Le point de vue religieux et traditionnel.
2. Le rationalisme en rupture avec la tradition (Platon, Descartes).
3. Le rationalisme empiriste, critique interne du rationalisme pur (Locke…).
4. Le rationalisme transcendantal de Kant.
5. La critique du rationalisme par Nietzsche*.

… Manière de dire que si vous connaissez bien une tradition religieuse, la philosophie de Platon, d'Aristote, de Descartes, de Hume, de Kant et de Nietzsche… vous arriverez à faire de très bonnes dissertations !!! Au travail !

Méthodologie

Rédiger une introduction

Introduire un sujet, c'est d'abord introduire votre lecteur *au* sujet, l'amener à comprendre quel est *l'intérêt* de celui-ci – c'est-à-dire *comprendre pourquoi celui-ci pose problème* – et voir quel va être votre cheminement pour traiter ce problème. Une bonne introduction doit donc comporter les éléments suivants :

1. la «*doxa*» (voir l'explication de ce terme ci-dessous) ;
2. le para-doxe du sujet, avec l'intitulé exact du sujet, cité entre guillemets ;
3. la justification du sujet ;
4. l'annonce du plan et de la problématique.

D'ores et déjà, retenez l'enchaînement : **DOXA-PARADOXE-JUSTIFICATION**, qui constitue le mouvement d'ensemble de l'introduction : en gros, il s'agit 1. de commencer par une phrase qui permet 2. de faire ressortir l'intérêt de la question posée, c'est-à-dire son caractère *surprenant*, puis 3. de justifier le bien-fondé de la question malgré ce caractère surprenant.

Les grandes étapes de l'introduction

1. *Doxa*

Doxa est un terme grec qui signifie «opinion» : la *doxa* d'un sujet, c'est donc l'opinion commune en ce qui concerne ce sujet, ou du moins, *une* opinion courante, facile à admettre. Par exemple, sur le sujet : **«*Peut-il y avoir une science de l'inconscient ?*»**, la *doxa* pourrait être la réponse «non», car pour qu'il y ait «science», il semble bien qu'il faut qu'il y ait «conscience» : c'est dans les termes mêmes ! Vous pourriez donc prendre l'idée commune suivante pour première phrase, en utilisant *l'opposition entre les termes du sujet* :

Première phrase : Par définition, d'après l'étymologie même des termes, la science suppose que l'on ait conscience de l'objet que l'on étudie.

2. Paradoxe

On enchaîne alors sur l'intitulé du sujet, en mettant en valeur son caractère paradoxal. Notez bien que le mot «para-doxal» signifie «ce qui va *contre* la *doxa*», c'est-à-dire ce qui va contre l'opinion commune : c'est ce qui rend le sujet surprenant, bizarre, voire choquant. Il peut même paraître illogique, contradictoire avec lui-même. En d'autres termes, c'est ce qui rend le sujet *problématique* : ce qui fait qu'il pose problème, c'est-à-dire ce qui fait qu'il est intéressant. Car qu'est-ce qui est «intéressant» ? C'est ce qui ressort, ce qui sort des sentiers battus. Introduire un sujet, c'est montrer au lecteur que ce sujet sort de l'ordinaire. Ainsi pour continuer notre exemple, vous pouvez écrire à la suite de ce qui précède :

Deuxième phrase : La question «*Peut-il y avoir une science de l'inconscient ?*» est paradoxale, car elle semble indiquer que, malgré l'opposition entre les termes «science» et «inconscient», une telle science est possible. Comment cela se pourrait-il ?

3. Justification

On arrive alors au troisième temps de l'introduction, tout aussi important que les deux précédents : il faut **justifier** le sujet. En effet, vous venez de montrer le caractère quasi illogique du sujet posé. Mais si la question était vraiment aussi absurde que vous l'avez suggéré, cela ne vaudrait même pas la peine de la poser. Il faut donc maintenant expliquer pourquoi il est quand même légitime de la poser. Après la « doxa », après le « paradoxe », vous devez maintenant exposer un « contre-paradoxe », c'est-à-dire une justification. Ainsi, vous pourriez dire :

> **Troisième phrase :** Pourtant, on sait qu'il existe une science, qui s'appelle la psychanalyse, qui étudie le fonctionnement de l'inconscient et ses rapports avec la conscience.

4. Annonce du plan

Vous pouvez maintenant annoncer quel va être votre cheminement pour résoudre le problème que vous avez posé. Pour la forme, il vaut mieux être clair et dire franchement : *« Nous verrons dans un premier temps... Puis, dans un second temps... Enfin, dans une dernière partie... »* Pour le contenu, retenez simplement que, en toute logique, le plan reprend de manière plus élaborée les éléments que vous venez de mettre en évidence. La « problématique », c'est la manière dont vous allez résoudre le problème (ou le paradoxe) du sujet (pour le détail, reportez-vous à la fiche méthode 5 « Construction du plan »). Ainsi, toujours pour le même sujet, vous pourriez écrire ce qui suit :

> Dans un premier temps, on approfondira les définitions des notions de science et d'inconscient, pour bien mettre en évidence que la notion d'inconscient semble impliquer une résistance à toute approche scientifique. Cependant dans un second temps, on montrera que, si la notion de « science inconsciente » est absurde, cela ne veut pas nécessairement dire qu'il ne peut pas y avoir de science *de* l'inconscient : on reprendra à ce sujet l'argumentation de Freud pour justifier la possibilité de la psychanalyse. Dans un troisième temps cependant, on pourra s'interroger sur le statut de cette science : on défendra l'idée que, si une certaine connaissance de l'inconscient est possible, cette connaissance pose des problèmes propres aux sciences humaines, qui ne peuvent pas avoir la même scientificité que les sciences exactes.

Bilan : votre introduction

En mettant bout à bout les éléments rédigés ci-dessus, vous obtenez donc l'introduction suivante, pour le sujet : *« Peut-il y avoir une science de l'inconscient ? »*

> Par définition, d'après l'étymologie même des termes, la science suppose que l'on ait conscience de l'objet que l'on étudie. La question *« Peut-il y avoir une*

science de l'inconscient ?" est paradoxale, car elle semble indiquer que, malgré l'opposition entre les termes « science » et « inconscient », une telle science est possible. Comment cela se pourrait-il ? Pourtant, on sait qu'il existe une science, qui s'appelle la psychanalyse, qui étudie le fonctionnement de l'inconscient et ses rapports avec la conscience. Dans un premier temps, on approfondira les définitions des notions de science et d'inconscient, pour bien mettre en évidence que la notion d'inconscient semble impliquer une résistance à toute approche scientifique. Cependant dans un second temps, on montrera que, si la notion de « science inconsciente » est absurde, cela ne veut pas nécessairement dire qu'il ne peut pas y avoir de science **de** l'inconscient : on reprendra à ce sujet l'argumentation de Freud pour justifier la possibilité de la psychanalyse. Dans un troisième temps cependant, on pourra s'interroger sur le statut de cette science : on défendra l'idée que, si une certaine connaissance de l'inconscient est possible, cette connaissance pose des problèmes propres aux sciences humaines, qui ne peuvent pas avoir la même scientificité que les sciences exactes.

Attention : on peut faire autrement !

Cette introduction est *un* exemple parmi d'autres possibles. Ce qui ne *peut pas* changer, c'est le mouvement qui consiste à faire apparaître un paradoxe, puis à justifier le sujet. C'est une *structure logique* qui doit être présente dans toute (bonne) introduction. Ce qui *peut* changer en revanche, c'est le contenu, et notamment le point de départ (la *« doxa »*) et le point d'arrivée (le plan). La *« doxa »* en effet, « l'opinion commune », n'est pas quelque chose de fixe : ce qui apparaît comme plus évident à certains paraîtra moins évident à d'autres ! Ainsi, toujours sur le même sujet, certains préféreront peut-être considérer que la « doxa », *c'est* qu'une science de l'inconscient est possible puisqu'elle existe déjà sous le nom de psychanalyse ! On vous propose donc une autre introduction possible (et donc un autre plan) sur le même sujet. Rappelez-vous que le correcteur ne vous juge pas sur le contenu de ce que vous dites, mais sur la rigueur de votre argumentation (et la richesse et la pertinence de vos références).

Voici une deuxième piste pour votre introduction au sujet : « *Peut-il y avoir une science de l'inconscient ?* »

« La psychanalyse, inventée par Freud, est une science de l'inconscient. La question *"Peut–il y avoir une science de l'inconscient ?"* est donc paradoxale puisque cette science existe déjà ! Il est vrai toutefois que le fait qu'elle existe et qu'elle se présente comme une science ne suffit pas à prouver qu'elle en soit une effectivement ; d'autant plus que l'inconscient, puisque l'on n'en a pas conscience, semble devoir être un objet difficile à décrire scientifiquement. On examinera donc d'abord les justifications que donne Freud pour fonder la possibilité d'une connaissance de l'inconscient : c'est que l'inconscient, tout inconscient qu'il est, se manifeste par des signes dans la conscience (lapsus, actes manqués, rêves, pathologies…) : la science de l'inconscient consiste à savoir décrypter ces signes. Mais l'on pourra se demander, dans un second temps, de quelle sorte de science il s'agit : si l'inconscient est quelque chose de parfaitement individuel, est-il vraiment possible d'en produire une théorie générale sans trahir la spécificité de chaque patient ? Enfin, on pourrait aller encore plus loin dans la critique de l'idée d'une science de l'inconscient, en allant jusqu'à se demander (comme le fait Sartre) si l'inconscient existe vraiment.

Remarquez bien que dans cette introduction, on a modifié :
1. le point de départ : ce qui servait de justification dans le premier exemple sert ici de *doxa*. Du coup, la première partie doit aussi être différente, puisqu'elle s'aligne sur cette *doxa*.
2. dans la deuxième partie, c'est sur le problème de l'individualité que l'on fait porter le questionnement, en donnant un tour plus critique à celui-ci.
3. On opte ici pour une franche critique de l'inconscient, alors que dans le premier exemple, on en défendait le principe : ici la réponse finale sera plutôt « non », alors qu'elle était plutôt « oui » dans le premier cas ! Qu'importe : ici, c'est à chacun de défendre le point de vue qu'il favorise. Ce qui compte c'est que cette défense soit bien argumentée et structurée logiquement.

Structure type pour toute introduction

De ce qui précède, on peut déduire le schéma général suivant pour composer une introduction. Il faut juste, selon les sujets, remplacer de manière adéquate les mots en italiques entre crochets [*énoncé*]. Cela ne peut jamais se faire de manière automatique, puisque cela dépend de vos propres choix. Si formelle que soit la méthodologie, elle ne vous permettra jamais de faire l'économie d'une réflexion personnelle ! (Mais elle peut vous aider à la formuler).

1. Par définition… *ou* D'après l'opinion commune… *ou* On a coutume de dire que… [*énoncé de la DOXA*].

2. La question : [*intitulé complet du sujet*] peut donc paraître paradoxale puisqu'elle laisse entendre que… [*quelque chose de contraire à la DOXA*].

3. Toutefois, cette question est justifiée puisque… [*contre-paradoxe = justification du sujet*].

4. – On verra donc dans un premier temps que… [*élaboration de la doxa*].

– Mais dans un second temps, on verra que… [*élaboration du paradoxe*].

– Enfin, dans un troisième temps, on verra que… [*énoncé de la manière dont vous comptez résoudre le problème*].

Méthodologie

Rédiger une conclusion

La conclusion de la dissertation sert à rappeler que la solution apportée en troisième partie n'est pas «la» vérité finale, mais que c'est une thèse qui peut donner lieu à de nouvelles problématisations – qu'il appartiendrait à une autre dissertation de traiter.

> Un dicton de professeur de philosophie dit : «Attention, un sujet de philo peut en cacher un autre».

Faire le bilan de toute la dissertation, en répétant longuement ce qui a déjà été dit, est souvent inutile et alourdit inutilement la copie. Ce qui est utile, c'est de répéter ce qui est nécessaire pour introduire le nouveau problème sur lequel on débouche. Il suffit en général de quelques phrases.

> La conclusion permet de faire rebondir le développement vers l'horizon de nouveaux problèmes.

À titre d'exemples, nous vous invitons à lire les conclusions des sujets traités intégralement (p. 148 et 154).

Un cas particulier : la troisième partie-conclusion

● Il n'est pas interdit, si cela ne nuit pas à la cohérence et à la richesse du propos, de condenser la troisième partie et la conclusion. Ce n'est pas illogique puisque la troisième partie doit en principe proposer une solution à la contradiction qui oppose les deux premières parties. C'est donc dans la conclusion que l'on propose une solution.

● Cela n'est possible toutefois que si la conclusion est assez longue pour que le raisonnement qu'elle propose soit clair. De plus, il y aura alors sans doute, dans le mouvement de la pensée, une «conclusion de la conclusion» qui proposera l'ouverture de la conclusion vers un nouveau problème. Cela ne change donc pas grand-chose, et c'est souvent une méthode utilisée par les élèves pour maquiller le fait qu'ils n'ont pas beaucoup d'inspiration pour la troisième partie.

● Mais comme cela vient souvent du fait qu'ils n'ont pas bien compris ce que l'on demandait en troisième partie, nous espérons que, désormais, au terme de l'étude de cette méthodologie, cela ne leur posera plus de problème.

Fiches méthode pour l'explication de texte

Dix points de dernière minute

A. Le travail préparatoire

1. Lire et relire le texte : ne pas s'étonner de ne pas le comprendre immédiatement. Les textes philosophiques sont des textes denses, où chaque mot compte. Ils nécessitent une lecture très attentive. Considérer chaque mot, chaque expression comme un piège à désamorcer.

2. Chercher à identifier les moments (les parties) du texte. Essayer de résumer chacun d'entre eux par une phrase.

3. Chercher le paradoxe du texte, c'est-à-dire sa thèse : repérer la ou les « formules chocs » qui ressortent de la lecture, ET essayer de comprendre en quoi cette formule recouvre un paradoxe, une idée inattendue / surprenante / choquante / scandaleuse... Cela revient à vous demander CONTRE quoi le texte est écrit : qui met-il en accusation, quel préjugé combat-il, quel problème pose-t-il ?

4. Identifier les concepts mis en jeu par le texte (l'art, la liberté, l'État ?...) et essayer d'expliciter les définitions que l'auteur leur donne.

B. La rédaction de l'explication de texte

5. **Introduction** : expliquer en quoi le texte est paradoxal et indiquer son plan en proposant un résumé en une phrase de chacune de ses parties.

6. **Développement** : consacrer une partie du développement à chacune des parties du texte. Ne pas oublier que c'est du texte que vous devez parler :

NE PAS BRODER vaguement autour du thème général du texte, NE PAS RÉCITER ce que vous savez sur l'auteur – mais faire une analyse précise de ses expressions et de ses concepts. Quand le texte donne un exemple concret, expliquer la thèse générale que cet exemple est censé justifier. Réciproquement, quand le texte énonce une thèse générale, essayer d'illustrer celle-ci par un ou des exemples concrets. Gardez bien en tête l'indication officielle : « La connaissance de la doctrine de l'auteur n'est pas requise. Il faut et il suffit que l'explication rende compte, par la compréhension précise du texte, du problème dont il est question. »

7. **Discussion** : rester humble face à l'auteur. Vous avez parfaitement le droit de critiquer le texte, mais ne dites jamais que l'auteur « a tort », qu'il « se trompe » comme si vous aviez tout compris mieux que lui : ce n'est pas « l'auteur » que vous discutez, mais seulement le texte bref que vous avez sous les yeux. Parlez donc plutôt des « limites du texte », de ses « présupposés implicites », ou des « contre-exemples » que vous pouvez trouver à sa thèse.

8. Dans la discussion, ATTENTION à ne pas retomber dans le préjugé naïf qui était justement critiqué par l'auteur. Vous montreriez alors que vous n'avez rien compris à sa critique ! Mieux vaut ne pas faire de discussion du tout plutôt que de tomber dans ce travers.

9. **Conclusion** : tâcher de trouver un nouveau problème qui mènerait votre discussion encore plus loin.

10. Relisez-vous avec attention. N'oubliez pas que l'orthographe et la correction de la langue sont fondamentaux pour que le correcteur puisse concentrer son attention sur vos analyses.

Méthodologie détaillée de l'explication de texte

Dans les six fiches qui suivent, nous allons analyser pas à pas les différentes étapes de l'explication de texte, c'est-à-dire les différents points qui servent de critère à votre correcteur pour évaluer votre copie.

En plus de l'introduction et de la conclusion (fiches 6 et 7), nous avons classé ces points de la manière suivante :

– Fiche 10 : **Le** comme **Lecture**, repérage de la structure du texte.
– Fiche 11 : **Par** comme **Paradoxe**, problème du texte.
– Fiche 12 : **A** comme **Analyse** des expressions et concepts du texte.
– Fiche 13 : **Dis** comme **Discussion**.

Ce qui donne, pour bien les retenir : « **Le ParADis** »... Vous vous en souviendrez ?

Texte de référence pour les fiches 10 à 15

Dans ces fiches, nous baserons nos explications sur le texte suivant, dont nous vous recommandons de faire le commentaire – au moins au brouillon – avant de les lire :

> De façon générale, nul ne peut se nommer philosophe s'il ne peut philosopher. Mais on n'apprend à philosopher que par l'exercice et par l'usage qu'on fait soi-même de sa propre raison.
>
> Comment la philosophie se pourrait-elle, même à proprement parler, apprendre ? En philosophie, chaque penseur bâtit son œuvre pour ainsi dire sur les ruines d'une autre ; mais jamais aucune n'est parvenue à devenir inébranlable en toutes ses parties. De là vient qu'on ne peut apprendre à fond la philosophie, puisqu'elle *n'existe pas encore*. Mais à supposer même qu'il en existât une effectivement, nul de ceux qui l'apprendraient ne pourrait se dire philosophe, car la connaissance qu'il en aurait demeurerait *subjectivement historique*.
>
> Il en va autrement en mathématiques. Cette science peut, dans une certaine mesure, être apprise ; car ici les preuves sont tellement évidentes que chacun peut en être convaincu ; et en outre, en raison de son évidence, elle peut être retenue comme une *doctrine certaine et stable*).
>
> Emmanuel KANT, *Logique* (1800).

La connaissance de la doctrine de l'auteur n'est pas requise. Il faut et il suffit que l'explication rende compte, par la compréhension précise du texte, du problème dont il est question.

Méthodologie

LE PARADIS comme LEcture

Il est très important de lire attentivement le texte, et de ne pas se décourager si l'on ne le comprend pas à première (ni même à deuxième) lecture :

> Ce n'est pas en le lisant superficiellement, c'est en le travaillant, que l'on comprend le texte.

D'où l'importance d'avoir, dès le début, une **LECTURE ACTIVE,** et de chercher à résumer le texte, en identifiant quelles sont ses parties (ou moments) et quelle est la fonction de chacune dans l'argumentation proposée par le texte.

ATTENTION : chaque texte a sa structure propre

– Les *connecteurs logiques* («mais, or, donc, en effet...») sont des indicateurs importants, mais ils ne délimitent pas nécessairement les grandes parties du texte : ils peuvent être internes à une partie. C'est donc avant tout le sens qui détermine les grandes articulations.

– Pour un même texte, plusieurs découpages sont possibles. Certains sont parfois plus cohérents que d'autres. Ce qui compte surtout, c'est la manière dont VOUS justifiez votre découpage pour votre explication.

– Il est erroné de croire que tout texte de philosophie est une « argumentation » qui chercherait à « démontrer » une « thèse ». C'est parfois le cas, mais il y a aussi des textes narratifs, des dialogues, des listes, des exposés sans argumentation, des positions de problèmes sans affirmation d'une « thèse » identifiable, etc. Tous les cas de figure sont possibles, et l'on attend justement de vous que vous soyez capable d'identifier le mouvement propre du texte dans sa singularité.

Exemples de structures argumentatives

Parmi les structures argumentatives, il existe quand même quelques structures plus fréquentes que d'autres.
Par exemple :
1. Énoncé d'une thèse (paradoxale).
2. Justification par un exemple.
3. (Éventuellement, reprise de la thèse sous une forme un peu modifiée).
Ou bien la structure inverse :
1. Description d'une situation concrète.
2. Induction, à partir de là, d'une thèse générale (paradoxale).
3. (Éventuellement, explication, ou nouvelle illustration, ou déduction d'une conséquence qui apparaît comme une seconde thèse).

Deux cas de figure de raisonnements formels qu'il faut savoir identifier :
A. *Le syllogisme :* (type « Socrate est homme, or tous les hommes sont mortels, donc Socrate est mortel »).
1. Énoncé d'une hypothèse (« Si A alors B ») = prémisse majeure.
2. Énoncé d'un fait (« or A ») = prémisse mineure.
3. Conclusion (« donc B »).
B. *Le raisonnement par l'absurde :* type particulier de syllogisme, qui consiste à supposer le contraire de la thèse que l'on veut démontrer, à montrer que cela mène à des absurdités, et donc à affirmer la vérité de sa thèse initiale :
1. Supposition du contraire de ce que l'on veut montrer.
2. Déduction de conséquences absurdes.
3. Donc vérité de la thèse de départ.

Exemple de découpage au brouillon

On encadre, dans le texte, les connecteurs logiques. En marge, on spécifie le rôle logique de chaque partie (énoncé, justification...), et on résume son contenu. C'est ce travail qu'il faut faire au brouillon, et qu'il faut exposer dans l'introduction. C'est la colonne vertébrale de tout votre développement.

1. Position d'une thèse paradoxale : on ne peut pas apprendre la philosophie.
a. élément de définition : la philosophie n'existe que comme pratique de la raison.
b. 1ʳᵉ justification du paradoxe : on ne peut apprendre la philosophie car la philosophie n'existe pas.

2. 2ᵉ justification du paradoxe : même si la philosophie existait, on ne pourrait pas l'apprendre.

3. Différence avec les mathématiques.

« (1.) De façon générale, nul ne peut se nommer philosophe s'il ne peut philosopher. (a.) Mais on n'apprend à philosopher que par l'exercice et par l'usage qu'on fait soi-même de sa propre raison.

(b.) Comment la philosophie se pourrait-elle, même à proprement parler, apprendre ? En philosophie, chaque penseur bâtit son œuvre pour ainsi dire sur les ruines d'une autre ; mais jamais aucune n'est parvenue à devenir inébranlable en toutes ses parties. De là vient qu'on ne peut apprendre à fond la philosophie, puisqu'elle *n'existe pas encore.* (2.) Mais à supposer même qu'il en existât une effectivement, nul de ceux qui l'apprendraient ne pourrait se dire philosophe, car la connaissance qu'il en aurait demeurerait *subjectivement historique.*

(3.) Il en va autrement en mathématiques. Cette science peut, dans une certaine mesure, être apprise ; car ici les preuves sont tellement évidentes que chacun peut en être convaincu ; et en outre, en raison de son évidence, elle peut être retenue comme une *doctrine certaine et stable.* »

Fiche 11

Méthodologie

LE PARADIS comme PARadoxe / problème

« Expliquer » un texte signifie notamment rendre explicite ce qui n'est qu'implicite. Ainsi, pour comprendre et faire comprendre l'intérêt du texte étudié, il faut expliquer en quoi celui-ci invite à dépasser un préjugé. C'est ce que l'on peut appeler le « para-doxe » du texte, c'est-à-dire que tout texte s'oppose à une « *doxa* » (une opinion).

D'où les trois formulations équivalentes de la même idée :

> Tout texte est écrit CONTRE un préjugé.
> Tout texte est position d'un problème.
> La « thèse » d'un texte est toujours l'antithèse d'une thèse implicite ou explicite.

Trouver ce à quoi le texte s'oppose

Le préjugé que le texte dénonce peut être de formes très diverses. Ce peut être :
– une opinion commune (introduite par des formules du type : « les hommes croient que... », « on pense en général que... ») ;
– la thèse d'un autre philosophe (« Descartes dit que... ») ;
– une supposition logique, de bon sens. Etc.

Il faut donc être à l'affût des phrases du texte qui indiquent à quoi il s'oppose, ou qui indiquent la nature paradoxale de ce qu'il affirme. Certains textes disent d'ailleurs explicitement : « Le paradoxe, c'est que... », ou : « Le problème est que... » ; certains textes utilisent aussi des formules volontairement provocantes, qui ont l'air de contradictions dans les termes, ou de contre-évidences. C'est cela qu'il faut chercher. C'est parfois très clair, parfois très ténu, mais si ténu que ce soit, votre explication ne prendra sens que si elle parvient à donner son relief au texte en l'opposant à quelque chose. Sinon, votre « explication » se bornera à répéter ce que le texte dit déjà, c'est-à-dire à faire de la paraphrase.

> La bonne explication évite à la fois le hors-sujet (parler d'autre chose que le texte) et la paraphrase (répéter le texte).

Exemple d'application

Dans le texte de Kant proposé page 132, la « phrase choc », est « on ne peut apprendre à fond la philosophie puisqu'elle n'existe pas encore ».

Comment repère-t-on cette phrase ?

On la repère par le côté surprenant de ce qu'elle dit, mais aussi pour des raisons formelles : c'est à elle que mènent les considérations qui précèdent. Elle est introduite comme leur conséquence, par la formule « de là ». Et le reste du texte en est un commentaire (on ne comprendrait pas ce qui suit si cette phrase n'avait pas été énoncée).

En quoi cette phrase est-elle paradoxale ?

Elle présente deux paradoxes conjoints : d'une part que l'on ne peut pas apprendre la philosophie, ce qui, dans la bouche d'un philosophe peut paraître surprenant. Cela appelle des questions : pourquoi ne peut-on pas l'apprendre ? Quelle est donc la différence entre la philosophie et les autres disciplines ? À quoi bon écrire de la philosophie si personne ne peut l'apprendre ? Kant n'est-il pas en contradiction avec lui-même : si son texte est un texte « de philosophie », que peut-il nous « apprendre » dans ces conditions ?

Et la réponse de Kant au premier paradoxe en est un second encore plus étonnant : « la philosophie n'existe pas encore ». D'où, là encore, d'autres questions : en quoi n'existe-t-elle pas ? Et cela signifie-t-il qu'elle ne peut pas exister, ou bien qu'elle existera un jour ?

Bref, la question sous-jacente c'est « qu'est-ce que la philosophie ? ».

À quoi s'oppose cette thèse ?

Elle s'oppose à la fois au bon sens du lecteur : nous sommes surpris en lisant cela, puisque nous croyions être en train de lire de la philosophie et de chercher à apprendre quelque chose, et Kant nous dit que ce n'est pas le cas.

Elle s'oppose aussi à tous les philosophes qui ont cru pouvoir dire que leur philosophie était LA philosophie. Par exemple Descartes (ici, mieux vaut choisir un auteur antérieur à Kant) qui, avec sa « méthode » et la vérité première du « cogito » pensait avoir posé les bases solides d'une philosophie nouvelle et définitivement valable. Cette attitude s'appelle le « dogmatisme » : cela consiste à croire que l'on détient LA vérité, et qu'il ne reste plus à vos disciples qu'à l'apprendre par cœur. C'est faire de la philosophie une sorte de nouvelle religion. D'où une autre question : le texte de Kant est-il un texte sceptique ?

On peut tout de suite indiquer que non, Kant n'est pas sceptique. Notre travail d'analyse du texte [voir fiche 4] va consister à essayer de comprendre comment est définie la philosophie pour n'être ni dogmatique ni sceptique.

Le texte du philosophe critique une certaine position dogmatique (une croyance religieuse par exemple) : il donne, pendant un temps, l'impression d'être sceptique. Il vous faut ensuite montrer qu'il ne l'est pas, mais qu'il propose une définition nouvelle de concepts anciens. À de rares exceptions près, on peut donc dire que :

> Un texte philosophique propose toujours une solution médiane entre dogmatisme et scepticisme.

Fiche 12

LE P**A**RADIS comme **A**nalyse

Après avoir expliqué le propos général du texte et indiqué la forme de son développement, il faut rentrer dans l'analyse de détail, l'«explication linéaire». C'est un travail de commentateur. *À la limite*, ce travail consisterait à recopier chaque phrase, chaque proposition du texte, et à la faire suivre de son explication. Sans aller jusqu'à dire qu'il faut recopier tout le texte petit bout par petit bout, il faut du moins recopier les mots, passages, phrases, qui vous paraissent les plus importants, et en proposer à chaque fois une analyse.

Votre développement est donc construit comme une alternance citation / explication, en s'efforçant d'enchaîner vos analyses les unes aux autres.

N'oubliez pas que, à ce stade :

> Vous êtes l'avocat du texte. Votre but est de montrer l'intérêt du texte et de justifier ses arguments, pour bien les faire comprendre au lecteur.

Les différents aspects de l'analyse d'un texte

Le travail d'analyse peut être de nature très variée. Voici les cas les plus fréquents :
- Expliquer le caractère paradoxal d'une thèse ou d'une de ses variantes.
- Expliquer le sens d'une expression en le distinguant d'autres expressions qui auraient été possibles dans ce contexte et que l'auteur a choisi de ne pas utiliser.
- Définir un concept utilisé en passant.
- Réciproquement, nommer explicitement un concept dont l'auteur utilise la définition sans le nommer.
- Illustrer d'un exemple concret une thèse générale.
- Réciproquement, déduire la thèse visée par l'auteur à partir de la situation concrète qu'il décrit.
- Identifier un autre auteur ou une thèse philosophique implicitement mentionnés par l'auteur.
- Illustrer le propos de l'auteur par référence à un autre auteur.
- Expliciter un sous-entendu de l'auteur.
- Expliciter une métaphore sous-jacente à une analyse.
- Qualifier le ton du texte (ironie, indignation...)
- Expliquer une connotation...
- Il est permis aussi de faire part de ses difficultés à comprendre une expression, en essayant d'approfondir les raisons de cette difficulté.

Il y a ainsi toute une gamme, qui va des analyses les plus conceptuelles à des remarques d'ordre plus «littéraire». Tout est permis, à condition d'éviter les remarques gratuites qui tombent «comme un cheveu sur la soupe».

Exemple d'application

« De façon générale, nul ne peut se nommer philosophe s'il ne peut philosopher. »

Dans sa première phrase, Kant a l'air d'énoncer une tautologie, mais il nous donne un élément important de la définition de ce qu'est « être philosophe » : cela ne consiste pas à « savoir la philosophie » mais à « philosopher » : la philosophie n'est donc pas un savoir, c'est d'abord une activité.

« Mais on n'apprend à philosopher que par l'exercice et par l'usage qu'on fait soi-même de sa propre raison. »

La seconde phrase précise le sens de cette activité : philosopher, c'est faire usage de sa raison. Cela s'oppose donc au fait de suivre un dogme imposé par autrui (le dogme religieux par exemple) ou les raisonnements d'un autre : toute « raison » n'est pas philosophique ; seule l'est celle que l'on pratique soi-même. Cette pratique est double. Kant distingue « l'exercice » et « l'usage » : par le premier, on forme sa raison ; par le second, on l'applique, une fois formée, à des objets de réflexion. La raison n'est pas là, en nous, toute faite, comme s'il n'y avait qu'à l'utiliser : elle doit être exercée, comme on exerce le corps. L'expression « sa propre raison » ne signifie pas « sa propre opinion » : philosopher, c'est chercher des vérités valables universellement, pour tout homme.

« Comment la philosophie se pourrait-elle, même à proprement parler, apprendre ? »

Question rhétorique qui annonce la thèse.

« En philosophie, chaque penseur bâtit son œuvre pour ainsi dire sur les ruines d'une autre ; mais jamais aucune n'est parvenue à devenir inébranlable en toutes ses parties. »

C'est bien l'idée commune que nous avons de l'histoire de la philosophie : Platon critiquant Parménide ; Aristote critiquant Platon, etc. Kant appelle les philosophes des « penseurs » : le terme dit bien que chacun d'eux a fait des tentatives pour accéder à des vérités universelles et que cet effort de « penser » est l'essentiel de la philosophie. Kant présente moins ici la philosophie comme un système unique que comme une histoire : chaque philosophe croit que l'édifice qu'il a « bâti » est unique, mais la philosophie est en fait l'ensemble de ces édifices juxtaposés. Pour poursuivre la métaphore de Kant (reprise notamment de Descartes, qui parlait d'une « fondation » de la vérité), chaque philosophe construit une maison, mais la philosophie est la ville entière. On pressent que Kant voudrait y mettre de l'ordre.

« De là vient qu'on ne peut apprendre à fond la philosophie, puisqu'elle n'existe pas encore. »

Énoncé de la thèse paradoxale : on ne peut pas apprendre la philosophie, elle n'existe pas. On peut souligner « LA » : il existe DES philosophies, des pensées ; mais pas un système unique. On comprend qu'à l'horizon de la pensée de Kant, il y aurait UNE philosophie, qu'il faudrait construire. (Si l'on en sait assez sur Kant, on peut dire que sa philosophie a effectivement pour but, comme il l'énonce dans la *Critique de la raison pure*, de «soumettre la philosophie au tribunal de la raison», et de clarifier les débats en examinant à quel type de connaissances la raison peut légitimement prétendre). [La connaissance de l'auteur n'est pas requise mais cela n'interdit pas de faire usage de ses connaissances. À condition de ne pas tomber dans l'exposé-fleuve sans rapport avec le texte].

« Mais à supposer même qu'il en existât une effectivement, nul de ceux qui l'apprendraient ne pourraient se dire philosophe, car la connaissance qu'il en aurait demeurerait subjectivement historique. »

Deuxième argument pour justifier que l'on ne puisse pas apprendre la philosophie. Même s'il existait un ultime système, si l'on se contentait de l'apprendre par cœur, on ne philosopherait pas. On ne pourrait philosopher qu'en le réinventant : «apprendre» «de la» philosophie n'est pas un acte philosophique. L'expression «subjectivement historique» est ici assez difficile à comprendre. On peut proposer deux hypothèses de lecture : cela peut signifier que tout système philosophique est situé historiquement, donc que celui qui se prétendrait le système ultime ne serait pas moins relatif que tous ceux qui l'ont précédé. Cela semble un peu en contradiction avec ce qui précède puisque Kant vient d'admettre l'hypothèse d'un système ultime. Une autre hypothèse consiste à prendre le mot «historique» au sens étymologique de «descriptif» : «subjectivement historique» voudrait donc dire «reçu de l'extérieur» : la subjectivité ne produirait pas ce système mais c'est l'histoire qui le lui fournirait. Ce qui est conforme au propos antérieur du texte.

« Il en va autrement en mathématiques. »

Ouverture d'un troisième temps de la réflexion : distinction de la philosophie et d'une autre discipline.

« Cette science peut, dans une certaine mesure être apprise »

Les mathématiques sont une science, ce que n'est pas la philosophie. Elles peuvent être apprises, parce qu'elles restent identiques de génération en génération : elles ne changent (dit Kant) qu'en extension, par production de nouveaux résultats, mais en gardant les mêmes bases, par opposition à la philosophie où chaque penseur repart chaque fois sur de nouvelles bases. Kant précise : «dans une certaine mesure». Pourquoi cette nuance ? Parce que les mathématiques, dans la mesure où elles sont rationnelles, ne peuvent jamais être seulement «apprises» : elles doivent être «comprises». Le mathématicien ne réinvente pas tout : il apprend à l'école les résultats obtenus par ses prédécesseurs (la démonstration du théorème de Pythagore, par exemple). Mais son «apprentissage» ne se limite jamais à «apprendre par cœur» comme on apprend un catéchisme. Les propositions mathématiques, en tant que vérités rationnelles, ne prennent sens que comprises «de l'intérieur», non pas comme des choses mémorisées mais comme des vérités de raison. C'était le sens de l'expérience menée par Socrate avec un jeune esclave, dans le *Ménon* de Platon : il est possible de faire résoudre un problème de géométrie à un esclave ignorant tout des mathématiques. C'est bien que les mathématiques n'ont que « dans une certaine mesure » besoin d'être apprises.

« car ici les preuves sont tellement évidentes que chacun peut en être convaincu ; et en outre, en raison de son évidence, elle peut être retenue comme une doctrine certaine et stable. »

Kant justifie ici son propos au sujet des mathématiques. Si celles-ci peuvent être apprises, c'est parce qu'elles sont « évidentes ». L'évidence dont parle Kant, ce n'est pas l'évidence de ce qui apparaît dès le premier coup d'œil : nous savons bien que les mathématiques ne sont pas toujours faciles à comprendre, et sont loin d'être « évidentes ». Mais les propositions mathématiques reposent, comme l'expliquait déjà Descartes, sur des propositions simples, que les mathématiciens appellent des « axiomes » et que l'on considérait – du moins jusqu'au XIXe siècle – comme des propositions évidentes par elles-mêmes. Ce sont des propositions qui servent à démontrer les autres, qui n'ont pas, elles, besoin d'être démontrées. Les *Éléments* d'Euclide y adjoignaient les définitions et les postulats qui servaient de propositions premières. Les théorèmes en revanche sont les propositions qui découlent de celles-ci. Du coup, on peut considérer que les mathématiques tout entières reposent sur des évidences, ce qui explique que Kant les qualifie de « doctrine certaine et stable ». Et c'est cette stabilité qui justifie, avec la réserve que nous avons vue, que les mathématiques puissent être apprises, par opposition à la philosophie, qui reste instable.

Par-delà l'analyse phrase à phrase, il faut encore répondre à la question : qu'apprend-on, alors, lorsqu'on apprend de la philosophie ? On peut dire que, si philosopher c'est exercer sa raison, le meilleur exercice consiste précisément à étudier les systèmes des philosophes qui nous ont précédés. Mais pas pour les apprendre par cœur, au contraire : pour exercer sur eux notre esprit critique. Pas en cherchant ce qui est solide en eux, mais au contraire en cherchant par où ils restent incertains. Ainsi la philosophie ne sera pas un stérile ressassement de doctrines établies, mais une vraie réflexion sur le monde lui-même, en profitant des théories passées pour apprendre d'elles, mais en les soumettant à l'épreuve des faits et de la cohérence logique. C'est dans ce va-et-vient entre les réflexions des autres et notre propre réflexion que notre faculté de raisonner se construit, en même temps qu'elle enrichit la connaissance du monde qui nous entoure – même si l'idée d'une philosophie ultime reste un horizon, irréalisable mais qui nous indique ce vers quoi nous devons tendre.

Les analyses qui précèdent constituent la matière brute de l'explication : elles doivent être précédées d'une introduction et il faudrait les articuler entre elles, en rédigeant des paragraphes de transition. Elles seront ensuite suivies d'une discussion [voir fiche suivante].

Méthodologie

LE PARA**DIS** comme **DIScussion**

Discuter le texte est une manière de montrer que vous en avez bien compris les enjeux, et que vous êtes capable de voir ses limites. La discussion est donc le prolongement naturel de l'explication.

La discussion peut faire l'objet d'une partie à part. Il est aussi possible de l'intégrer directement aux analyses, notamment lorsqu'elle porte sur des points particuliers plutôt que sur la thèse générale du texte.

Gardez bien en mémoire que :

> Ce n'est pas « l'auteur » tout entier que vous discutez, mais le texte.

> Exercez votre esprit critique mais restez humble.

Rien n'est plus désastreux, après une explication de qualité moyenne, qu'une critique qui se veut féroce et qui ne fait que renforcer le sentiment que vous n'avez pas bien compris le texte.

Le principe général de l'explication est le suivant :

> La discussion repose sur une problématisation du texte.

Cela consiste à repérer dans le texte une tension interne, éventuellement une contradiction, qu'il fallait dans un premier temps laisser de côté, pour justifier le propos du texte. À ce stade, il est temps de problématiser le texte, et non pas seulement d'étudier la problématique qu'il propose lui-même.

Vous pouvez discuter le texte :

• À partir de simples arguments logiques, parce que vous y voyez une contradiction.

• En y apportant des éléments nouveaux, parce que vous y voyez des lacunes ou des oublis.

• En montrant qu'il partage des présupposés communs avec ce qu'il croit critiquer (comme pour une 3e partie de dissertation).

• En vous appuyant sur les thèses d'un autre auteur (ou plusieurs, mais attention à ne pas tomber dans le grand déballage de toute l'histoire de la philosophie).

La place de la discussion dans l'explication de texte

Il faut distinguer la problématique du texte (voulue par l'auteur), et la problématisation que *vous* lui faites subir dans la discussion.

On peut ainsi distinguer trois niveaux d'argumentation :

1. La « *doxa* » critiquée par l'auteur (opinion commune, thèse d'un autre philosophe...) [voir fiche n° 2] ;
2. La thèse « para-doxale » de l'auteur (celle qui est énoncée par le texte) ;
3. *Votre* critique du texte (énoncée dans la discussion).

La discussion est comme une « synthèse », ou une troisième partie de dissertation, par rapport à la « thèse » et à l'« antithèse » dont l'opposition constitue le problème du texte.

Remarque : vous avez donc la possibilité, si cela vous paraît plus commode, de construire votre explication de texte sous la forme d'un commentaire composé, en consacrant chaque partie à un niveau d'analyse plutôt que de suivre l'ordre du texte.

L'erreur à ne pas faire

D'après ce qui précède vous comprenez aussi notre mise en garde : la discussion ne doit pas consister à revenir en arrière, vers la « *doxa* » qui était critiquée par l'auteur. L'auteur critique l'opinion commune, développe des arguments pour l'expliquer, vous donnez l'impression que vous le comprenez, et *Patatra !*, dans la discussion vous répétez lourdement la thèse que l'auteur critiquait ! Vous revenez donc en arrière dans l'ordre de l'argumentation et vous révélez que vous n'avez pas du tout compris l'enjeu du texte. Retenez donc la règle suivante :

C'est comme si, par exemple, voulant « discuter » le texte de Kant, vous disiez : « Je ne comprends pas pourquoi Kant dit que l'on ne peut pas apprendre la philosophie, puisqu'on l'apprend au lycée et que Kant lui-même se prétend philosophe ; il se contredit donc lui-même ». C'est vrai, mais cette contradiction est voulue par Kant : elle constitue le paradoxe du texte : c'est par elle qu'il nous fait comprendre que « la philosophie » n'est pas une discipline scolaire comme une autre. Et dans votre explication, vous avez dû expliquer pourquoi.

Faites donc attention lorsque vous cherchez un axe de discussion avec le texte : cherchant à critiquer le texte, vous en niez la thèse ; mais comme celle-ci est déjà l'« antithèse » de l'opinion commune, vous revenez en arrière au lieu d'avancer. **Vous avez le droit d'essayer de justifier la « *doxa* » malgré tout** : mais à condition de fonder votre justification sur une critique des arguments de l'auteur, donc en apportant de nouveaux arguments, et pas en répétant ceux que l'auteur critiquait.

> Mieux vaut ne pas faire de discussion plutôt que de revenir à la « *doxa* » critiquée par l'auteur.

Méthodologie

Axes possibles de discussion du texte de Kant

1. À la recherche d'une tension interne au texte

Le texte de Kant pose un problème quant à sa logique interne. En effet, Kant semble à la fois dire que c'est la situation essentielle de la philosophie, par opposition aux sciences, d'être inachevée et instable, mais de l'autre, il semble conserver l'horizon d'une philosophie qui serait une philosophie dernière, proprement scientifique. Il ne tranche donc pas clairement la question de savoir si l'instabilité de la philosophie est nécessaire ou seulement contingente. Les deux arguments, qui semblent se compléter, ont en fait quelque chose de contradictoire : Kant dit qu'on ne peut apprendre la philosophie parce qu'elle n'existe pas encore ; et que même si elle existait, on ne serait pas philosophe en l'apprenant. Dans un cas, la philosophie semble pouvoir devenir une science, et dans l'autre non.

2. Si vous êtes un husserlien convaincu

Kant déclare peut-être un peu abusivement que jamais la philosophie ne sera terminée – de même d'ailleurs qu'il a, à notre avis, une position trop relativiste quant à la question du fondement de la philosophie. En effet, si l'on suit Husserl, le vrai fondement d'une philosophie qui soit une « science rigoureuse » a été posé de manière indubitable par Descartes lorsqu'il pose le « *cogito* » comme vérité première pouvant servir de fondement à toutes les autres. Kant a raison de considérer que la philosophie cartésienne n'a, ensuite, pas réussi à être « inébranlable en toutes ses parties ». Mais Husserl, en reprenant la démarche de Descartes, dans ses *Méditations cartésiennes*, a fondé une philosophie – la phénoménologie – que l'on peut considérer comme aussi certaine et stable que les mathématiques – précisément d'ailleurs parce que, comme ces dernières, en suspendant la question du rapport au monde empirique et en ne s'attachant qu'aux idéalités transcendantales [voir Husserl], elle se pose d'emblée comme une construction indubitable.

3. Sur la distinction entre philosophie et mathématiques

La conception des mathématiques présentée par Kant n'est plus recevable aujourd'hui. Kant souscrit à la vision classique selon laquelle les propositions premières (axiomes) sont des évidences (comme « le tout est plus grand que la partie), et que les mathématiques sont donc une connaissance certaine. Or l'histoire des mathématiques n'est pas seulement l'accumulation de nouveaux résultats : elle passe aussi par des remises en cause de leurs fondements même, ce qui n'est donc pas quelque chose de propre à la philosophie, exclusivement. La plus célèbre de ces révolutions réside dans l'invention de géométries non-euclidiennes. Riemann et Lobatchevski ont, chacun à leur manière, tenté de proposer une démonstration par l'absurde du 5e postulat d'Euclide (« Par un point extérieur à une droite passe une seule parallèle à cette droite »), et ne sont parvenus à aucune contradiction. Les deux géomètres découvraient ainsi que d'autres géométries étaient possibles, une infinité d'autres, selon les courbures de l'espace. Comme l'explique l'épistémologue Robert Blanché, dans *L'Axiomatique*, le fondement des mathématiques s'en trouve radicalement modifié. Car, à partir de là, il n'est plus possible de considérer les mathématiques comme un savoir constitué et inébranlable : elles deviennent un ensemble de systèmes hypothético-déductifs, valable par la cohérence interne du rapport entre les hypothèses que l'on se donne et les déductions que l'on en tire. Les axiomes cessent d'être considérés comme des évidences et ont le même statut hypothétique que les postulats et définitions. On peut donc mettre en question la différence que Kant introduit entre mathématiques et philosophie : dans une certaine mesure, les mathématiques non plus n'existent pas encore.

4. Sur la distinction entre philosophie et mathématiques, autre aspect

À partir du *Ménon* de Platon, montrer que les mathématiques ne peuvent pas plus être « apprises » que la philosophie [cette distinction a été développée dans le corps même des analyses : voir fiche 4].

5. Si vous êtes nietzschéen

Nietzsche déclarait que « ce qui ne donne pas envie d'être appris par cœur n'en vaut pas la peine ». Et la philosophie, d'après lui, n'échappe pas à cette règle. On peut avoir un certain soupçon quant à cette apparence de modestie du propos de Kant, lorsqu'il déclare que la philosophie n'est pas un savoir mais une pratique personnelle, et qu'elle ne peut être apprise. N'est-ce pas là une illustration typique de ce que Nietzsche appelle la « volonté de puissance », qui s'exprime avec d'autant plus de force qu'elle prétend se restreindre elle-même ? La phrase de Kant, « la philosophie ne peut être apprise car elle n'existe pas encore », en se parant des atours de la modestie et de la rationalité, résonne en fait comme un aphorisme qui *demande* à être appris par cœur. Au moment même où il prétend y échapper, on surprend Kant en flagrant délit de « philosopher à coup de marteau », comme dit Nietzsche.

Ces suggestions de pistes vous montrent qu'il y a de multiples manières de lancer une discussion avec le texte. Attention, certaines d'entre elles sont compatibles (et pourraient faire chacune l'objet d'une partie de la discussion) ; mais d'autres ne le sont pas (vous ne pouvez pas à la fois être husserlien et nietzschéen par exemple). Votre but ne doit pas être de trouver le plus d'axes de discussion possibles : ce doit être d'en trouver UN, en fonction de votre réflexion et de vos préférences philosophiques, et de le développer de la manière la plus complète possible.

Attention à deux défauts

- Ne pas tomber dans le catalogage de critiques hétérogènes.
- Ne pas tomber dans la récitation du cours (par exemple en récitant tout ce que vous savez sur Nietzsche au passage). La discussion doit rester centrée sur le texte.

Fiche 14

L'introduction de l'explication de texte

> L'introduction a pour fonction de présenter le paradoxe du texte.

On l'a vu, tout texte est paradoxal [fiche 3]. « Para-doxal », c'est-à-dire qu'il s'oppose à une opinion commune, à un préjugé (ou éventuellement à la thèse d'un autre philosophe). Quel est ce préjugé, et pourquoi l'auteur le dénonce-t-il, quel problème y voit-il ? Voilà ce qu'il faut exposer dès le début de votre explication, pour permettre tout simplement à votre lecteur de savoir de quoi l'on parle et quel est le problème philosophique traité.

Le mouvement global d'une introduction

1. Une phrase générale exprimant la *« doxa »*, l'opinion commune qui est dénoncée par l'auteur. C'est en l'énonçant que vous posez le fond sur lequel le texte étudié va prendre son relief et son sens.

2. Une phrase d'introduction au texte : par exemple, quelque chose comme : *« Le texte de (...) est donc paradoxal puisqu'il nous invite à dépasser ce préjugé... »*. (C'est une formulation parmi d'autres. Ce qui compte, c'est de faire ressortir l'opposition du texte au préjugé énoncé d'abord).

3. Une phase justifiant brièvement la thèse du texte, ou soulignant la nécessité d'examiner de plus près le problème ainsi posé. (Pour éviter que votre lecteur ait l'impression que vous trouvez juste le texte paradoxal, voire absurde).

4. L'annonce du plan de l'explication : une phrase pour présenter chaque partie du texte. Par exemple :
- *« Nous analyserons d'abord le premier temps du texte... »* : identification de ce premier temps, son statut formel (thèse, exemple, question...) et son contenu.
- *« Dans un second temps... »* : identification de ce second temps, statut formel et contenu.
Etc. (selon le nombre de parties selon lequel vous décomposez le mouvement du texte)
- Discussion : annonce du problème que vous pourrez traiter en discussion.

4 bis. Autre type de plan possible : le commentaire composé (parfois plus pratique, notamment pour un texte court)
- Annonce de la « *doxa* » critiquée par le texte et proposition de développement à son sujet.
- Annonce de la thèse du texte.
- Thème de discussion.

Exemple d'application

Voici une introduction possible pour l'explication du texte de Kant : (qui réutilise les analyses effectuées dans les fiches 2 et 3).

La philosophie est une discipline scolaire et universitaire qui s'enseigne et qui s'apprend. Aussi ce texte de Kant a-t-il quelque chose de très paradoxal lorsqu'il annonce que « la philosophie ne peut pas s'apprendre » ; d'autant plus qu'il justifie cette thèse en disant que « la philosophie n'existe pas encore ». Comment comprendre cette affirmation, sous la plume de quelqu'un qui est pourtant lui-même considéré comme un grand philosophe ? C'est qu'il ne s'agit pas là d'une critique de la philosophie, mais plutôt d'une réflexion sur la spécificité du discours philosophique, dont Kant explique qu'il est d'abord une pratique et non un savoir constitué. On analysera donc le texte en suivant chacun de ses moments.

On verra dans un premier temps comment Kant pose le problème de ce que signifie « être philosophe », et comment il justifie que l'on ne puisse pas apprendre la philosophie. Cette justification se fait elle-même en deux temps : par l'affirmation que la philosophie n'a pas encore réussi à se constituer comme un système définitif d'une part ; par l'idée que même si elle y parvenait, « apprendre » ce système ne suffirait pas à rendre philosophe, d'autre part.

Dans un second temps, on examinera la distinction que fait Kant entre la philosophie et les mathématiques, et comment il justifie que ces dernières puissent, elles, faire l'objet d'un apprentissage.

On se demandera toutefois, dans un troisième temps de notre analyse, si cette distinction proposée par Kant est complètement légitime, et si elle ne repose pas sur une conception classique des mathématiques, reposant sur la notion d'évidence, et méconnaissant leur nature hypothético-déductive − ce qui modifie la manière dont on peut concevoir la différence entre philosophie et mathématiques.

La conclusion de l'explication de texte

Méthodologie

> La conclusion a pour fonction de formuler le résultat de votre réflexion, et de l'ouvrir sur un nouveau problème possible.

Rédiger une conclusion doit moins être une exigence formelle qu'une suite naturelle de votre réflexion visant à faire comprendre à votre lecteur que vous considérez qu'elle a atteint sa limite. Il ne s'agit donc pas de faire un fastidieux bilan-résumé de tout ce qui précède, mais de rappeler le strict nécessaire pour faire apparaître cette « limite ». Vous faites comprendre à votre lecteur que vous pourriez pousser encore plus loin la réflexion, mais que cela vous entraînerait à sortir du sujet de départ. La conclusion peut donc parfois se limiter à quelques phrases qui terminent la discussion.

La conclusion vient à la suite de la discussion. C'est le moment où, après avoir éventuellement critiqué le texte, vous refaites la part des choses, pour rappeler ses mérites et montrer que votre propre critique a ses limites elle aussi.

Exemple d'application

À la suite de la discussion 3, sur la conception moderne des mathématiques :

Kant écrivant au XVIIIᵉ siècle, sa conception des mathématiques restait tributaire de l'état des mathématiques à cette époque, et l'on pourrait difficilement lui reprocher de ne pas avoir anticipé la possibilité de géométries non-euclidiennes. Au reste, dans quelle mesure cela modifierait-il son propos ? La notion d'évidence ne peut plus être prise comme fondement des mathématiques, et l'édifice mathématique doit moins être conçu comme un savoir que comme une construction rationnelle. La différence entre philosophie et mathématiques proposée par Kant s'en trouve atténuée, mais pas complètement effacée : il peut y avoir un débat philosophique sur les fondements des mathématiques, cela n'empêche pas que, dans le cadre d'axiomatiques définies, l'apprenti mathématicien ait bien des résultats à « apprendre ». Il faut préciser que cet « apprentissage » passe nécessairement, comme on l'a vu, par une compréhension de ce qui est appris ; et que l'apprenti philosophe, de son côté, doit aussi « apprendre » les doctrines du passé, non pour s'y soumettre passivement mais pour y confronter sa raison. La différence majeure, c'est que les mathématiques tirent leur précision et leur cohérence du caractère restreint des objets qu'elles étudient ; tandis que la rationalité philosophique s'attache à tous les aspects possibles de l'existence humaine. Pour que ses argumentations puissent prétendre à une formalisation aussi stricte que celle des mathématiques, et échappe au désordre des interprétations, il faudrait que l'existence humaine elle-même soit rendue aussi simple que des figures de géométrie. Est-ce vraiment souhaitable ?

Sujets corrigés

Il s'agit d'exemples rédigés de dissertation et de commentaires: il ne s'agit pas d'un cours. On a essayé de montrer ici ce qu'un élève doit pouvoir faire sur table, sans livre, en quatre heures. On attachera une attention particulière aux notes en marge qui détaillent le déroulement du texte. Lorsque vous rédigez, votre texte à vous doit être nu: ne faites pas apparaître les titres de vos parties.

Dissertation 1

«Pour être libre, faut-il savoir ce que l'on fait?»

Introduction

Contradiction interne du sujet: paradoxe

Justification du sujet

Annonce du plan

La formulation même de la question «pour être libre, faut-il savoir ce que l'on fait?» peut sembler paradoxale, car si la liberté est l'absence de contrainte, comment justifier l'exigence exprimée dans l'expression «il faut»? Cette obligation de «savoir ce que l'on fait» n'est-elle pas une condition extrêmement dure, qui rendrait presque la liberté impossible? Car sait-on vraiment jamais ce que l'on fait, peut-on le mesurer jusque dans ses dernières conséquences?

Pourtant, et réciproquement, si être libre, c'est pouvoir faire ce que l'on veut, il semble bien que cela suppose de savoir ce que l'on fait. Comment pourrait-on vouloir faire quelque chose, sans savoir en quoi ce quelque chose consiste? Ne serait-ce pas contradictoire?

On examinera d'abord l'idée d'une liberté pure, dénuée de toute contrainte, et l'on essaiera de faire apparaître le caractère contradictoire de cette idée, qui mène à la négation de la liberté. On pourra alors, dans un second temps, examiner en quoi, en effet, il faut savoir ce que l'on fait si l'on veut pouvoir se dire libre, puisque pour pouvoir agir efficacement, il faut être capable d'ajuster les moyens aux fins recherchées. On verra que cette exigence comporte deux aspects, l'un concernant la connaissance du monde sur lequel on agit, l'autre, en amont de l'action, concernant les motifs qui nous font agir. Cependant, on pourra se demander dans un troisième temps s'il n'y a pas aussi des cas où cette connaissance, cette conscience de ce que l'on est en train de faire, devient, paradoxalement, un obstacle à l'action.

1re partie: les contradictions de la notion de liberté absolue

«Savoir ce que l'on fait», n'est-ce pas une exigence trop grande pour laisser place à la liberté? On ne peut pas manquer de remarquer la contradiction de la question posée: si l'on est libre, «il ne faut» rien. Telle est la liberté. C'est l'absence de contrainte, donc, en principe,

Première définition de la liberté

Référence

Conséquence

Illustration

Examen du problème posé par cette première hypothèse

Nécessité de modifier notre première définition de la liberté

l'absence de devoir, d'obligation, quelle qu'elle soit. Être libre c'est donc faire ce que bon nous semble, faire n'importe quoi éventuellement, ne pas se donner de plan, ne pas se contrôler soi-même. « *Carpe diem* », « profite du jour », dit la morale hédoniste qui assimile bonheur et plaisir : manière de dire que l'on ne sait jamais ce qui se passera demain, qu'aucun calcul sur l'avenir n'est vraiment possible, et qu'il faut saisir les occasions quand elles se présentent. C'est le bonheur qui est ici défini, mais il est défini comme cette liberté par rapport aux soucis qu'entraînerait une volonté de savoir, de mesurer les conséquences de ce que l'on fait, de s'interroger indéfiniment sur nos motivations. Mieux vaut mettre en suspens toutes ces interrogations et jouir de la vie.

Dans cette logique, le savoir semble avoir une influence néfaste sur le « faire ». Savoir, c'est, ici, se représenter ce que l'on fait. Mais la représentation – re-présentation – redouble nos actes et, en quelque sorte, les alourdit, provoque des frictions en les rendant moins efficaces. Hamlet, le personnage de Shakespeare, dans le fameux monologue « *to be or not to be* », s'interroge sur les raisons qui le retiennent d'assassiner son oncle (meurtrier de son père). C'est la peur de la mort, dit-il, qui nous retient de mener des actions risquées. « Ainsi, dit-il, la conscience fait-elle de nous tous des lâches, et les entreprises de grande envergure, à cause de ces considérations, leurs courants se tarissent et elles perdent le nom d'action ». (Shakespeare, *Hamlet*) Car savoir ce que l'on fait, cela veut dire avoir une claire représentation des risques que l'on court : mais ce savoir modifie les conditions de l'action. Et éventuellement même, c'est ce que dit Hamlet, cette conscience finit par empêcher tout à fait l'action.

Faut-il pour autant dire : Soyons fous, soyons ignorants, fermons les yeux, c'est la seule manière d'être libres ! Un indice du fait que les choses ne peuvent pas être si simples, c'est que cette phrase elle-même, tout comme le « *carpe diem* », est un impératif. On retombe donc sur la même contradiction logique rencontrée dès le début : celui qui voudra dire en quoi consiste la liberté sera bien obligé de prescrire un certain type de comportement, et donc de sembler immédiatement se contredire lui-même.

Mais ce n'est le cas que si l'on a une conception trop stricte de la notion de liberté comme absence de contrainte. Il est vrai que les deux concepts s'opposent, mais toutes les contraintes n'ont pas le même statut. Que donnerait l'absence effective de toute contrainte ? À quoi cela ressemblerait-il ? « La colombe légère, dit Kant, lorsque dans son libre vol, elle fend l'air dont elle sent la résistance, pourrait s'imaginer qu'elle réussirait bien mieux encore dans le vide». Mais dans le vide, elle ne pourrait pas voler du tout! L'absence totale de contrainte, cela supposerait qu'il n'y ait plus rien dans le monde qui me résiste. À la limite, il ne faut plus que j'aie de corps, car mon propre corps me limite. Et plus de conscience, car la forme de ma conscience me limite aussi. Alors? Que reste-t-il? Rien. La liberté absolue, pensée comme absence totale de contrainte, c'est la non-existence: c'est la mort. Et la mort, c'est en fait l'absence totale de liberté, puisque, une fois mort, je ne peux plus rien faire.

Ainsi, on s'aperçoit que la définition de la liberté comme absence de contrainte se retourne contre elle-même. La liberté n'est pas pensable hors d'un champ de contraintes qui structure les possibilités de l'action. Il suffit de penser par exemple aux règles d'un jeu: les règles sont des contraintes, mais c'est grâce à elle que le jeu est possible. De même, les règles de grammaire du langage: si elles n'existaient pas il n'y aurait pas de communication possible. Les contraintes sont donc peut-être ressenties comme des entraves à la liberté, il n'empêche que dans certains cas, elles sont ce qui rend possible d'agir. Si elles n'étaient pas là, on ne pourrait pas agir, et il serait difficile alors de considérer que l'on est libre.

Transition vers la 2ᵉ partie.

C'est pourquoi le savoir, l'exigence de savoir ce que l'on fait, n'est pas irrémédiablement incompatible avec l'idée de liberté, loin de là. Ce qui nous amène au second temps de notre réflexion.

2ᵉ partie:
le savoir
au service
de la liberté
Citation
permettant
d'illustrer
la 2ᵉ hypothèse

Descartes expliquait que «l'indifférence est le plus bas degré de la liberté» (quatrième des *Méditations métaphysiques*). Cette phrase prolonge la critique de la notion d'une liberté qui serait absence de toute détermination. En ce sens, pour Descartes, on est d'autant plus libre que l'on sait ce que l'on fait. L'exemple que prend Descartes pour justifier son propos est celui de l'âne de Buridan: on imagine un âne qui aurait également faim et également soif, et qui serait exactement à égale distance d'un seau d'avoine et d'un seau d'eau: comme rien ne le pousserait à aller plus vers l'un que vers l'autre, il se laisserait mourir de faim et de soif entre les deux. Ainsi Descartes fait comprendre que l'indifférence, c'est-à-dire l'indétermination, n'est pas propice à la liberté. La liberté, c'est peut-être faire ce que l'on veut, mais encore faut-il avoir pour cela un «vouloir» déterminé: et qu'est-ce qui détermine ce que je veux, c'est mon savoir, c'est-à-dire une représentation claire de ce qui est bon pour moi. Si je suis indifférent, je ne «veux» plus rien, et donc je ne «fais» plus rien, et donc je ne «fais pas ce que je veux», donc je ne suis pas libre. (Il ne faut pas confondre ce cas avec le cas où l'on *veut ne rien* faire : dans ce cas, la volonté est déterminée vers le rien, par exemple, on veut être paresseux : la volonté est claire. Ce n'est pas la même chose que « ne rien vouloir faire » : l'ordre des mots change ici la signification). On comprend alors pourquoi le savoir est le meilleur allié de la liberté. C'est parce que l'on connaît le monde, que l'on connaît ses propres forces, que l'on sait avec précision le but que l'on recherche, que l'on parvient à ce but : on se fixe un objectif, on étudie la situation, on voit quels sont les moyens accessibles, on les met en œuvre, et l'on atteint son but. C'est l'intelligence technique de l'homme qui lui permet ainsi de dominer la nature, de s'en rendre « maître et possesseur » comme dit Descartes, et, par exemple, d'aller sur la lune, de traverser les mers, de communiquer à distance etc. Le savoir décuple le pouvoir et augmente donc bien la liberté.

Descartes insiste sur la nécessité du savoir, c'est-à-dire de la science, pour connaître la nature et augmenter notre puissance d'agir sur elle. Mais pour Descartes, la liberté de l'homme est, en soi, quelque chose d'inné. Certes les passions peuvent nous entraver, et nous faire prendre pour bon pour nous quelque chose qui est en fait mauvais, comme il le montre dans le traité *Les Passions de l'âme*. Mais justement, la connaissance nous permet, si elle est suffisamment développée, de nous « raisonner » et de nous détourner des impulsions qui viennent de notre corps. Descartes est optimiste quant à la nature de l'homme : s'il veut vraiment, il peut, à condition de prendre le temps de s'en donner les moyens. Mais Descartes ne prête guère attention à la question des contradictions internes du vouloir, de la déstructuration de la volonté qui mène à la folie ou à la perversité. Son analyse laisse donc ouvertes certaines questions.

Les analyses de Freud sur l'inconscient nous permettent d'y proposer quelques réponses et de compléter ainsi notre seconde hypothèse sur les rapports entre le savoir et la liberté. Pour Freud aussi, être libre c'est savoir ce que l'on fait, mais le « savoir » dont il est question n'est pas le même que celui dont parle Descartes. Le savoir de Descartes porte sur le monde ; le savoir de Freud porte sur soi-même. Le cas de Anna O. que Freud raconte dans ses *Cinq leçons de psychanalyse* en donne un bon exemple. Anna O. souffre de différentes pathologies (notamment de paralysie et de strabisme, de phobie de l'eau et de la nourriture) sans savoir pourquoi. Freud, par un jeu de questionnement, parvient à reconstituer ce qui s'est passé et à montrer que ces pathologies sont toutes liées à certaines scènes vécues par Anna O. tandis qu'elle était au chevet de son père mourant. Ce sont ces traumatismes qui ont laissé leurs marques dans l'inconscient de

Examen des limites de cette thèse

Références complémentaires

la patiente et qui l'empêchent de mener une vie normale – et qui la mettent même en danger. Grâce à ce questionnement, Anna O. parvient ensuite à se remémorer ces événements, qu'elle avait oubliés. Et c'est à partir de cette prise de conscience que la patiente recouvre la santé, et donc une certaine liberté.

Spinoza, critiquant Descartes bien avant Freud, avait déjà déclaré que « l'homme n'est pas un empire dans un empire » (*Éthique*, 3ᵉ partie), exprimant par cette formule que notre volonté est soumise à des causes tout comme les objets du monde extérieurs et tout comme notre corps. Il montrait ainsi qu'il n'est pas si facile d'être libre, et que le savoir n'y suffit jamais : il y a toujours des causes qui agissent sur nous. Ce que l'on peut faire toutefois, c'est apprendre à connaître ces causes – comme le fait Freud avec les représentations traumatisantes – pour se libérer de leur effet.

Transition vers la troisième partie : nouvelle proposition de distinction conceptuelle

Chacun à leur manière, ces trois auteurs illustrent l'idée que c'est en sachant ce que l'on fait, en sachant ce que l'on est, en consolidant son vouloir, que l'on est plus libre. Ne peut-il pas y avoir toutefois un caractère productif de l'ignorance ? Certes il ne s'agirait pas de revenir en arrière, à l'hypothèse de la première partie, dans laquelle nous avions fait apparaître qu'il peut y avoir un certain poids du savoir, entravant la liberté. Il faudrait plutôt montrer que l'« ignorance » n'est pas la seule notion à laquelle s'oppose le « savoir » : ce n'est pas la même chose d'être simplement ignorant, et de suspendre momentanément son savoir pour essayer de se hausser au-delà de lui. Dans ces conditions, on pourra comprendre qu'une certaine suspension du savoir permet d'atteindre une plus haute liberté.

3ᵉ partie : la suspension du savoir, forme plus haute de la liberté

Exposé de notre 3ᵉ hypothèse

Hegel déclarait que « rien de grand dans le monde ne s'est fait sans passion ». La passion serait donc un moteur plus puissant que la raison pour l'action. En effet, tant que nous restons enfermés dans le cadre de notre raisonnement, dans le cadre du bien connu, nous restons limités. C'est l'audace du saut dans l'inconnu qui fait les grands hommes. Le grand stratège prend des risques, ose ce que les autres n'ont pas osé, utilise des moyens que les autres considèrent comme inutiles ou pas assez nobles, et c'est comme cela qu'il obtient la victoire et qu'il ouvre une nouvelle page de l'histoire. Celui qui, dans la même situation, serait resté « raisonnable », c'est-à-dire serait resté dans ce qui, pour son temps, paraissait la procédure normale, celui-là aurait été vaincu.

Mais il faut bien comprendre que ce saut dans l'inconnu qui fait les grands hommes n'est pas l'ignorance bête. Ce saut dans l'inconnu, cet

**Illustration
(via la référence
à Kant) : l'art**

audacieux dépassement de la raison qui a besoin de l'impulsion des passions, n'est possible que pour celui qui sait déjà tout ce qu'il y a à savoir, qui maîtrise toutes les techniques de son temps. Ce n'est pas l'ignorance, c'est plutôt ce point limite où le savoir se dépasse lui-même.

La question de l'art nous en donnera une bonne illustration. Kant, dans la *Critique de la faculté de juger* a bien expliqué la différence entre la technique et l'art : la technique, ce sont les moyens connus : pour atteindre tel but, on sait qu'il faut utiliser tel et tel moyen. Tous les artistes passent ainsi par un long apprentissage technique : le peintre apprend longuement l'anatomie, la manière de préparer les couleurs, les enduits, etc. Léonard de Vinci par exemple, est le modèle d'un peintre qui était aussi un maître dans toutes les sciences et techniques de son temps. Mais la technique ne suffit pas à faire l'art. Un bon technicien peut copier à la perfection une œuvre existante. Mais l'artiste fait quelque chose en plus, qui ne relève plus de la technique. L'artiste, comme le stratège, joue avec les moyens existants pour leur faire produire quelque chose de nouveau. C'est ce que l'on appelle le génie et c'est en cela qu'il se distingue de la simple intelligence. Kant dit ainsi que « le créateur d'un produit qu'il doit à son génie ne sait pas lui-même comment se trouvent en lui les idées qui s'y rapportent ». Il n'y a pas en art un protocole expérimental comme on le trouve dans les sciences établies. Et ainsi, en effet, c'est en ne sachant pas ce que l'on fait, en atteignant sa propre limite, que l'on accomplit la forme la plus haute de sa liberté. Être libre, ce n'est pas seulement accomplir le possible, mais, au moment où l'on dépasse ce que l'on croyait soi-même possible, rendre possible ce qui ne l'était pas encore.

Conclusion

Bilan

Notre liberté, pas plus que notre savoir, ne sera jamais absolue. Cela n'empêche qu'il existe des degrés de liberté. Celui qui se libère d'une contrainte qu'il a jadis éprouvée sait qu'il est plus libre qu'il ne l'était et que d'autres ne le sont. Le savoir est assurément une des clés de cette liberté. C'est parce que l'on connaît les lois de la nature qu'on peut les mettre en œuvre à notre profit ; c'est parce que l'on connaît les lois de la société dans laquelle on vit que l'on peut y évoluer et y progresser ; c'est parce que l'on se connaît soi-même que, conformément à la devise de Socrate, « connais-toi toi-même », on peut se conduire de manière maîtrisée et mesurée. Mais il est vrai que dans certains cas, la volonté de trop en savoir peut se retourner contre la puissance d'agir. L'audace de la création suppose la suspension du savoir. Mais celle-ci n'est accessible qu'à ceux qui en savent déjà beaucoup. C'est ainsi que les génies, maîtrisant le savoir de leur temps pour

**Ouverture
sur une nouvelle
interrogation**

Dissertation 2

« Ce que l'homme accomplit par son travail peut-il se retourner contre lui ? »

Introduction

Définition générale du travail…

… d'où paradoxe de la question posée…

… mais justification du sujet tout de même

Annonce du plan

1. Conséquences d'une première définition du travail

2. Ambiguïtés du travail

3. Recherche de solutions

Développement 1re partie

Approfondissement de la définition du travail

Par définition, le travail est, notamment, l'activité par laquelle l'homme modifie les processus naturels pour en tirer profit. Dans ces conditions, il paraît paradoxal de dire que « ce que l'homme accomplit par son travail peut se retourner contre lui ». Si c'était le cas, ne suffirait-il pas à l'homme de cesser de travailler, ou de modifier la direction de son travail pour le remettre à son service ? C'est ce qu'indique le bon sens, mais nous savons bien que les choses ne sont pas si simples, et les mythes de l'apprenti sorcier ou de la créature de Frankenstein sont là pour nous le rappeler : le monde humain, le monde de la culture, pour être produit par l'homme, n'en est pas moins susceptible de le mettre en danger. Il suffit de penser à une expression comme « se tuer au travail », ou aux dangers du nucléaire ou du réchauffement de la planète pour s'en convaincre.

On examinera d'abord en quoi consiste le travail et dans quelle mesure celui-ci fait partie de la nature humaine elle-même. Mais on se demandera dans un second temps si le produit du travail n'est pas toujours ambivalent et toujours susceptible de se retourner contre son producteur. On distinguera dans cette seconde partie les dangers qui viennent de l'objet produit lui-même et ceux qui viennent des structures sociales liées à l'activité de production. Dans un troisième temps, on pourra se demander s'il est possible de remédier à ces effets pervers du travail, et par quels moyens.

C'est par le travail que se fait le passage de la nature à la culture, et il suffit d'interroger ce mot de « culture » pour comprendre l'avantage que celle-ci représente pour l'homme. En effet, si la nature est force de croissance (du grec « *phusis* »), la « culture », au sens originel, est l'activité par laquelle l'homme fait croître – cultive – lui-même les produits naturels dont il a besoin. C'est le sens que l'on retrouve dans le mot « agriculture », culture des champs. L'homme, au lieu d'être soumis aux aléas de ce que produit la terre elle-même, se met à en contrôler les processus, compensant ainsi en partie les inconvénients des intempéries, et allant jusqu'à créer par hybridations de nouvelles espèces végétales ou animales plus profitables pour lui (pensons à la multicité des grains sur un épi de blé par exemple, alors que le blé sauvage n'en comporte que quelques-uns).

Question
du propre
de l'homme
Référence
à Rousseau

Cette activité de transformation de la nature, par son ampleur, met sans doute l'homme à part des autres animaux, eux-mêmes soumis à cet ordre nouveau créé par l'homme. Rien ne dit toutefois qu'une telle tendance à transformer la nature ait été un «programme» inné en l'homme. Rousseau a insisté par exemple, dans son *Discours sur l'origine et les fondements de l'inégalité parmi les hommes*, sur le fait qu'il ne fallait pas prêter à l'«homme de la nature» les traits de l'homme social. Si les hommes se sont mis à transformer leur environnement, ce devait moins être dû à une tendance naturelle qu'à un «funeste hasard», inondation ou tremblement de terre : un événement qui aurait raréfié les denrées produites naturellement et qui aurait forcé les hommes à se rapprocher les uns des autres et à se sédentariser, au lieu de continuer simplement à se déplacer pour aller chercher la nourriture là où elle se trouvait.

Dans une telle analyse, le travail apparaît d'emblée, contrairement au récit biblique, non comme une forme de malédiction, mais plutôt comme la solution apportée par l'homme à des catastrophes écologiques. Là où d'autres espèces se seraient éteintes à cause des transformations de leur milieu, l'homme, du fait de ce que Rousseau appelle sa «perfectibilité», a été capable de transformer son rapport à ce milieu pour survivre et en tirer profit. Au passage, il se modifie lui-même, et, dans une certaine mesure, s'améliore : Rousseau montre comment l'homme, acquérant la métallurgie et l'agriculture – là encore par d'improbables concours de circonstances – développe ses propres capacités, son intelligence et son habileté, au point que l'on peut dire que c'est en travaillant que l'homme construit sa propre

Citation

humanité : «À mesure que le genre humain s'étendit, les peines se multiplièrent avec les hommes. La différence des terrains, des climats, des saisons, put les forcer à en mettre dans leurs manières de vivre. Des années stériles, des hivers longs et rudes, des étés brûlants qui consument tout, exigèrent d'eux une nouvelle industrie […] Cette application réitérée des êtres divers à lui-même, et les uns aux autres, dut nécessairement engendrer dans l'esprit de l'homme la perception de certains rapports […] Les nouvelles lumières qui résultèrent de ce développement augmentèrent sa supériorité sur les autres animaux en la lui faisant connaître». (*Discours sur l'origine et les fondements de l'inégalité parmi les hommes*). La raréfaction des ressources extérieures est

Explication
de la citation :
montre l'utilité
du travail

ce qui pousse l'homme à puiser dans ses ressources intérieures pour, simultanément, s'adapter au milieu et adapter le milieu à lui. Rousseau fait clairement apparaître le lien entre le travail et un «propre de l'homme» paradoxal («la perception de certains rapports» c'est-à-dire la raison) qui n'est pas donné tout fait mais, justement, développé en même temps que l'homme acquiert la maîtrise de la nature et produit des objets artificiels.

À propos de ces derniers, on peut reprendre la distinction établie par Hannah Arendt dans *Condition de l'homme moderne*, entre les fruits du « travail », d'un côté, qui sont périssables et consommables immédiatement, et les « œuvres », qui sont des objets durables (les bâtiments, les meubles, les outils…), qui façonnent le monde humain. Arendt oppose ainsi l'homme en tant qu'*animal laborans* (animal travaillant), qui travaille avec son corps, « qui peine et assimile », à l'*homo faber*, qui construit de ses mains, « qui fait, qui ouvrage » et « fabrique l'infinie variété des objets dont la somme constitue l'artifice humain » (*ibid.*).

En plus de cette production d'objets, il faut souligner aussi l'importance sociale du travail. Dans la société industrielle, le travail, en tant qu'emploi, est une part importante, essentielle peut-être, de l'identité des individus. Par opposition à la société antique telle que la décrit Hannah Arendt, où le travail productif était considéré comme exclusivement servile, tandis que les citoyens libres s'adonnaient à la vie contemplative, la société moderne a érigé le travail, la participation à la vie économique, en valeur en soi, au point que c'est l'absence de travail qui est considérée, sous la forme du chômage, comme une sorte de malédiction (et la paresse comme un vice). Le produit du travail, ici, ce n'est pas le bien de consommation, ni l'outil qui permet la production de ce bien, ni l'outil d'outil, mais c'est le travail lui-même, en tant qu'accomplissement d'une fonction sociale, et instrument de l'« insertion » sociale, dans une conception de la société où chacun occupe sa juste place en occupant un emploi. Ainsi, ce qui se joue dans le travail, ce n'est pas seulement l'avènement de l'Homme en général et sa sortie de l'état de nature ; c'est aussi, pour chaque individu, la production de soi-même en tant que membre de la société. Émile Durkheim illustre bien cette idée lorsqu'il analyse

la manière dont « la personnalité individuelle se développe avec la division du travail » (dans : *De la division du travail*) : plus le travail est divisé, spécialisé, plus l'individu s'individualise lui-même et se libère des conformismes sociaux : « les natures individuelles, dit Durkheim, en se spécialisant deviennent plus complexes et, par cela même, sont soustraites en partie à l'action collective et aux influences héréditaires qui ne peuvent guère s'exercer que sur les choses simples et générales ». Dans ce cadre, les travaux les moins spécialisés sont ceux qui sont les moins formateurs pour l'individu et qui le laissent, socialement, plus

**Transition
2ᵉ partie**

**Nouvelle
approche du
concept d'objet
Référence
à Marx
Citation**

**Explication:
illustration par
des exemples**

interchangeable avec d'autres individus. Dès lors, ne pas avoir de travail du tout, est la plus grande perte d'individualité et de liberté.

C'est sur ce fond qu'apparaît tout le paradoxe de l'idée que le produit du travail pourrait se retourner contre l'homme. Pour l'expliquer, il nous faut reprendre les termes de notre analyse et en faire apparaître les revers.

Avant même de distinguer les différents types d'objets, nous pouvons nous appuyer sur une dialectique du rapport entre le sujet producteur et l'objet produit, que Marx exprime dans les termes suivants : « L'objet que le travail produit, son produit, se dresse devant lui comme un être étranger, comme une puissance indépendante du producteur » (*Manuscrits de 1844*, I). La valeur de l'objet, sa signification même, n'est pas entièrement déterminée par celui qui le produit. L'objet se pose en face du sujet, s'extériorise et s'offre à d'autres usages que ceux pour lesquels il avait été prévu, et à d'autres mésusages également. Ainsi, l'épée forgée par le forgeron pourra servir à le tuer, et les découvertes théoriques sur la structure de la matière faites par le scientifique de manière désintéressée pourront servir à produire des armes de destruction massive. Cette extériorité de l'objet signifie aussi, en ce qui concerne l'objet technique, que l'homme doit, à chaque génération, se remettre au niveau technique de la génération précédente pour maîtriser les objets dont elle hérite. Plus la technique croît en complexité, plus l'éducation nécessaire croît, elle aussi, et exige d'efforts de la génération suivante, dans un cercle qui se prolonge et s'amplifie de génération en génération, avec un enjeu vital : que se passe-t-il en effet le jour où la société n'est plus capable de former le personnel capable d'entretenir les centrales nucléaires ?

L'objet ne se retourne pas nécessairement contre son producteur, et, de même, l'exigence d'une formation technique toujours plus poussée ne doit pas nécessairement être considérée comme une malédiction. Mais nous voulions faire apparaître qu'il est dans la nature de l'objet, dans sa définition même, qu'il soit ambivalent. Le travail de l'homme, dit Marx, se distingue de l'activité animale parce que l'homme a un « plan », une idée préconçue de ce qu'il veut produire. Mais cela n'est vrai que dans certaines limites, car ce « plan » ne peut pas embrasser toutes les possibilités d'usage de l'objet. On pourrait illustrer ceci dans le monde moderne par les exemples donnés en introduction : les dangers du nucléaire, le réchauffement de la planète, ou encore la « vache folle », illustrations du fait que l'on sait ce que l'on produit mais que l'on ne sait pas ce que produit ce que l'on produit.

**Approfon-
dissement
de l'analyse
des exemples**

Tous ces exemples nécessitent néanmoins une analyse un peu plus fouillée des conditions de la production. Car les dangers de l'objet peuvent avoir leur cause en aval de celui-ci (dans les usages imprévus par le producteur), mais aussi en amont : notamment dans la division du travail et les phénomènes de concentration, qui rendent ici les choses d'autant plus incertaines et permettent une perte quasi-complète du sens de l'objet. Dans l'affaire de la « vache folle », ce n'est pas un dysfonctionnement du système qui amène l'objet produit (la viande) à devenir dangereux, mais au contraire son fonctionnement normal : c'est la volonté, légitime dans un contexte de concurrence, de produire de la nourriture pour animaux au plus bas prix, qui entraîne finalement l'empoisonnement des consommateurs, au terme d'une chaîne de production impliquant à la fois les distributeurs, les éleveurs, les producteurs de farines animales, sans que l'on puisse attribuer à aucun des acteurs une volonté consciente d'empoisonner ses concitoyens.

Nouveaux exemples pour préciser le sens de l'analyse

Pour prendre un autre exemple du même ordre, le gestionnaire financier d'une entreprise fabriquant des armes peut considérer, à son niveau, qu'il travaille sur des chiffres, des vérifications de comptes, sans se poser la question de savoir à quoi correspondent concrètement ces chiffres : pour lui, le travail est le même, qu'il s'agisse d'armes vendues à des pays qui les utilisent effectivement pour s'entretuer, ou qu'il s'agisse de bonbons. Et le même raisonnement vaut pour celui qui fabrique les pièces détachées des armes, et celui qui les assemble sur une chaîne de montage, et celui qui loue les terrains des usines, etc. Au point que la responsabilité est tellement subdivisée que celui même qui vend effectivement les armes peut penser que sa propre part de responsabilité est quasi-nulle. D'ailleurs, dira-t-il, ce n'est pas lui qui les utilise finalement, ces armes. D'ailleurs, pourrait-on ajouter, celui qui, à l'autre bout du monde, vend des chaussures pour une compagnie qui appartient en fait à cette même multinationale qui vend des armes, et dont les comptes sont liés, n'a-t-il pas lui aussi une part de responsabilité dans cette vente d'armes ? Etc. La division du travail fait ainsi perdre de vue quasi complètement le sens de l'objet à tous ceux qui contribuent à le produire : chacun, à son niveau, obéit à la règle de la moindre dépense et du profit maximum et peut faire l'économie d'une réflexion sur le processus dans son ensemble. Ce qui

Deuxième aspect du danger du travail

aboutit, par exemple, au fait qu'il faille partir en guerre contre des adversaires auxquels on a soi-même, dans un premier temps, vendu des armes…

Mais les effets en retour du travail contre l'homme peuvent être

**Référence
à Marx**

analysés aussi, non pas par rapport au caractère dangereux des objets produits, mais par rapport à la place de l'homme dans l'organisation du travail. Le travail, avons-nous dit, ne produit pas seulement des objets : il produit le travail lui-même, et il produit l'homme en tant que travailleur : « Le travail, dit Marx, ne produit pas seulement des marchandises ; il se produit lui-même ainsi que l'ouvrier comme une marchandise ». Dans quelle mesure cela laisse-t-il place à l'humanité de l'homme ?

**Citation
et explication**
**La question
de l'aliénation**

À propos de la division du travail, on peut opposer à l'analyse de Durkheim celle de Marx sur l'aliénation. Non pas tant pour donner raison à l'un contre l'autre que pour faire apparaître l'ambivalence fondamentale de ses effets sur l'homme, comme on fait apparaître l'ambivalence de l'objet. Dans la suite du texte déjà cité, Marx dit la chose suivante : « plus l'ouvrier se dépense au travail, plus le monde étranger, objectif [qui est le capital], qu'il crée en face de lui devient puissant, plus il s'appauvrit lui-même et plus son monde intérieur devient pauvre, moins il possède en propre. C'est la même chose avec la religion. Plus l'homme projette de choses en Dieu, moins il en garde en lui-même. L'ouvrier place sa vie dans l'objet. Mais alors celle-ci ne lui appartient plus, elle appartient à l'objet ». Ce que Marx indique, ce n'est donc pas seulement que l'objet peut devenir dangereux, mais qu'il y a, entre le sujet et l'objet, un jeu de vases communicants, qui, dans la société capitaliste, joue en faveur de l'objet : plus le sujet produit, plus il transmet sa substance à l'objet. Le capital (on dirait aujourd'hui, les fonds de pension) exige ainsi toujours plus de travail et ne laisse aux travailleurs que ce qu'il leur faut de repos (et aujourd'hui de petit confort et de loisir) pour continuer de travailler.

**Illustration :
référence à
Hannah Arendt**

Dans ce processus, l'homme se modifie en devenant essentiellement travailleur : c'est l'« aliénation » (et cela ne vaut pas seulement pour l'ouvrier). Le processus qui est décrit, c'est la réification de l'homme même, le devenir-objet du sujet. La production devient dangereuse parce qu'elle s'assujettit l'homme. L'illustration la plus classique en est l'homme du travail à la chaîne, devenu lui-même une machine parmi les machines. Arendt (qui est par ailleurs critique de Marx sur d'autres points) caractérise ainsi la différence entre le rapport de l'homme à l'outil et le rapport de l'homme à la machine : « pendant toute la durée du travail à la machine, le processus mécanique remplace le rythme du corps humain. L'outil le plus raffiné reste au service de la main qu'il ne peut ni guider ni remplacer. La machine la plus primitive guide le travail corporel et éventuellement le remplace tout à fait » (*ibid.*). Mais cet asservissement de l'homme à la machine n'est encore que la métaphore de la sujétion de l'individu à une société qui exige de lui de trouver sa place en tant que producteur, exigence qui détermine l'ensemble du cours de sa vie, de la nécessité des études à celle de l'emploi ; et jusqu'aux loisirs qui, loin d'être simplement le moment d'une libération du travail, sont à la fois le temps de la reconstitution des forces qui permet de continuer de travailler, mais aussi un temps de consommation qui n'est que la réciproque du temps de la production sans constituer une véritable rupture.

On voit donc bien que, malgré le paradoxe apparent que cela représente, le produit du travail est susceptible de se retourner contre l'homme. On peut se demander toutefois s'il y a une issue à ce processus. Nous en envisagerons trois sortes :

La première consisterait à essayer de se soustraire au travail. Cela peut se faire sous diverses modalités, plus ou moins confortables matériellement, selon la situation dont on part. On trouve alors tout un éventail de personnalités, qui vont du mendiant militant (comme Diogène le Cynique, dans l'Antiquité) au dilettante millionnaire, en passant par le RMIste volontaire et le fils de famille entretenu par ses parents… Quoique dans des situations très différentes, tous peuvent être liés par une volonté d'échapper au monde du travail, quitte à affronter la réprobation sociale. On en trouve des témoignages, par exemple, dans le film de Pierre Carles *Attention, danger, travail* (France, 2003).

Une autre option consiste à modifier le sens du travail. Nietzsche parle ainsi d'un « troisième état » qui serait au-delà de l'opposition factice entre loisir et travail : « Celui qui est saoul du jeu et qui n'a point, par de nouveaux besoins, de raison de travailler, celui-là est pris parfois du désir d'un troisième état, qui serait au jeu ce que planer est à danser, ce que danser est à marcher, d'un mouvement bienheureux et paisible : c'est la vision du bonheur des artistes et des philosophes ». (*Humain, trop humain*). L'artiste, par opposition au producteur, invente un nouveau rapport à l'objet, qui n'est plus pris dans un rapport utilitaire, et par là-même, il fausse la dialectique du rapport sujet-objet telle que nous l'avons analysée précédemment. Les *ready-made*, comme le porte-bouteilles de Duchamp, peuvent en servir d'exemple, précisément parce que l'artiste s'empare d'un objet initialement fonctionnel et le défonctionnalise simplement en le proclamant œuvre d'art et en le faisant voir comme tel.

Ces deux exemples répondent néanmoins de manière limitée à la

Transition
3e partie

1re solution
Illustrations

Référence
à un film

2e solution
Référence
à Nietzsche

Citation et
explication

La question
de l'œuvre d'art

Exemple

3e solution
La question de
l'action politique

Référence à
Hannah Arendt

Méthodologie

Citation et explication

question que nous nous posions, car, s'ils peuvent représenter des solutions individuelles (et peut-être que ce sont en effet les seules possibles…), ils ne proposent pas une solution générale, sociale, au problème du retournement de l'objet produit contre le sujet humain. Hannah Arendt, en plaçant sa réflexion au niveau politique, ouvre la voie vers des solutions qui puissent avoir un sens plus global. Au «travail» et à l'«œuvre», elle oppose en effet un troisième type d'activité humaine, qu'elle appelle l'«action»: «Afin d'être ce que le monde est toujours censé être, dit-elle, patrie des hommes durant leur vie sur terre, l'artifice humain doit pouvoir accueillir l'action et la parole, activités qui, non seulement sont tout à fait inutiles aux nécessités de la vie, mais, en outre, diffèrent totalement des multiples activités de fabrication par lesquelles sont produits le monde et tout ce qu'il contient». (*Condition de l'homme moderne*). C'est donc dans l'intervention dans l'espace public – qui est aussi un travail de *constitution* de cet espace public, toujours à établir, à renouveler, et à protéger contre ceux qui n'ont pas intérêt à son existence – que les hommes peuvent reprendre le dessus sur les objets qu'ils ont créés et décider quelles orientations donner à la société. Car, sauf dans les films de science-fiction, on n'a jamais vu les objets s'assembler pour délibérer de ce qu'ils feraient des hommes…

Conclusion Nouveau problème

Si, comme le dit Kant, «l'homme est voué au travail», on a donc vu que cette vocation ne peut pas être interprétée de manière univoque, ni comme un simple atout, ni comme un danger qui le met en péril. Il n'appartient en fait à nul autre qu'à l'homme – aux hommes de chaque époque – de faire de cette nécessité une chance. À quelles conditions un espace public peut-il être créé, qui permettrait d'opposer aux logiques aveugles de l'économie (et au cynisme de certains) une volonté politique véritable – qui subordonne le monde des «œuvres» aux hommes au lieu de les laisser s'y emprisonner –, la question reste ouverte.

Explication de texte 1

Explication d'un texte de Russell

Toute personne ayant appris à parler peut se servir de phrases pour décrire des événements. Les événements sont la preuve de la vérité des phrases. À certains égards, tout cela est si évident qu'il est difficile d'y trouver aucun problème. À d'autres, c'est si obscur qu'il est malaisé de voir aucune solution. Si vous dites : « Il pleut », vous pouvez savoir que ce que vous dites est vrai parce que vous voyez la pluie tomber et que vous la sentez qui vous mouille et que vous l'entendez. C'est tellement clair que rien ne peut être plus clair. Mais des difficultés surgissent dès lors que nous essayons d'analyser ce qui arrive lorsque nous faisons des énoncés de cette sorte en nous basant sur l'expérience immédiate. En quel sens « connaissons-nous » une occurrence[1], indépendamment des mots que nous employons à son propos ? Comment pouvons-nous la comparer avec nos mots, de sorte que nous sachions que nos mots sont exacts ? Quelle relation doit-il subsister entre l'occurrence et nos mots pour que nos mots puissent être exacts ? Comment savons-nous, dans chaque cas, si cette relation subsiste ou fait défaut ? Peut-être est-il possible de savoir que nos mots sont exacts sans avoir aucune connaissance non verbale de l'occurrence à laquelle ces mots s'appliquent ?

Bertrand Russell,
Signification et vérité, trad. Ph. Devaux
(Flammarion, 1969, p. 59).

1. « occurrence » = ce qui se passe.

La connaissance de la doctrine de l'auteur n'est pas requise. Il faut et il suffit que l'explication rende compte, par la compréhension précise du texte, du problème dont il est question.

Introduction

Introduction du lecteur au texte : évidence simple qui permet de faire apparaître le caractère provocant/ paradoxal du texte

Problème posé par le texte

Annonce du plan : 1. 2. 3 : les trois moments du texte

La connaissance immédiate de la réalité qui nous entoure n'est pas quelque chose qui nous pose problème dans la vie quotidienne, pas plus que la désignation d'événements ordinaires par des phrases simples. Qu'une phrase aussi commune que : « Il pleut », pose en fait une foule de problèmes, tel est le propos provocant de ce texte du philosophe et logicien Bertrand Russell. Il s'agit ici pour Russell, moins de proposer des réponses, que de faire surgir des problèmes là où on ne les attend pas, et de faire prendre la mesure à son lecteur de l'énigme que représente le fait qu'il puisse y avoir une correspondance entre les mots et les choses, entre nos représentations et le réel.

On proposera une explication linéaire du texte en le décomposant en trois principaux moments : dans un premier temps (jusqu'à « rien ne peut être plus clair », l. 7), Russell fait surgir le problème de l'adéquation de nos propositions au réel, à propos de la phrase : « Il pleut », et indique d'abord quel est le point de vue du bon sens. Dans un second temps (jusqu'à « subsiste ou fait défaut », l. 13), il fait l'énumération des questions qui peuvent en fait se poser, malgré l'apparente simplicité de la question. Enfin, il nous semble que sa dernière question (« Peut-être est-il possible de savoir que nos mots sont exacts sans avoir aucune connaissance non verbale de l'occurrence à laquelle ces mots s'appliquent ? »), quoique dans la continuité de son questionnement, pose un problème quelque peu différent des autres questions et peut être traitée à part.

4. Discussion

Dans la mesure où le texte de Russell pose plus de questions qu'il n'énonce une thèse, notre « discussion » consistera surtout à tâcher de voir quelles réponses apporter à son interrogation.

Développement
1ʳᵉ partie
de l'explication :
analyse de la
1ʳᵉ partie du
texte

Le texte de Russell commence sur le constat d'une double évidence, qui exprime la conception commune que nous avons quant à notre représentation empirique du monde : premièrement, nous utilisons des phrases pour décrire des événements ; deuxièmement, les événements, de manière réciproque, sont censés justifier nos énoncés. Nous définissons donc communément la « vérité » comme une propriété de nos phrases : est vraie, la phrase qui correspond au réel. Comme dit le logicien Tarski : « l'énoncé « la neige est blanche » est vrai si et seulement si la neige est blanche ». Nous avons confiance dans le fait que nous pouvons comparer nos énoncés avec la réalité et évaluer si, oui ou non, ils correspondent.

Russell dénonce
une fausse
évidence

Comparaison
du propos de
Russell avec un
autre logicien
(Tarski)

Comparaison
de la démarche
de Russell
avec celle de
saint Augustin

Identification
du problème
posé par Russell

Ces apparentes évidences servent de prologue pour Russell pour introduire son problème. Semblable à saint Augustin se demandant ce qu'est le temps, et disant que tant qu'on ne le lui demande pas, il le sait, mais que s'il doit expliquer ce que c'est, il ne sait pas l'expliquer (*Les Confessions*, livre XI), de même Russell semble dire : tant que l'on ne se demande pas comment cette correspondance est possible, elle ne semble pas poser problème, mais s'il faut expliquer en quoi elle consiste, alors les problèmes arrivent en foule. D'où l'opposition entre ceux qui n'y voient pas de problème et ceux qui, au contraire n'y voient pas de solution. Russell se met ici typiquement dans la position du philosophe qui voit des problèmes là où le sens commun ne les voit pas – et a bien raison de ne pas les voir, car si, dans la vie quotidienne, il fallait se demander à chaque phrase que l'on dit si elle correspond bien à la réalité, on ne pourrait en fait plus rien dire. – Mais le fait que les exigences de la vie nécessitent de laisser en suspens des questions possibles n'en laisse pas moins subsister ces questions.

Caractérisation
de la démarche
de Russell
comme
démarche
philosophique

Quel est donc le critère ordinaire pour déterminer si un énoncé

Exposition
et justification
de l'analyse
de Russell sur
la connaissance
empirique

Éclairage
du propos
de Russell par
rapport à Platon
et Descartes
(sur la critique
de l'empirisme)

Éclairage
par rapport
à Hume
(sur le statut
des propositions
de fait)

2ᵉ partie : analyse
de la 2ᵉ partie
du texte.
Russell énumère
les problèmes

1ᵉʳ problème.
Citation +
analyse

est vrai ou non ? On pourrait appeler cela l'empirisme ordinaire : c'est, dit Russell, la perception, et, plus exactement, la comparaison des diverses perceptions : c'est pourquoi Russell ne dit pas juste « vous pouvez savoir que ce que vous dites est vrai parce que vous voyez la pluie tomber », mais qu'il ajoute : « et que vous la sentez qui vous mouille et que vous l'entendez ». On peut se tromper facilement en effet sur le témoignage d'un seul sens, et l'histoire de la philosophie, notamment chez Platon et chez Descartes, est pleine d'exemples qui l'attestent : ainsi, dit Descartes, une tour carrée peut paraître ronde vue de loin, ou encore, un bâton trempé dans l'eau paraîtra brisé, etc. Le texte de Russell s'inscrit bien dans cette tradition qui rend problématique la connaissance empirique, mais il rappelle que, pas si bête, le sens commun procède quand même par recoupement, et que si trois de mes sens témoignent simultanément du fait qu'il pleut, il faut une certaine dose de paranoïa pour continuer de douter qu'il pleuve effectivement.

Mais il est vrai que, même avec ce recoupement, ma connaissance reste seulement de l'ordre du probable et non de l'absolument certain. Hume avait déjà bien mis en évidence cette différence entre les vérités de fait et les vérités mathématiques : celles-ci, établissant des connexions logiques entre les idées, apparaissent comme nécessaires ; les vérités de fait, en revanche, n'ont pas de nécessité interne. « Le soleil ne se lèvera pas demain, dit Hume, cette proposition n'est pas moins intelligible et elle n'implique pas plus contradiction que l'affirmation : il se lèvera » (*Enquête sur l'entendement humain*). Nos connaissances empiriques, si confirmées qu'elles paraissent, ne peuvent pas atteindre au même degré de certitude que les mathématiques.

C'est à partir de ce constat que Russell peut faire surgir les problèmes : « que se passe-t-il », en fait, lorsque nous prononçons une phrase et que nous prétendons établir un lien entre des réalités hétérogènes comme les mots et les états de fait ? Le premier problème étant d'ailleurs de parvenir à prendre conscience des divers problèmes qui se posent. Examinons-les tour à tour :

Le premier problème que fait apparaître Russell, c'est : « En quel sens « connaissons-nous » une occurrence indépendamment des mots que nous employons à son propos ? ». Russell renverse l'ordre communément admis entre les mots et les choses, qui consiste à croire que les choses existent simplement, et sont disponibles pour la connaissance, indépendamment des mots que nous avons pour les désigner. Ce qu'il nous indique ici, c'est que ce qui se donne comme « expérience immédiate » n'est pas un fait brut qui viendrait s'inscrire

Éclairage du propos de Russell par référence à Mounin

tel quel dans notre conscience. Nous pouvons nous interroger, même à propos d'une phrase aussi simple que : « Il pleut », sur l'ensemble des faits de conscience qui préconditionnent notre perception du réel, et en particulier, les mots que nous utilisons et qui constituent une sorte de prédécoupage mental de la réalité. Georges Mounin a montré, par exemple, dans *Les Problèmes théoriques de la traduction*, la multiplicité des mots qui existent en langue inuit (langue des Esquimaux) pour désigner la neige. Là où un Français dira « Il neige », un Inuit pourra employer plus d'une vingtaine d'expressions, qui correspondent aussi à de subtiles variations dans sa perception même des phénomènes. Premier problème donc, puisque si les états de fait ne sont pas des données neutres, mais quelque chose qui est déjà en partie déterminé par nous, que signifie « connaître » ? Je crois connaître le monde extérieur, mais ce que je perçois, c'est en fait ma propre structure mentale.

2ᵉ problème Citation + analyse

Explication à partir d'une comparaison avec un texte de Kant

Second problème : « Comment pouvons-nous la comparer avec nos mots de sorte que nous sachions que nos mots sont exacts ? ». Comment notre pensée pourrait-elle s'extraire des mots pour comparer les mots avec la réalité même ? Avec quels mots parler des mots ? Russell semble désigner ici une sorte de cercle logique, que Kant avait déjà mis en évidence. Écoutons ce dernier : « La vérité, dit-on, consiste dans l'accord de la connaissance avec l'objet. Selon cette simple définition de mot, ma connaissance doit donc s'accorder avec l'objet pour avoir valeur de vérité. Or le seul moyen que j'ai de comparer l'objet avec ma connaissance, c'est que je le connaisse. Ainsi ma connaissance doit se confirmer elle-même ; mais c'est bien loin de suffire à la vérité. Car puisque l'objet est hors de moi et que la connaissance est en moi, tout ce que je puis apprécier c'est si ma connaissance de l'objet s'accorde avec ma connaissance de l'objet. Les anciens appelaient diallèle un tel cercle dans la définition. » (Emmanuel Kant, *Logique*). On ne saurait mieux commenter le propos de Russell : pour contrôler si mes mots correspondent aux choses, il faudrait que j'aie une sorte d'intuition directe de la réalité qui soit indépendante des mots eux-mêmes. Russell ne dit pas qu'une telle intuition n'existe pas, mais il met en évidence qu'elle est présupposée par ceux qui pensent que l'énoncé « il pleut » ne pose aucun problème. Un tel présupposé nous renvoie à la question précédente : qu'est-ce que connaître indépendamment des mots ?

3ᵉ et 4ᵉ problèmes Citation + analyse

Les deux questions suivantes posent la question de la relation entre nos mots et les états de fait (ce que Russell appelle l'« occurrence », c'est-à-dire, ce qui advient, ce qui se passe, par exemple le fait qu'il pleut). « Quelle relation doit-il subsister entre l'occurrence et nos mots pour que nos mots puissent être exacts ? » : si l'on admet que toute connaissance passe par des mots, parce que la connaissance doit pouvoir s'énoncer sous la forme de propositions, alors il faut qu'il y ait une relation entre les mots et les « occurrences ». Il faut donc pouvoir expliquer en quoi consiste cette relation. Cratyle, dans le *Cratyle* de Platon, défendait l'idée que les mots sont des images naturelles des choses, c'est-à-dire que leurs sons imitaient les choses qu'ils désignaient. Socrate reprenait ironiquement Cratyle pour lui faire reconnaître l'absurdité d'une telle proposition. Platon, bien avant Saussure, énonçait ainsi le principe de l'arbitraire du signe. Mais si les mots sont des désignations arbitraires, alors se pose la question de Russell : en quoi consiste leur relation avec celles-ci ? On peut répondre qu'il s'agit d'une désignation conventionnelle. Mais cela suppose encore une thèse sur la nature du réel, que Russell laisse bien entendre par l'emploi du mot « subsiste » : pour qu'une relation « subsiste » entre les choses et les mots, il faut que les choses « subsistent » elles aussi telles qu'elles sont. On peut poser la question : qu'est-ce qui fait l'unité d'une chose ? Et d'une « occurrence » ? Une chose n'est-elle pas soumise au temps et à un changement perpétuel, comme le disait Héraclite (« Tout s'écoule ») ? Si les choses changent en permanence, comment assurer la « bijection » entre l'ensemble des mots et celui des choses ? Et « il pleut » : que se passe-t-il sous ce mot de « il pleut » : n'est-ce pas un ensemble infini de micro-événements – semblable à ce que dit Leibniz à propos du bruit de la mer, fait de la somme infinie des bruits de chaque gouttelette ? C'est chaque chute de chaque goutte de pluie qui constitue cette occurrence globale « il pleut », qui n'a pas d'existence ailleurs, en tant que phénomène global, que dans le vocable « il pleut ». D'où la question : « Comment savons-nous, dans chaque cas, si cette occurrence subsiste ou fait défaut ? » : question logique, qui rejoint la 2e question : comment le « savons-nous ? » ; mais aussi question ontologique, portant sur la nature des choses mêmes : comment nous assurons-nous de leur « subsistance » ? Et quand je dis « il pleut », à partir de combien de gouttes, à partir de quel taux d'humidité dans l'air, vais-je dire : « Il ne pleut plus » ?

3e partie :
analyse
du 3e moment
du texte

Place à part
de la dernière
question posée
par Russell

Exposé
du propos
de Russell

La dernière question a une place à part : « Peut-être est-il possible de savoir que nos mots sont exacts sans avoir aucune connaissance non verbale de l'occurrence à laquelle ces mots s'appliquent ? ». Russell envisage ici une forme de cas extrême du rapport des mots aux choses : une forme de rapport direct, qui ne soit mêlée d'aucune connaissance non verbale, c'est-à-dire d'aucune connaissance empirique. Les mots

**Hypothèses
d'explication**

1re hypothèse

auraient en quelque sorte une valeur de vérité par eux-mêmes sans devoir ni pouvoir être soumis à un contrôle par une autre instance, les sens par exemple. Comme si je pouvais être sûr qu'«il pleut» sans même avoir à regarder par la fenêtre. C'est pourquoi cette question nous paraît à part, car les précédentes questionnaient le rapport entre mes énoncés, le réel et mes perceptions. Ici, la question des perceptions est franchement écartée.

Faute d'avoir la suite du texte, pour y lire les explications de Russell, on peut faire ici deux hypothèses : Russell se réfère peut-être à une forme d'intuition directe de soi à soi, où les mots que nos prononçons créent eux-mêmes en quelque sorte la réalité affective qu'ils désignent. Les sentiments prennent forme, parfois, parce qu'ils sont énoncés : on n'avait pas vraiment peur avant de se dire «j'ai peur»; on ne savait pas vraiment ce que l'on ressentait avant d'avoir dit «je t'aime»… : le langage a ainsi une valeur performative, parce qu'il fait exister ce qu'il énonce. Comme c'est lui qui crée une nouvelle réalité, il y correspond forcément directement, et la question de contrôler son rapport à une réalité qui serait indépendante de lui ne se poserait plus.

2e hypothèse

Une seconde interprétation possible peut concerner les énoncés de la logique elle-même : Aristote déjà avait montré que l'on peut formaliser des raisonnements sous la forme de syllogismes, ce qui permet ensuite, par un simple jeu de substitutions automatiques de passer des prémisses à la conclusion. On obtient ainsi un outil pour produire des énoncés dont on sait qu'ils seront vrais si les hypothèses de départ sont vraies, sans se poser la question de leur contenu (par exemple, je peux dire que «si A est B et que B est C, alors A est C» : je sais avec certitude que «A est C» alors même que je n'ai aucun contenu intuitif à mettre derrière ces lettres. C'est ce que Leibniz appelait la «pensée aveugle». Cela pourrait illustrer la phrase de Russell : «il est possible de savoir que nos mots sont exacts sans avoir aucune connaissance non verbale de l'occurrence à laquelle ces mots s'appliquent».

Discussion

**Spécificité
de la démarche
de Russell
(comparaison
avec Kant)**

Le problème posé par Russell est l'un des problèmes les plus classiques de la philosophie, si on l'interprète en général comme la question de la connaissance. On le trouverait, posé de diverses manières, chez Platon, chez Descartes, Berkeley, Hume, Kant, et bien d'autres… Il n'y a pas de philosophie qui ne se pose cette question. L'originalité de l'approche de Russell tient à ce qu'il concentre son analyse sur la question du langage. On le voit bien, par exemple, par contraste avec le texte de Kant cité plus haut : Kant pose le problème de «la connaissance» en général et de son rapport à l'«objet». Russell, lui, parle de «mots» et d'«occurrences». La question de la vérité et du rapport de la raison au réel doit donc nécessairement passer par une analyse du langage. La «raison pure» et les «catégories de l'entendement» kantiennes font place à des catégories plus relatives, qui sont celles du langage. Mais si le questionnement diffère, la forme générale du problème semble rester la même, et par conséquent, celle des solutions possibles également.

Comment répondre aux questions posées par Russell à partir des termes qu'il met en place ? Nous proposons l'hypothèse suivante : on énonce toujours un énoncé sur une réalité qui n'est pas la «réalité en soi», mais une représentation de la réalité préalablement déterminée par nos propres mots. C'est ce qui explique qu'une adéquation entre les mots et les occurrences soient possible car l'occurrence est déjà, elle-même de nature langagière. Cela ne signifie pas que nous vivions simplement dans un univers de mots, car Russell n'exclut visiblement pas – sauf cas particulier visé dans sa dernière question – des formes de connaissance empirique. C'est pourquoi il peut y avoir une dialectique entre mes représentations verbales et mes représentations non verbales, dialectique qui les fait évoluer toutes deux dans une recherche d'adéquation plus fine au réel : de nouvelles occurrences (ou expériences) vont me faire chercher des mots nouveaux, qui, à leur tour, vont modifier ma perception. Dans ce cadre, la connaissance empirique ne pourra jamais être considérée comme une connaissance définitive, mais elle n'en sera pas moins «connaissance» au sens plein du terme tant qu'une nouvelle occurrence ne sera pas venue la faire déchoir de ce statut.

Le fait que Russell questionne le rapport du langage et du réel n'autorise pas à en faire un sceptique, qui déclarerait que la distance de nos facultés au monde nous interdirait de connaître celui-ci. C'est plutôt le contraire : c'est la conscience de cette distance qui permet d'affiner notre connaissance et, par exemple, dans le domaine des sciences, de faire progresser le savoir. C'est toute la différence entre le discours religieux, qui prétend être La Vérité définitive, et le discours rationnel. La démarche de Russell semble ici rejoindre celle de Popper, pour qui le critère de la rationalité et de la scientificité d'une théorie n'est pas d'apparaître comme indubitable et définitivement établie, mais au contraire, d'être suffisamment précise et cohérente pour pouvoir donner prise à d'éventuelles critiques. En ébranlant notre confiance dans le langage, Russell ne nous encourage pas à nous taire, mais au contraire, à scruter avec plus d'attention le monde qui

Explication de texte 2

Explication d'un texte de Popper

L'extrémisme est fatalement irrationnel, car *il est déraisonnable de supposer qu'une transformation totale de l'organisation de la société puisse conduire tout de suite à un système qui fonctionne de façon convenable.* Il y a toutes les chances que, faute d'expérience, de nombreuses erreurs soient commises. Elles n'en pourront être réparées que par une série de retouches, autrement dit par la méthode même d'interventions limitées que nous recommandons, sans quoi il faudrait à nouveau faire table rase de la société qu'on vient de reconstruire, et on se retrouverait au point de départ. Ainsi, l'esthétisme et l'extrémisme ne peuvent conduire qu'à sacrifier la raison pour se réfugier dans l'attente désespérée de miracles politiques. Ce rêve envoûtant d'un monde merveilleux n'est qu'une vision romantique. Cherchant la cité divine tantôt dans le passé, tantôt dans l'avenir, prônant le retour à la nature ou la marche vers un monde d'amour et de beauté, faisant chaque fois appel à nos sentiments et non à notre raison, il finit toujours par faire de la terre un enfer en voulant en faire un paradis.

Karl R. Popper, *La Société ouverte et ses ennemis*. Tome 1 : « L'ascendant de Platon », trad. J. Bernard et Ph. Monod (Seuil 1979, p. 135).

La connaissance de la doctrine de l'auteur n'est pas requise. Il faut et il suffit que l'explication rende compte, par la compréhension précise du texte, du problème dont il est question.

Introduction **Évidence générale qui permet de faire ressortir la spécificité du texte de Popper** **Explicitation du propos général (sa thèse) de Popper** **Annonce du plan** **1, 2 : analyse des 2 parties du texte** **3 : discussion de la thèse de Popper**	Créer une société meilleure semble être une aspiration très généralement partagée. Mais tout le monde n'est pas d'accord sur les moyens pour y parvenir. Dans ce texte, Popper dénonce l'extrémisme politique qui réclame une transformation totale de la société. Il critique ainsi l'idéologie révolutionnaire et prône à la place une « méthode d'interventions limitées », qui lui paraît la seule rationnelle.

On fera une explication linéaire du texte en décomposant son développement en deux temps. On verra ainsi comment, dans un premier temps (jusqu'à : « on se retrouverait au point de départ », l. 7), Popper analyse la contradiction interne de l'extrémisme, contradiction dans sa démarche même. Puis, dans un second temps, le caractère dangereux qu'il attribue à celui-ci, c'est-à-dire la contradiction entre son but et ce qu'il réalise effectivement. On discutera ensuite le texte de Popper en se demandant s'il n'y a pas aussi des contradictions et des dangers dans le réformisme qu'il semble prôner, et en s'interrogeant sur les notions d'« extrémisme » et de rationalité en politique.

Le premier moment du texte met en avant le caractère irrationnel de l'extrémisme. Qu'est-ce d'abord que cet extrémisme politique dont parle Popper? Il est défini comme l'idéologie qui prône une «transformation totale de l'organisation de la société»: l'idéologie révolutionnaire du marxisme ou de l'anarchisme, sans doute, mais l'analyse de Popper semble pouvoir viser tout aussi bien la Révolution française, ou même la révolution américaine. Pourquoi «extrémiste»? La référence à la notion d'extrême suppose la représentation d'un éventail de possibilités, dans lequel le «bon» choix se situe au milieu, «entre» les extrêmes, dont l'opposition est dénoncée comme factice (par exemple pour Popper, l'opposition entre nazisme et communisme): conception de l'action politique comme «mesurée» et raisonnable, dans une recherche de ce qu'Aristote appelait, à propos de la question de la vertu, la «juste mesure». Appliqué en politique, cela signifierait que l'action raisonnable est celle qui entreprend de changer un peu les choses, sans vouloir tout bouleverser: juste milieu entre l'immobilisme, c'est-à-dire le conservatisme (qui veut «conserver» les choses comme elles sont), et le progressisme radical qui veut tout reprendre à zéro. Il faut, pour Popper, être progressiste, mais cela signifie aussi, visiblement, qu'on ne peut agir que progressivement.

Popper analyse le caractère irrationnel de la démarche révolutionnaire de deux manières. Son caractère «déraisonnable» d'un côté; son caractère logiquement contradictoire de l'autre. «Déraisonnable», car «il est déraisonnable de supposer qu'une transformation totale de l'organisation de la société puisse conduire tout de suite à un système qui fonctionne de façon convenable»: autrement dit, l'extrémisme fait un mauvais calcul: une société dont toutes les institutions sont mises à bas ne peut pas, du jour au lendemain, fonctionner correctement. L'image sous-jacente, c'est celle d'une machine qui doit être rodée, ou encore d'un organisme, qui doit arriver à maturation: Popper inscrit la société dans le temps. Une société n'est pas juste une organisation d'un ensemble d'êtres humains: c'est «un système», un subtil équilibre entre, notamment, les instances dirigeantes et ceux qui sont dirigés. Pour «fonctionner», il faut que le pouvoir politique soit reçu comme légitime par ceux sur qui il s'exerce, c'est tout le problème posé par Rousseau dans *Du Contrat social*; et pour cela, il faut que ce pouvoir, par exemple, soit structuré de manière complexe de manière à ce que, pour reprendre la formule de Montesquieu, «le pouvoir arrête le pouvoir», avec une division des pouvoirs. Or diviser le pouvoir et maintenir en même temps un pouvoir solide n'est pas facile à réaliser. Cela suppose une éducation, aussi bien des citoyens que de ceux qui exercent les pouvoirs ; cela suppose aussi des relations de confiance, des références à des traditions communes, de telles sortes que les institutions qui organisent la « société » soient soutenues par des coutumes et des représentations qui fondent une « communauté » (pour reprendre la distinction proposée par le sociologue allemand Tönnies). Popper semble ainsi se référer à l'idée énoncée par Montesquieu qu'il y a, dans toute société, une dialectique entre les mœurs et les lois : les lois façonnent progressivement les mœurs, mais réciproquement, c'est l'état des mœurs qui rend possible ou impossible le fonctionnement des lois. La société n'est pas faite de pions : elle est faite d'individus humains, qui vivent selon certaines habitudes, que l'on ne peut pas changer d'un coup, qu'elles soient bonnes ou mauvaises. Et la violence, qui va de pair avec les grandes révolutions, est rarement le meilleur moyen de faire changer leurs habitudes aux gens – ou alors, et toutes les révolutions en offrent de tristes exemples, il faut des violences extrêmes : la « Terreur » en France, la dékoulakisation en Union Soviétique. Mais il s'agit alors moins de faire évoluer les mœurs que d'éliminer tous ceux dont on considère qu'ils n'ont pas les mœurs appropriées.

Analyse du 2e aspect

Cette erreur d'évaluation sur le rapport entre les lois et les mœurs, place, d'après Popper, l'idéologie révolutionnaire dans un cercle vicieux logiquement : car, partant d'une situation imparfaite, le nouveau pouvoir devra nécessairement travailler à s'améliorer. Mais alors, de deux choses l'une : soit il opère des réformes, des « interventions limitées », et il cesse d'être extrémiste et il entre en contradiction avec lui-même : s'il admet la réforme comme un moyen légitime d'améliorer la société, il aurait pu commencer par là et s'épargner la révolution. S'il ne l'admet pas, il est également en contradiction car, il doit sans cesse se révolutionner lui-même, et ne peut pas aboutir à une stabilisation politique : il est voué donc à ne jamais « fonctionner ». On pourrait rapprocher cela du scepticisme en philosophie de la connaissance : si aucune vérité n'est possible, alors l'énoncé « aucune vérité n'est possible » est lui-même impossible. Si « il faut changer toute la société », alors aucune société ne peut jamais s'établir et « on se retrouve ainsi au point de départ ».

Explicitation des exemples implicites dans le texte de Popper

Illustration historique (Trotski)

Historiquement, on en trouverait sans doute une assez bonne illustration dans l'idée trotskiste de « révolution permanente », consistant à prôner une révolution interne au prolétariat lui-même pour éviter que la révolution prolétarienne ne se fige dans un régime bureaucratique. L'idée évoque bien les deux aspects de ce que décrit Popper : d'un côté (du côté de Trotski) la volonté d'être fidèle au projet révolutionnaire et de révolutionner sans cesse la révolution ; de l'autre (du côté de Staline), l'échec de ce projet

2ᵉ partie :
analyse
de la 2ᵉ partie
du texte

Définition
du terme
« esthétisme »

Illustration :
Platon

Popper dénonce
la confusion
entre politique et
esthétique

Popper dénonce
la confusion
entre politique et
religion

Tentative
d'explicitation
des références
implicites
de Popper

et la mise en place effective d'un totalitarisme bureaucratique radicalement contradictoire avec l'esprit initial de la révolution russe.

Le second temps du texte montre, lui, la contradiction dans laquelle tombe l'extrémisme, entre le but qu'il se proposait et ce qu'il réalise. Popper introduit un nouveau terme, celui d'« esthétisme ». L'erreur, en politique, ce serait d'oublier le prosaïsme et de vouloir que la société soit belle. En effet, vouloir qu'elle soit belle, ce serait la considérer comme une œuvre d'art dont on aurait une vue d'ensemble et dont on aurait harmonieusement agencé les parties. Mais qui serait ce « on » ? Considérer la société comme une construction artificielle suppose d'imaginer une instance supérieure, extérieure à la société comme l'artiste est extérieur à son œuvre, qui l'organise. Une telle conception disjoint donc le pouvoir de la société et lui octroie une puissance extraordinaire. Ceci peut être illustré par la théorie platonicienne des « philosophes-rois » et par la cité rationnelle dont Platon échafaude la structure dans *La République*. Popper récuse la pertinence de cette rationalité en politique. C'est peut-être une belle construction de l'esprit, mais dans la mesure où elle mène, dans la conception de Platon, à l'organisation du mensonge des dirigeants envers les dirigés et à la prise en main complète de la vie de ces derniers, de la naissance à la mort, en passant par leur éducation et l'établissement de leur position sociale, un tel esthétisme de la raison paraît difficilement compatible avec la liberté des individus et donc avec la véritable raison politique.

Dénonçant la confusion de la politique avec l'esthétique, Popper dénonce aussi la confusion entre l'action politique et l'espérance religieuse : « attente de miracle », « monde merveilleux », « cité divine »… la foi dans l'action régénératrice d'une révolution tient à la fois, pour Popper, de l'attente messianique et de la puérilité du conte pour enfants. Sous l'apparence de la raison et quelles que soient les prétentions scientifiques du matérialisme dialectique de Marx, il s'agit d'un utopisme « romantique » – terme qui signifie ici : ce qui « fait appel à nos sentiments et non à notre raison ». Le romantisme, c'est la quête de l'Absolu, l'absence de concession, vouloir tout tout de suite de manière passionnée, sans discussion possible. Nos sentiments nous disent : « Brisons tout et rebâtissons ». Notre raison nous dit, qu'il faut partir de ce qui existe déjà et construire à partir de là, même si c'est moins satisfaisant d'un point de vue esthétique, et plus difficile à réaliser.

Popper envisage quatre cas de figure, qui ne correspondent pas nécessairement à des réalités historiques précises, mais dont on peut quand même tenter d'expliciter les références sous-jacentes : « Cherchant la cité divine tantôt dans le passé, tantôt dans l'avenir, prônant le retour à la nature ou la marche vers un monde d'amour et de beauté » : le « passé », ce serait une référence au nazisme, glorifiant un passé mythique de la race aryenne ; l'« avenir », le communisme, attendant l'aboutissement de la lutte des classes ; le « retour à la nature », un rousseauisme mal compris (Rousseau n'ayant jamais prôné le retour à l'état de nature) ; la « marche vers un monde d'amour » : le christianisme. L'identification effective de ce à quoi Popper se réfère paraît ici moins importante que son souci de renvoyer dos à dos tous les extrémismes, qu'ils soient réactionnaires ou progressistes, dans la mesure où ils méconnaissent tous le principe de réalité.

Avec l'expression « rêve envoûtant », Popper renverse la formule de Marx « la religion est l'opium du peuple », en indiquant que c'est l'idée de révolution qui fonctionne comme un « envoûtement » et fait perdre à ceux qui s'y adonnent le sens de la réalité. Ce serait sans conséquence s'il s'agissait d'une rêverie privée, mais comme c'est de transformer la société qu'il s'agit, les conséquences peuvent être dramatiques. C'est pourquoi « il finit toujours par faire de la terre un enfer en voulant en faire un paradis » : comme dit l'expression commune, « l'Enfer est pavé de bonnes intentions », et c'est en voulant donner à la société une perfection qui n'est pas de l'ordre de la politique que l'on transforme la société en état de guerre permanent.

Explicitation de la notion de « société ouverte »

À cela, Popper oppose l'idée de « société ouverte » : on comprend par l'expression même que le projet « esthétique » est le projet d'une société « close », fermée sur elle-même c'est-à-dire verrouillée par en haut. Une société qui ne laisserait pas de place à la liberté des individus, c'est-à-dire à leur imprévisibilité et aux nouveautés qu'ils sont susceptibles de créer. Pas seulement des nouveautés techniques, mais aussi de nouvelles mœurs, auxquelles ne pourrait pas s'adapter un pouvoir qui prétend détenir la vérité sur le genre humain et sur ce qui est bon pour lui. C'est en ce sens sans doute qu'il faut entendre cette expression de « société ouverte » : c'est une « société », donc elle comporte des facteurs d'unité, des institutions, des projets communs ; mais elle est « ouverte » : elle ne chapeaute pas les individus, elle est le fruit de leurs décisions individuelles ; par là-même, elle est aussi ouverte sur l'histoire et ne prétend pas être la dernière forme de la société. C'est, au fond, un autre nom de la démocratie.

Discussion

1er point : question du cercle vicieux logique

L'analyse de Popper, malgré son apparente logique, peut toutefois être questionnée sur différents points.

Tout d'abord, au sujet du cercle vicieux dans lequel l'extrémisme révolutionnaire tomberait fatalement. Certes, les exemples historiques ne manquent pas pour étayer le propos de Popper. Mais des faits historiques complexes, comme la « Terreur » par exemple, suffisent-ils à prouver une affirmation aussi générale que « l'extrémisme est fatalement irrationnel » ? Qu'est-ce d'abord que la rationalité en politique ? N'est-ce pas toute la politique qui est irrationnelle ? Ou du moins qui relève d'une autre rationalité que la logique binaire mise en œuvre ici par Popper ? Qu'est-ce aussi que l'« extrémisme » ? On est toujours l'« extrémiste » de quelqu'un. De ceux qui ne pensent pas comme vous en général. Popper dirait-il qu'il était « extrémiste » pour les Américains de se révolter contre la domination britannique à la fin du XVIIIᵉ siècle ? Pourtant, là aussi, il s'agissait de renverser l'ordre établi. L'idéologie « juste milieu » développée par Popper, pour légitime qu'elle puisse paraître, est aussi toujours un discours qui préserve l'ordre établi. La vraie question, que Popper n'aborde pas explicitement (du moins pas dans les limites de ce texte), c'est la question de la violence en politique. La violence peut-elle être un outil légitime de transformation politique ? Et Popper semble indiquer que non, elle ne l'est jamais, parce que la violence appelle toujours plus de violence et détruit les conditions d'une politique à proprement parler (c'est-à-dire de la constitution d'un espace public où les conflits puissent, précisément, être réglés selon des procédures et non par la violence). Pourtant il y a bien des cas où l'usage de la violence nous paraît nécessaire pour mettre à bas le principe même du pouvoir établi (la lutte contre Hitler en est l'exemple type). La logique de Popper, dans sa grande généralité, tourne donc un peu à vide. Lorsqu'il dit que les erreurs commises devront être réparées par des retouches limitées, et donc que l'esprit révolutionnaire se contentant de réformes entre en contradiction avec lui-même, cela pose problème. En effet, il ne paraît pas si absurde, une fois l'ancien ordre abattu (le roi renversé, le tyran éliminé… ou, pour expliciter l'exemple qui est vraisemblablement directement visé par Popper, c'est-à-dire le marxisme, une fois déprivatisée la propriété des moyens de production), c'est-à-dire, une fois les bases d'une nouvelle structure du pouvoir mises en place, que le nouveau pouvoir puisse à ce moment-là procéder par réformes, sans être en contradiction avec soi-même. Au contraire, il prolonge sa propre logique. C'est s'il se révolutionnait lui-même qu'il serait en contradiction. L'apparente logique du propos de Popper tient au fait qu'il considère qu'il existe une idéologie abstraitement extrémiste, dont le but purement négatif est d'abattre le pouvoir établi quel qu'il soit. Or, un mouvement politique s'inscrit toujours dans un contexte

Explicitation d'une question sous-jacente au texte : la légitimité de la violence

historique précis et vise, en principe, des adversaires concrètement définis, qu'il s'agisse d'individus ou de systèmes. L'idée de faire « table rase », même si ce sont les paroles de l'Internationale, de même que l'expression « transformation complète de la société » est donc une fiction qui ne peut correspondre à aucune situation historique concrète. C'est d'ailleurs, d'une certaine façon, ce que dit Popper, mais c'est pour cela aussi que son analyse logique n'est finalement qu'à demi convaincante.

Un autre axe de critique porte sur la notion même de réformisme. Cette critique est classique. Elle consiste à dire que la réforme, « les retouches » et « interventions limitées » de Popper, ne peuvent pas produire de changements structurels importants car ils sont nécessairement pris dans les institutions qui les rendent possibles : loin de corriger l'ordre existant, ils ne font que le confirmer dans son bon fonctionnement et le laissent donc toujours subsister. C'est une stratégie politique élémentaire que de faire des concessions à ses adversaires pour maintenir le pouvoir en place. Les changements apparents recouvrent parfois le maintien de situations structurellement identiques. La réduction du temps de travail, par exemple, d'un point de vue marxiste, en améliorant (en principe) les conditions de vie des employés, laisse subsister la structure fondamentale du capitalisme. Dire que les révolutions ne peuvent pas produire d'effets, et que seules les réformes le peuvent, c'est donc aller un peu vite, et, pour le meilleur ou pour le pire, l'histoire montre aussi que des changements radicaux de régime ont effectivement abouti à des changements radicaux de société (et parfois même à des améliorations : par exemple la révolution française, selon certaines interprétations au moins).

Il est vrai toutefois qu'il est peut-être abusif de considérer que les « interventions limitées » dont parle Popper se limitent à des réformes qui restent cantonnées dans l'ordre établi. On peut penser, au contraire, que Popper estime que ces interventions limitées peuvent provoquer des effets en chaîne, qui entraînent finalement des bouleversements structurels, sans affrontement direct, et en s'appuyant éventuellement sur le passage des générations et l'assimilation progressive de nouvelles valeurs, qui ouvrent à leur tour de nouveaux horizons. Cette notion d'« intervention limitée » viserait au fond à sortir de l'antinomie entre « réforme » et « révolution » et à proposer une troisième voie, basée sur l'idée que de petites causes peuvent produire de grands effets. Et cette voie serait, pour Popper, la seule qui puisse être véritablement fructueuse politiquement, puisque la violence ne mène-

Second axe de critique : la question du réformisme

Conclusion

Question : la thèse de Popper est-elle assimilable au réformisme ?

Ouverture sur un nouveau problème (une troisième voie entre révolution et réforme ?)

PARTIE III
Un auteur, une idée

Platon

Le mythe de la caverne

■ Indications générales

Platon (427-347 avant J.-C.), élève de Socrate, a retranscrit les dialogues que celui-ci a eus avec différents interlocuteurs. Dans *La République*, il décrit une scène fictive (la plus célèbre de la philosophie) : des hommes enchaînés depuis leur enfance dans une caverne, qui prennent les ombres pour la réalité.

■ Citation

« *– Figure-toi des hommes dans une demeure souterraine en forme de caverne, dont l'entrée, ouverte à la lumière, s'étend sur toute la longueur de la façade ; ils sont là depuis leur enfance, les jambes et le cou pris dans des chaînes, en sorte qu'ils ne peuvent bouger de place, ni voir ailleurs que devant eux ; car les liens les empêchent de tourner la tête […]*
– Voilà un étrange tableau et d'étranges prisonniers.
– Ils nous ressemblent. » (*La République*, Livre VII, 514a.)

■ Explication

On parle aussi de l'« allégorie » de la caverne. À travers une scène de fiction, Platon décrit par métaphore la réalité. Il s'agit de dire que les hommes ordinaires vivent dans un monde d'illusions (comme les personnages du film *Matrix*) : cette illusion c'est celle des sens qui nous donnent une fausse image du réel, laquelle débouche sur des opinions qui sont à la fois mal fondées et changeantes. De là des croyances qui engendrent en nous des sentiments de peur ou de désir qui nous empêchent d'atteindre la sérénité. À ce monde sensible fait d'illusions et de passions, Platon oppose un monde intelligible, le monde des Idées, qui est éternel et immuable, et qui est le monde véritable. Le monde des Idées est au monde sensible comme le monde extérieur est au monde intérieur à la caverne. La philosophie, c'est-à-dire l'effort de réflexion rationnelle pour percevoir la réalité à travers les apparences changeantes, est le chemin qui permet de sortir de la caverne et de découvrir le monde vrai.

■ Principales notions concernées

La perception ; la raison et le réel ; la vérité ; la liberté.

Voir aussi les repères : croire / savoir ; idéal / réel ; objectif / subjectif.

■ Exemple d'utilisation

Connaître la vérité permet la liberté. D'abord parce qu'il s'agit de connaître la vérité sur soi-même. C'est ce que dit la devise de Socrate : « *Connais-toi toi-même* ». En me connaissant moi-même, je connais mes moyens et mes limites, et je me libère donc des illusions sur moi-même qui me faisaient avoir de fausses peurs ou de faux désirs. Mais l'enjeu est aussi politique : car en me libérant des illusions, je me libère aussi par rapport à tous ceux qui ont intérêt à me faire vivre dans l'illusion pour me soumettre à leur pouvoir. À l'époque de Platon, il s'agissait des *sophistes*, qui étaient des orateurs brillants vendant leur art de l'éloquence pour défendre n'importe quelle cause, sans se soucier de vérité ni de justice.

Sujet type : *La philosophie nous détache-t-elle du monde ?*

■ Contresens à ne pas commettre

Cette sortie de l'illusion, même si elle est possible à tous, n'est pas chose facile. En effet, par définition, tant que nous sommes dans l'illusion, nous ne pouvons pas avoir par nous-mêmes l'idée d'en sortir, puisque nous n'avons pas l'idée qu'il existe un monde en dehors de la caverne. Platon explique que l'homme qui sortirait de la caverne devrait être sorti de force par quelqu'un d'autre. Et qu'une fois dehors, il lui faudrait beaucoup de temps pour s'adapter à la lumière du soleil. Et que, s'il revenait à l'intérieur pour libérer ses anciens amis, il y a des chances que ceux-ci le tueraient plutôt que de se laisser libérer. Platon nous rappelle donc ceci : c'est que tout le monde peut être éduqué ; mais que l'éducation est un parcours difficile ; et que la plupart des gens ne veulent pas être éduqués.

■ Autres fiches à faire vous-même

Socrate : « *Je sais que je ne sais rien* » ; la méthode de questionnement socratique ; les philosophes-rois...

Aristote   « L'homme est un animal politique »

■ Indications générales

Aristote (385-322 avant J.-C.) fut l'élève de Platon. Il enseigna et écrivit sur tous les sujets, allant de la réflexion sur les premiers principes de la connaissance (*La Métaphysique*) à la connaissance du monde physique et des êtres vivants (*La Physique*), jusqu'à la réflexion sur la morale (*Éthique à Nicomaque*) et sur les meilleurs systèmes politiques (*Les Politiques*). Un aspect de sa réflexion est de montrer que l'homme tend naturellement à un certain type d'organisation sociale, qui est la seule qui lui permette d'accomplir réellement son humanité.

■ Citation

« la première communauté formée de plusieurs familles en vue de la satisfaction de besoins qui ne sont plus purement quotidiens, c'est le village [...]. Enfin la communauté formée de plusieurs villages est la cité [...] Ces considérations montrent donc que la cité est au nombre des réalités qui existent naturellement, et que l'homme est par nature un animal politique. Et celui qui est sans cité, naturellement ou par suite des circonstances, est ou un être dégradé ou au-dessus de l'humanité ». (*La Politique*, I, 2.)

■ Explication

Aristote décrit le processus naturel qui mène à la constitution de la cité. Elle est la forme d'organisation par laquelle les hommes réussissent à réaliser l'autarcie, c'est-à-dire l'indépendance par rapport aux autres communautés. C'est pourquoi (selon Aristote), l'évolution s'arrête là. Dire que l'homme est un animal politique, c'est donc dire que les besoins humains exigent une certaine forme d'organisation collective, relativement complexe (la cité). Et réciproquement, cela veut dire aussi que l'homme n'est véritablement homme que lorsqu'il participe à la vie de la cité autarcique.

■ Principales notions concernées

Le sujet ; la culture ; la société ; l'État.
Voir aussi les repères : *En acte / en puissance ; cause / fin ; essentiel / accidentel ; origine / fondement.*

■ Exemple d'utilisation

L'organisation en cité est cependant ce qui différencie l'homme de tous les autres animaux, y compris ceux qui vivent en groupes : la cité est une société plus complexe que n'importe quelle société animale. Il faut relier cette phrase avec la non moins célèbre affirmation d'Aristote que *« l'homme est un animal rationnel »* : dans la suite du texte en effet, Aristote montre le lien entre l'organisation en cité et *le langage*, qu'il considère comme le propre de l'homme : il y a ainsi un lien entre raison, langage, exigence de justice et formation de la cité. Parce qu'elle atteint l'autonomie économique, la cité permet aux hommes de faire autre chose que subvenir à leurs besoins : non pas seulement survivre mais *bien vivre* (par exemple, en faisant de la philosophie).

Par rapport à la question de la formation de la société, cela s'oppose à la conception que développera plus tard Rousseau, lorsqu'il explique que la société est née d'un « funeste hasard » [voir à ce sujet la notion « la société »].

SUJET TYPE : *Peut-on être homme sans être citoyen ?*

■ Contresens à ne pas commettre

Ne pas ramener l'affirmation d'Aristote à l'idée beaucoup plus plate que *« l'homme est un animal sociable »*, qui dit juste que l'homme tend à se réunir avec ses congénères. Chaque cellule qui se forme (couple / famille / village / cité) correspond à un certain degré d'efficacité dans l'organisation de la production. Le paradoxe que développe Aristote, c'est que l'homme n'existe pas « en entier » dans la nature : il y a en lui une tendance qui le fait devenir homme. La cité n'est pas juste un regroupement d'hommes : elle est une organisation spécifique qui fait que l'homme devient l'homme.

■ Autres fiches à faire vous-même

La théorie des quatre causes ; la vertu comme juste milieu...

Épicure

« La mort n'est rien »

■ Indications générales

Épicure (341-270 avant J.-C.) fut un des grands maîtres à penser de l'Antiquité, l'épicurisme étant en rivalité avec l'autre grande philosophie de l'époque : le stoïcisme. Épicure, reprenant Démocrite, est matérialiste : tout est atomes, même l'âme, même les dieux. Dans cette conception physique s'enracine la conception morale d'Épicure, qui vise à libérer l'âme des troubles dont elle est l'objet, pour lui faire atteindre le bonheur suprême : l'« ataraxie » ou « absence de troubles ». C'est dans cette perspective qu'Épicure démontre que nous ne devons pas avoir peur de la mort.

■ Citation

« Familiarise-toi avec l'idée que la mort n'est rien pour nous, car tout bien et tout mal résident dans la sensation ; or la mort est la privation complète de cette dernière. Cette connaissance certaine que la mort n'est rien pour nous a pour conséquence que nous apprécions mieux les joies que nous offre la vie éphémère, parce qu'elle n'y ajoute pas une durée illimitée, mais nous ôte au contraire le désir d'immortalité. En effet, il n'y a plus d'effroi dans la vie pour celui qui a réellement compris que la mort n'a rien d'effrayant [...]. Ainsi celui des maux qui fait le plus frémir n'est rien pour nous puisque, tant que nous existons, la mort n'est pas, et que quand la mort est là, nous ne sommes plus ». (Lettre à Ménécée, § 124 et 125.)

■ Explication

Dire que la mort n'est rien pour nous est à la fois une provocation et une évidence : tant que l'on n'est pas mort, on est en vie, et quand on est mort, il n'y a plus rien. Une telle conception présuppose la conception matérialiste du monde : pour Épicure, la mort n'est qu'une dispersion de nos atomes, y compris les atomes très subtils qui forment notre âme. Vaincre la peur de la mort est l'un des aspects de ce que les épicuriens appellent le « quadruple remède », pour soigner l'âme des peurs qui l'agitent. Les quatre maux sont : la peur des dieux, la peur de la mort, les désirs qui ne sont ni naturels ni nécessaires et la douleur.

■ Principales notions concernées

La matière et l'esprit ; la morale ; la liberté ; le bonheur.

Voir aussi les repères : *contingent / nécessaire / possible ; croire / savoir.*

■ Exemple d'utilisation

Un aspect intéressant, c'est le lien qu'il y a chez Épicure entre sa conception du monde physique et sa morale : c'est parce qu'il est matérialiste et atomiste qu'Épicure peut formuler un remède à la peur des dieux et de la mort. La morale s'enracine ainsi dans la science, et, réciproquement, l'attitude scientifique, celle qui consiste à connaître rationnellement l'univers, est par excellence l'attitude morale : connaître c'est connaître le plus grand plaisir, à la fois au sens de savoir en quoi il consiste et au sens de l'éprouver. L'originalité d'Épicure, c'est le fait qu'il assimile bonheur et plaisir : cela contraste avec le stoïcisme, et, plus tard, avec le christianisme. Mais il faut bien comprendre ce que cela signifie (voir ci-dessous).

Sujet type : *La pensée de la mort a-t-elle un objet ?*

■ Contresens à ne pas commettre

Il ne faut pas confondre l'épicurisme avec l'hédonisme [philosophie du plaisir. Voir dissertation n° 1]. En effet, le « plaisir » dont parle Épicure n'est pas la satisfaction effrénée de tous les désirs, la débauche sans retenue. Au contraire, le 3e remède consiste à établir une véritable discipline des désirs, en apprenant à distinguer les désirs naturels et nécessaires, naturels et non nécessaires, et ceux qui ne sont ni naturels ni nécessaires, dont il faut se débarrasser. L'idéal épicurien n'est donc pas (contrairement à l'expression courante d'« épicurisme ») l'idéal du bon vivant : c'est un idéal ascétique, prônant une vie mesurée de manière très stricte, et procurant un bonheur / plaisir qui, en fait, est défini de manière négative, comme « absence » de trouble.

■ Autres fiches à faire vous-même

La typologie des désirs ; l'amitié...

Lucrèce

Le « *clinamen* »

Un auteur, une idée

■ Indications générales

Lucrèce (99-55 avant J.-C.) est un disciple romain d'Épicure (il naît près de deux siècles après son maître). Il laisse un grand poème, *De la Nature*, qui est en même temps un exposé de physique et de morale. Comme Épicure, Lucrèce est matérialiste et atomiste. Il est donc aussi déterministe : tout ce qui arrive a une cause : tous les phénomènes sont dus aux mouvements, aux chocs et aux agglomérations des atomes. Mais ce mouvement lui-même, d'où vient-il ?

■ Citation

« Les atomes descendent bien en droite ligne dans le vide, entraînés par leur pesanteur ; mais il leur arrive, on ne saurait dire où ni quand, de s'écarter un peu de la verticale, si peu qu'à peine peut-on parler de déclinaison [clinamen]. *[…] Enfin si tous les mouvements sont enchaînés dans la nature, si toujours d'un premier naît un second suivant un ordre rigoureux, si par leur déclinaison les atomes ne provoquent pas un mouvement qui rompe les lois de la fatalité et qui empêche que les causes ne se succèdent à l'infini, d'où vient donc cette liberté accordée sur terre aux êtres vivants, d'où vient, dis-je, cette libre faculté arrachée au destin, qui nous fait aller partout où la volonté nous mène ? »* (*De la Nature*, livre II.)

■ Explication

« *Clinamen* » est le mot latin qui a été traduit par « déclinaison » : il s'agit d'une légère déviation de parcours, par rapport à la chute des atomes dans le vide. Cette déviation, rien ne permet de l'expliquer, mais il est nécessaire de la supposer pour expliquer tous les autres phénomènes. Originellement pour Lucrèce, les atomes sont soumis à la gravité et tombent dans le vide, parallèlement, en ligne droite. Pour que se forment des corps composés, il faut supposer qu'au moins un atome, par lui-même, a dévié de la droite ligne pour en heurter un autre. De là une succession de chocs en tous sens, d'où sont apparus tous les corps composés, en fonction des affinités entre atomes : ceux-ci, plus ou moins lisses ou plus ou moins « crochus » (d'où l'expression « atomes crochus »), se sont emmêlés les uns aux autres jusqu'à former des corps (et les âmes aussi, faites d'atomes très subtils).

■ Principales notions concernées

La matière et l'esprit ; la liberté.

Voir aussi les repères : *cause / fin ; contingent / nécessaire / possible.*

■ Exemple d'utilisation

La théorie du « *clinamen* » est une affirmation forte de l'existence du libre arbitre : c'est l'idée que, dans un monde matériel où tout est déterminé par des chocs et des accrochages, il y a de manière irréductible de la volonté libre, qui échappe au déterminisme, qui échappe à l'enchaînement des causes et des effets. La grande originalité de la pensée de Lucrèce (fidèle à Épicure), c'est de penser la liberté tout en restant dans le cadre du matérialisme. SUJET TYPE : *L'acte libre est-il un acte imprévisible ?*

■ Contresens à ne pas commettre

Ne pas faire de la théorie de Lucrèce un spiritualisme, un dualisme (comme chez Descartes), qui attribuerait la liberté à l'âme et le déterminisme au corps : chez Lucrèce, tout est corps, y compris l'âme
Ne pas faire de la théorie de Lucrèce un indéterminisme : ce n'est pas parce que Lucrèce constate l'existence de la liberté que tout, dans le monde, arrive sans suivre aucune règle : une partie des atomes n'est pas libre et se déplace en fonction des chocs subis et s'accroche aux autres en fonction de leurs formes ; d'autre part, la liberté, pour Lucrèce, est justement un facteur nécessaire pour l'explication du monde tel qu'il est : c'est donc pour expliquer le monde que Lucrèce postule l'existence de la liberté.

■ Autres fiches à faire vous-même

La vérité de la perception ; les « atomes crochus » ; l'origine du langage…

Sénèque
Le malheur n'est qu'une représentation

■ Indications générales

Sénèque (4 avant J.-C. - 65 après J.-C.) est un des plus célèbres représentants romains du stoïcisme [voir aussi Cicéron, Épictète et Marc Aurèle]. Il enseignait un idéal de sagesse qui devait rendre l'homme inébranlable devant les vicissitudes de l'existence. Les titres de ses œuvres parlent d'eux-mêmes : *De la Brièveté de la vie, De la Tranquillité de l'âme, De la Constance du sage*... Dans ses *Lettres à Lucilius* il développe ses principes à l'intention d'un jeune disciple.

■ Citation

« Qu'est-ce qui, dans les tourments, dans tout ce que nous nommons adversité, constitue proprement un mal ? Je réponds : l'état de l'esprit qui chancelle, plie, succombe. Or rien de tout cela ne peut arriver au sage. Il demeure droit quelle que soit la charge. Aucun accident ne le diminue, rien de ce qu'il est appelé à subir ne le rebute. Que tous les malheurs qui peuvent tomber sur l'homme soient sur lui tombés, il ne se plaint pas. Il connaît ses forces. Il sait qu'il est capable de porter son fardeau. » (*Lettres à Lucilius*, livre VIII, lettre 71.)

■ Explication

Ce que l'on peut particulièrement retenir de ce passage, c'est l'idée que le malheur, la douleur, sont avant tout des représentations : Sénèque dit un « état de l'esprit » : les maux ne sont donc pas des réalités objectives, mais des sentiments subjectifs, en nous. De ce fait, nous pouvons les maîtriser car il nous suffit d'agir sur nous-mêmes. Le sage est celui qui, parce qu'il se contrôle parfaitement, contrôle aussi toute action du monde sur lui : c'est ce que l'on appelle communément « rester stoïque » (du nom de l'école stoïcienne). La folie des hommes, cause de tous leurs troubles consiste en ce qu'ils donnent leur assentiment à des représentations fausses. Réciproquement, il suffit donc de refuser son assentiment pour pouvoir atteindre l'absence de trouble parfaite ou « ataraxie ».

Notez que les stoïciens appellent aussi l'ataraxie « apathie » (*apatheia*), l'absence d'affect : c'est là une de leur différence avec les épicuriens [voir Épicure et Lucrèce].

■ Principales notions concernées

Le sujet ; le désir ; la raison et le réel ; la morale.
Voir aussi les repères : *contingent / nécessaire / possible ; objectif / subjectif.*

■ Exemple d'utilisation

Le texte de Sénèque est intéressant d'abord en ce qu'il donne une définition du bonheur comme liberté : c'est en se libérant des fausses représentations que le sage atteint l'apathie. C'est un bonheur froid, ascétique, toujours près de la pensée de la mort, ce qui peut être intéressant à discuter.

Plus précisément, le texte est intéressant parce qu'il présente une certaine conception du rapport entre la subjectivité et le monde objectif : l'homme est assailli de représentations dont il connaît mal le statut par rapport au réel. Pour se constituer comme sujet véritable, il doit rentrer dans sa subjectivité et y faire le tri entre l'imaginaire et ce qui correspond véritablement au monde objectif.

SUJET TYPE : *Le bonheur n'est-il qu'illusion ?*

■ Contresens à ne pas commettre

Malgré le mot d'« apathie », le sage stoïcien n'est pas celui qui ne ressent rien. Il ne s'agit pas d'être inerte, coupé du monde, inconscient de ce qui se passe : au contraire, la sagesse est une forme supérieure de conscience : c'est parce que ma conscience s'élève au niveau de l'univers tout entier que les événements qui m'entourent ponctuellement m'apparaissent comme d'une importance mineure.

■ Autres fiches à faire vous-même

Sapere aude : ose être sage ; l'amitié ; la brièveté de la vie...

Cicéron

La monarchie :
le meilleur et le pire des gouvernements

■ Indications générales

Cicéron (106-43 avant J.-C.) est d'abord connu comme orateur, mais c'est aussi un philosophe à part entière, qui a transposé dans la langue latine l'enseignement des Grecs. Il se rattache au courant philosophique du stoïcisme qui, avec l'épicurisme, domina le monde antique du IIIe siècle avant J.-C. jusqu'au IIe siècle de notre ère. [Voir les autres auteurs stoïciens : Sénèque, Épictète, Marc Aurèle.]

■ Citation

« En lui-même en effet, le gouvernement royal non seulement n'a rien qui appelle la réprobation, mais ce pourrait, si je pouvais me satisfaire d'une forme simple, être celui que de beaucoup je préférerais aux autres formes simples, à condition qu'il observât son caractère véritable, c'est-à-dire que par le pouvoir perpétuel d'un seul, par son esprit de justice et sa sagesse, le salut, l'égalité et le repos des citoyens fussent assurés. [...] Voyez-vous maintenant comment un roi est devenu un despote et comment, par la faute d'un seul, la meilleure forme de gouvernement est devenue la pire. [...] Sitôt en effet que ce roi s'est écarté de la justice dans la domination qu'il exerce, il devient un tyran, et l'on ne peut concevoir d'animal plus affreux, plus hideux, plus odieux aux hommes et aux dieux ». (De la République [51 avant J.-C.], livre II, § 23-26.)

■ Explication

L'intérêt de ce texte, c'est qu'il donne un aperçu de ce que peut être une pensée politique chez un philosophe stoïcien. Cicéron, à la suite de Platon, pense la cité humaine par analogie avec l'âme : de même que dans celle-ci, la raison doit dominer les autres facultés pour que l'homme atteigne l'ataraxie (ou absence de trouble), de même, la cité doit être dominée par un homme rationnel et aimant la liberté, seul capable d'organiser la cité de telle sorte que la liberté de chacun soit compatible avec la vie collective. Cicéron adapte ainsi la théorie platonicienne des « philosophes-rois ». C'est dans ces conditions que la monarchie est le meilleur gouvernement, le plus pur, qui ressemble à la théorie stoïcienne de l'organisation du cosmos par le *logos* (la raison). Mais Cicéron n'ignore pas non plus le risque que fait peser sur la liberté de tous le gouvernement d'un seul.

■ Principales notions concernées

La politique ; l'État ; la liberté.

■ Exemple d'utilisation

Ce texte de Cicéron peut être inséré dans une discussion sur le meilleur gouvernement. Il prône plus le despotisme éclairé que la démocratie, ce qui le rend, pour nous, assez provocant. Ce que Cicéron analyse, c'est moins la monarchie en elle-même que la manière dont *tout* régime (monarchie, aristocratie, démocratie) peut être excellent, mais peut dégénérer en son inverse (tyrannie, domination des plus riches, anarchie démagogique).

S<small>UJET</small> T<small>YPE</small> : *Pour limiter les pouvoirs de l'État, peut-on s'en remettre à l'État ?*

■ Contresens à ne pas commettre

Ne pas faire de Cicéron un « royaliste » (ce serait anachronique), ni même, en fait un monarchiste : Cicéron dit bien que la monarchie court le risque, à chaque instant, de verser dans le despotisme arbitraire. C'est pourquoi il dit aussi : *« la meilleure constitution est celle qui réunit en de justes proportions les trois modes de gouvernement, le monarchique, le gouvernement de l'élite et le populaire »* (II, § 25). La meilleure république est donc celle dont les institutions permettent un partage du pouvoir entre les différentes classes, ce que Cicéron appelle la « concordance des ordres ». Mais qui assurera cette concordance ?

■ Autres fiches à faire vous-même

Les cycles des révolutions politiques ; la nature des dieux ; le destin...

Épictète

« Il y a des choses qui dépendent de nous et il y en a qui n'en dépendent pas »

■ Indications générales

Quoique représentant tardif de l'école stoïcienne, fondée au IIIe siècle avant J.-C. [voir Sénèque, Cicéron et Marc Aurèle], Épictète (50-130) en a laissé un des exposés les plus complets et les plus célèbres dans son *Manuel*, un livre que l'apprenti philosophe devait garder sur lui comme un poignard contre les coups de l'adversité.

■ Citation

« Il y a des choses qui dépendent de nous ; il y en a d'autres qui n'en dépendent pas. Ce qui dépend de nous, ce sont nos jugements, nos tendances, nos désirs, nos aversions ; en un mot, toutes les œuvres qui nous appartiennent. Ce qui ne dépend pas de nous, c'est notre corps, c'est la richesse, la célébrité, le pouvoir ; en un mot, toutes les œuvres qui ne nous appartiennent pas. » (*Manuel*, I, 1.)

■ Explication

Cette phrase, qui est la phrase d'ouverture du *Manuel* d'Épictète, est sans doute la plus célèbre du stoïcisme, dont elle résume de manière extrêmement synthétique la doctrine. La distinction entre ce qui dépend de nous et ce qui ne dépend pas de nous est la première distinction que doit apprendre à faire celui qui veut devenir sage et atteindre l'ataraxie (absence de trouble de l'âme). Ce qui dépend de nous, ce sont nos propres représentations [voir Sénèque]. Il nous faut apprendre à les trier pour voir celles qui correspondent à des réalités, et celles qui ne sont que des fantasmes. Ce qui ne dépend pas de nous, ce sont les choses du monde extérieur, contingentes, changeantes, sur lesquelles nous n'avons pas de prise. Comme nous n'avons pas de prise sur elles, nous devons réciproquement nous défaire de l'idée qu'elles peuvent avoir une importance pour nous. La morale stoïcienne est une morale du réalisme. Le sage doit reconnaître ce qui est réel, et s'en tenir là. Les illusions véhiculées par nos peurs et nos espoirs fous doivent être abandonnées, car ce sont elles qui nous plongent dans un trouble permanent.

■ Principales notions concernées

Le sujet ; le désir ; la raison et le réel ; la morale.
Voir aussi les repères : *contingent / nécessaire / possible ; essentiel / accidentel ; objectif / subjectif.*

■ Exemple d'utilisation

La phrase d'Épictète nous donne un exemple de morale rationnelle classique [voir aussi Épicure], sans recours à une tradition religieuse. C'est la reconnaissance de la nécessité des événements, c'est-à-dire de leur caractère rationnel, qui doit permettre de surmonter la peine ou les faux espoirs qu'il crée. La mort de quelqu'un que l'on aime, par exemple, devient surmontable (pour les stoïciens) à partir du moment où l'on reconnaît le caractère nécessaire de la mort pour tout être vivant, et la brièveté de la vie humaine en général au regard de l'éternité.

SUJET TYPE : *Être libre consiste-t-il à se suffire à soi-même ?*

■ Contresens à ne pas commettre

Il ne faut pas assimiler le stoïcisme avec un simple fatalisme : pour le fataliste, *rien* ne compte, parce que rien ne dépend de nous. Les stoïciens font bien le partage entre ce qui ne dépend pas de nous *et* ce qui dépend de nous : dire que la vie est brève et que la mort ne doit pas nous affecter ne veut pas dire que la vie ne vaut rien. L'homme, en tant qu'être rationnel, (et le sage en particulier, qui accède pleinement à sa propre rationalité) a une dignité plus grande que n'importe quel être. Les stoïciens ne disent pas que la vie ne vaut rien, ils essayent au contraire de montrer à quelles conditions la vie prend toute sa valeur.

■ Autres fiches à faire vous-même

Comment se comporter en société ; le vice et l'erreur...

Marc Aurèle

Tout est beau pour qui sait voir

Un auteur, une idée

■ Indications générales

Marc Aurèle (121-180) fut un des derniers empereurs de Rome. Il a aussi laissé ses réflexions, d'inspiration stoïcienne [voir aussi : Sénèque, Cicéron et Épictète] dans un recueil de textes courts intitulé *Pensées pour moi-même*. La citation choisie permet d'illustrer la conception stoïcienne de l'art et du rapport au beau.

■ Citation

« Les accidents mêmes qui s'ajoutent aux productions naturelles ont quelque chose de gracieux et de séduisant. Le pain, par exemple, en cuisant, se fendille et ces fentes ainsi formées, qui se produisent en quelque façon à l'encontre de l'art du boulanger, ont un certain agrément et excitent particulièrement l'appétit. [...] Beaucoup d'autres choses, si on les envisage isolément, sont loin d'être belles, et pourtant, par le fait qu'elles accompagnent les œuvres de la nature, elles contribuent à les embellir et deviennent attrayantes. Aussi un homme qui aurait le sentiment et l'intelligence profonde de tout ne trouverait pour ainsi dire presque rien [...] qui ne comporte un certain charme particulier. Cet homme ne prendra pas moins de plaisir à voir dans leur réalité les gueules béantes des fauves qu'à considérer toutes les imitations qu'en présentent les peintres et les sculpteurs ». (Pensées pour moi-même, livre III, 2.)

■ Explication

Celui qui sait voir le réel tel qu'il est le voit dans sa totalité. « Voir », ici, n'est pas juste une sensation, mais une sensation accompagnée d'une vue de l'esprit, de la raison, qui permet de replacer ce qui est vu dans la totalité de l'univers. Aussi chaque chose lui apparaît-elle à sa place, nécessaire dans l'organisation harmonieuse du Tout. C'est pourquoi il n'y a rien de laid pour lui, même la gueule d'un fauve, puisque tout manifeste la beauté de la Nature prise comme un tout. Le sage, qui sait voir le réel, connaît donc des joies fréquentes, là où d'autres éprouvent de la crainte ou du dégoût.

À noter que, pour lui, la réalité est plus belle que n'importe quelle œuvre d'art ne peut l'être.

■ Principales notions concernées

Le sujet ; la conscience ; la perception ; l'art ; la raison et le réel ; le bonheur.

Voir aussi les repères : *essentiel / accidentel ; objectif / subjectif ; universel / général / particulier / singulier.*

■ Exemple d'utilisation

Ce passage donne un bon exemple pour faire comprendre que le beau n'est pas juste une question de sensibilité, mais aussi d'intelligence, de compréhension, de raison : celui qui comprend ce qu'il voit en ressent mieux la beauté que celui qui se contente de ses sensations.
Le texte illustre bien aussi l'idée que la beauté naturelle est supérieure à la beauté des œuvres humaines.
SUJET TYPE : *Le beau n'est-il que l'objet d'une perception ?*

■ Contresens à ne pas commettre

D'abord, ne pas croire que, pour le philosophe, ce n'est que dans la contemplation du Tout, dans l'élévation au-dessus des choses, que se trouve la beauté : au contraire, Marc Aurèle dit bien que celui qui est capable de voir le Tout est aussi celui qui est capable de voir la *singularité* de chaque chose.
Dans ce passage, où Marc Aurèle se réfère à la joie procurée par la perception des petites particularités de chaque chose, il y a une résonance épicurienne [voir Épicure]. Il ne faut toutefois pas confondre ces joies, ni avec l'ataraxie stoïcienne, ni avec la conception épicurienne du plaisir comme souverain Bien.

■ Autres fiches à faire vous-même

La Raison des choses ; le cosmopolitisme ; brièveté de la vie et dignité humaine...

Sextus Empiricus

« À toute raison s'oppose une raison de force égale »

■ Indications générales

Philosophe, médecin et astronome grec, Sextus (IIe, IIIe siècle) fut surnommé «l'empirique» (*empiricus*) pour avoir introduit le recours à l'expérience en médecine. Son œuvre est surtout une présentation des philosophies stoïcienne et sceptique. C'est notamment à travers ses *Hypotyposes pyrrhoniennes* que nous connaissons la pensée du grand philosophe sceptique Pyrrhon d'Elis. La citation qui suit est donc tirée d'un texte de Sextus, mais c'est la doctrine de Pyrrhon qui est exprimée.

■ Citation

«Quand je dis "à toute raison s'oppose une raison de force égale", je veux dire: "à toute raison que j'ai examinée, qui construit une assertion dogmatique, une autre raison, qui construit une assertion dogmatique égale à elle pour persuader ou ne pas persuader m'apparaît s'opposer"». (*Hypotyposes pyrrhoniennes*, livre I, chap. 27.)

■ Explication

Ce que dit Pyrrhon, c'est que toute argumentation rationnelle admet une contre-argumentation, qui est tout aussi rationnelle et tout aussi convaincante. Dans ces conditions, il nous faut reconnaître que la raison n'est pas capable de dire quoi que ce soit de sûr sur le réel. La sagesse consiste alors dans la suspension du jugement. Cette suspension doit déboucher sur ce que les sceptiques appellent l'«aphasie» ou absence de parole. Pour ces philosophes, c'est la forme que prend l'ataraxie (ou absence de trouble, idéal commun aux stoïciens, aux épicuriens et aux sceptiques, mais que chaque école définit différemment).

■ Principales notions concernées

La démonstration; la morale.
Voir aussi les repères: *absolu/relatif; intuitif/discursif; objectif/subjectif.*

■ Exemple d'utilisation

Le scepticisme est un cas limite de la philosophie: c'est à la fois un véritable système philosophique, mais avec lui, le discours philosophique prend fin. Il doit être utilisé avec précaution. C'est une bonne référence lorsque l'on veut montrer que le langage ne peut pas vraiment dire la réalité, ou que celle-ci a quelque chose de radicalement incommensurable avec la pensée humaine: il n'y a pas de mesure commune entre la pensée et le réel, et donc mieux vaut se taire.

SUJET TYPE: *L'amour de la vérité peut-il faire obstacle au jugement?*

■ Contresens à ne pas commettre

Il ne faut pas confondre le scepticisme banal, qui est un relativisme mou, avec le scepticisme philosophique de Pyrrhon, qui est une véritable doctrine, logique et morale. Le scepticisme banal est en amont de toute réflexion; le scepticisme philosophique vient en aval, après avoir parcouru tout le champ de la philosophie. Rien n'est plus banal que de dire «tout est relatif», «à chacun sa vérité», «chacun peut répondre comme il veut aux questions qu'on lui pose»… et d'en profiter pour arrêter de réfléchir. La liberté d'opinion et d'expression ne signifie pas qu'il existe autant de vérités qu'il y a d'individus: en démocratie, chacun doit pouvoir dire ce qu'il pense, cela ne signifie pas que tout le monde a également raison! Le scepticisme de Pyrrhon, au risque d'être contradictoire avec lui-même, prétend bien énoncer une vérité absolue en disant que le bonheur se trouve dans l'aphasie. Cet idéal de suspension du jugement se conquiert au prix de grands efforts intellectuels pour reconnaître sa valeur. En bref, le scepticisme banal est la paresse de la pensée; le scepticisme philosophique est au contraire son plus grand effort.

■ Autres fiches à faire vous-même

La distance entre la conscience et le réel; la doctrine des Cyniques…

Plotin

« L'Un est antérieur à tous les êtres »

■ Indications générales

Plotin (205-270) est un philosophe mystique qui, au IIIᵉ siècle après J.-C., a élaboré une philosophie influencée par le platonisme, l'aristotélisme et le stoïcisme. Son enseignement, qui retrace les six grandes étapes de l'accomplissement de la perfection spirituelle, a été réuni par son disciple Porphyre dans un recueil appelé les *Ennéades*. Pour Plotin, la réalité la plus haute, c'est l'Un.

■ Citation

« L'Un n'est donc aucun des êtres et il est antérieur à tous les êtres. – Qu'est-il donc ? – Il est la puissance de tout ; s'il n'est pas, rien n'existe, ni les êtres, ni l'intelligence, ni la vie première, ni aucune autre. Il est au-dessus de la vie et cause de la vie ; l'activité de la vie, qui est tout l'être, n'est pas première ; elle coule de lui comme d'une source. Imaginez une source qui n'a point d'origine ».
(*Ennéades*, livre III, traité 8, § 10.)

■ Explication

L'Un est le Dieu de Plotin : ce dont découle toutes choses. C'est la première des réalités éternelles, les « hypostases » ou « substances », qui restent identiques sous les changements du monde. Les deux autres hypostases sont l'« Esprit » (qui donne une forme cohérente et harmonieuse au réel), et l'« Âme » (qui est répandue, immanente, dans l'univers, et constitue ainsi son unité : les âmes individuelles en sont des émanations, ce qui signifie que l'âme divine est présente en chacun de nous).

■ Principales notions concernées

Le sujet ; l'existence et le temps ; la religion ; la raison et le réel ; la matière et l'esprit.

Voir aussi les repères : *absolu / relatif ; en acte / en puissance ; croire / savoir ; médiat / immédiat ;* *origine / fondement ; principe / conséquence ; transcendant / immanent ; universel / général / particulier / singulier.*

■ Exemple d'utilisation

L'extrait proposé est bien représentatif de ce que l'on appelle la métaphysique : la partie de la philosophie qui s'occupe des principes les plus généraux : la question de la définition de l'être, la question de l'origine du monde. Plotin est un penseur de la transcendance, c'est-à-dire de la séparation entre ce qui crée et structure le monde et le monde lui-même. Sa philosophie a aussi un aspect moral et esthétique : le bonheur consiste en une remontée à l'unité dont nous découlons, dans la contemplation extatique de l'Un, qui est aussi la plus grande beauté.

Sᴜᴊᴇᴛ ᴛʏᴘᴇ : *Le développement des sciences rend-il caduque la métaphysique ?*

■ Contresens à ne pas commettre

Bien que le plotinisme soit contemporain des débuts du christianisme et l'ait largement influencé (notamment à travers saint Augustin*), il ne faut pas confondre la philosophie de Plotin avec la religion chrétienne. Vu *a posteriori*, le néoplatonisme semble une sorte d'hybride entre les philosophies rationalistes de l'Antiquité et le christianisme. La différence fondamentale entre les deux, c'est que pour Plotin, l'âme humaine peut remonter jusqu'à la contemplation de l'Un. Tandis que dans le christianisme, la transcendance est plus radicale : jamais l'homme ne peut remonter jusqu'à Dieu, à moins que celui-ci ne se révèle à lui.

■ Autres fiches à faire vous-même

Les trois « hypostases » ; les étapes du cheminement de l'esprit ; le beau et l'Un...

Un auteur, une idée

Augustin

« Qu'est-ce donc que le temps ? Si personne ne me le demande, je le sais, mais si on me le demande et que je veuille l'expliquer, je ne le sais plus. »

■ Indications générales

Avec la fin de l'Antiquité et la diffusion du christianisme en Europe, la philosophie perd son autonomie par rapport à la religion : elle devient «servante de la théologie» (et réciproquement, la religion prend la forme d'une «théologie», c'est-à-dire d'un discours en partie rationnel). C'est pourquoi saint Augustin (354-430), qui fut évêque et Père de l'Église, est aussi considéré comme un grand philosophe, réalisant le rencontre entre le platonisme et le christianisme. Dans *La Cité de Dieu* (426), il traite du rapport entre l'Église et la politique. Dans *Les Confessions* (397), il raconte sa conversion et analyse ce que sont la mémoire et le temps.

■ Citation

« Qu'est-ce donc que le temps ? Si personne ne me le demande, je le sais, mais si on me le demande et que je veuille l'expliquer, je ne le sais plus. [...] Comment donc ces deux temps, le passé et l'avenir, sont-ils, puisque le passé n'est plus et l'avenir n'est pas encore ? [...] Où donc qu'ils soient, quels qu'ils soient, ils ne sont qu'en tant que présents». (*Les Confessions*, XI, 14.)

■ Explication

Augustin nous confronte au mystère du temps : tout le monde sait ce que c'est, mais il est bien difficile de le définir. Si le temps se décompose en passé, présent, et avenir, il est donc composé de trois choses qui n'existent pas : puisque le passé n'est plus, que l'avenir n'est pas encore, et que le présent n'est que la limite entre les deux. Le temps n'existe donc que dans la conscience, comme présent du passé, présent du présent, et présent de l'avenir.

■ Principales notions concernées

La conscience ; l'existence et le temps ; la religion ; la raison et le réel.
***Voir aussi les repères :** croire / savoir ; intuitif / discursif ; objectif / subjectif.*

■ Exemple d'utilisation

Ce que met en évidence Augustin, c'est le lien inéluctable entre le temps et ma conscience : on ne peut pas définir le temps, objectivement, on ne peut le définir que par rapport à la subjectivité qui en éprouve le passage : le temps est donc une «distension de l'âme», entre la mémoire et l'attente. Le texte d'Augustin est donc très intéressant pour penser le lien entre la conscience et le réel : il inverse le rapport habituel, qui pose la conscience* face à une réalité qui a une existence objective autonome : Augustin montre que le réel (ou du moins le temps, mais tout est dans le temps) n'existe pas sans la conscience pour laquelle il existe.

SUJET TYPE : *Faut-il dire que la conscience est dans le temps ou que le temps est dans la conscience ?*

■ Contresens à ne pas commettre

Il ne faut pas non plus faire d'Augustin un subjectiviste [voir Berkeley] pour qui le monde n'existerait que dans notre conscience. Dire que l'on ne peut comprendre ce qu'est le temps qu'en le mettant en rapport avec la conscience, cela ne veut pas dire que rien n'existe sans la conscience. En particulier, l'examen de ce qu'est l'âme va mener Augustin à découvrir l'existence de Dieu comme réalité transcendante.

■ Autres fiches à faire vous-même

Voir le bien et faire le mal ; le sujet humain et la soumission à Dieu ; christianisme et hérésies...

Averroès (Ibn Ruchd)

Foi et raison :
« la vérité ne peut contredire la vérité »

■ Indications générales

Dans l'œuvre d'Averroès (1126-1198), la pensée musulmane rencontre celle d'Aristote, dont Averroès fut l'un des grands commentateurs au Moyen Âge. Une des questions qui se pose alors, c'est : comment rendre compatible le rationalisme du philosophe avec la vérité révélée du Coran ? Contre la *Destruction de la philosophie* d'al-Ghazali, Averroès écrivit une *Destruction de la destruction*, où il insiste sur le rôle de la raison, tout en prenant garde de ne pas entrer en contradiction avec la religion.

■ Citation

« Si les paroles de Dieu sont vraies et si elles nous invitent au raisonnement philosophique qui conduit à la recherche de la vérité, il en résulte certainement pour l'homme de Foi que le raisonnement philosophique ne nous mène pas à une conclusion contraire à la vérité divine, car si l'une est vérité et l'autre vérité, la vérité ne peut contredire la vérité mais s'harmonise avec elle et témoigne en sa faveur ». (*Discours décisif.*)

■ Explication

On appelle parfois la théorie d'Averroès la « double vérité » : l'expression est recevable si l'on comprend qu'il s'agit en fait d'une théorie de la vérité unique. Il y aurait d'un côté les vérités philosophiques et de l'autre les vérités de la foi : elles peuvent parfois sembler contradictoires, mais elles ne sont pas pour autant incompatibles. Il y aurait d'un côté ce qui est « nécessaire selon la raison », et de l'autre ce à quoi l'on « adhère fermement » par la foi. Plutôt qu'une opposition il s'agit pour Averroès de deux modes d'expression d'une même vérité : les vérités de la raison sont cachées sous un voile dans le discours reli-

gieux pour être accessibles à tous ; tandis que le philosophe voit ces vérités sans voile, et leur connaissance est le culte qu'il rend à Dieu.

■ Principales notions concernées

La religion ; la raison et le réel ; l'interprétation ; la vérité.
Voir aussi les repères : *croire / savoir ; intuitif / discursif ; persuader / convaincre.*

■ Exemple d'utilisation

La citation d'Averroès est un bon exemple pour poser la question du rapport entre foi et raison, entre religion et science. Comment rendre compatible, par exemple, l'idée que le monde est éternel avec le récit religieux de la création du monde ? Averroès ne prétend pas qu'il n'y a pas de différence entre les deux, mais pas non plus qu'elles sont opposées et inconciliables.

S\ :small-caps[ujet type] : *La croyance religieuse implique-t-elle une démission de la raison ?*

■ Contresens à ne pas commettre

La théorie de la « double vérité » ne doit pas être comprise comme l'affirmation d'une incompatibilité entre foi et raison : la vérité est « double », mais, dans les deux cas, elle est « vérité ». Il serait sans doute aussi simpliste de dire qu'Averroès dissimulait son athéisme pour se protéger des persécutions religieuses : à cette époque, il est plus vraisemblable que le philosophe se pose en toute sincérité la question du rapport entre sa foi et ses raisonnements.

■ Autres fiches à faire vous-même

Le problème de l'origine du monde ; le problème de la corporéité de Dieu ; al-Ghazali et la critique de la philosophie...

Anselme La preuve ontologique de l'existence de Dieu

■ Indications générales

Saint Anselme (1033-1109), archevêque de Canterbury appartient à cette période où philosophie et religion sont inséparables. Pour lui, la foi doit chercher à s'appuyer sur la raison (d'où sa célèbre formule : «Fides quaerens intellectum» : «La foi cherchant l'intellect»). Le meilleur exemple en est donné dans son Proslogion (1078), où il prétend démontrer rationnellement l'existence de Dieu.

■ Citation

«Mais certainement, ce dont rien de plus grand ne peut être conçu ne peut exister seulement dans l'intelligence. En effet, si cela existait seulement dans l'esprit, on pourrait le concevoir comme étant aussi dans la réalité, ce qui serait supérieur. [...] Il existe donc, sans aucun doute, quelque chose dont on ne peut rien concevoir de plus grand, et dans l'intelligence et dans la réalité. [...] Et cela c'est Toi, Seigneur notre Dieu». (Proslogion, chap. 2.)

■ Explication

Cette preuve de l'existence de Dieu est censée convaincre même l'homme le plus insensé. «Ontologique» signifie «qui concerne l'être» : on l'appelle preuve ontologique parce qu'Anselme prétend déduire l'existence de Dieu de sa définition même. En effet, Dieu est défini comme «ce dont rien de plus grand ne peut être conçu» : l'être maximum. Or si un tel être n'existait pas, on pourrait concevoir le même être mais doté en plus de l'existence. Ce serait donc celui-ci l'être maximum. L'être maximum doit donc, par définition, compter l'existence au nombre de ses attributs. Donc l'être maximum existe nécessairement, c'est-à-dire que Dieu existe nécessairement. (Pour une autre manière de démontrer de l'existence de Dieu, voir Thomas d'Aquin*).

■ Principales notions concernées

La conscience ; l'existence et le temps ; la religion ; la démonstration.

Voir aussi les repères : *croire / savoir ; essentiel / accidentel ; objectif / subjectif.*

■ Exemple d'utilisation

La preuve ontologique, qui sera reprise par Descartes, est l'exemple classique d'un lien entre raison et religion : croire en Dieu n'est pas simplement ici un acte de foi, c'est aussi le résultat d'une démonstration. La possibilité d'une telle démonstration a été critiquée dans l'histoire de la philosophie (par Kant notamment). Que l'on soit ou non religieux, ce que cette démonstration a d'intéressant c'est le lien qu'elle établit entre la conscience et Dieu : puisque c'est dans la définition même de Dieu que je trouve la preuve de son existence, c'est en moi-même, dans ma raison, que je trouve Dieu. Sujet type : *L'athéisme est-il possible ?*

■ Contresens à ne pas commettre

Ne pas se tromper dans la nature du rapport entre raison et foi : il ne faut pas dire que le raisonnement de saint Anselme est simplement l'expression de sa croyance (qu'il s'agit bien d'un raisonnement convaincant ou non). Mais il ne faut pas non plus, à l'inverse, faire de saint Anselme un hérétique qui voudrait réduire toute la foi à la raison : la foi reste première pour Anselme : les Écritures et l'Église nous imposent des dogmes à l'autorité desquels nous devons nous soumettre sans chercher à comprendre. Il faut donc d'abord croire, mais cela n'empêche pas, ensuite, de chercher à comprendre.

■ Autres fiches à faire vous-même

Christianisme et platonisme ; la notion de transcendance ; la scolastique.

Thomas d'Aquin
Dieu, cause première

■ Indications générales

Saint Thomas d'Aquin (1225-1274), le plus célèbre des théologiens, est une figure centrale de l'histoire de la philosophie : conjuguant la pensée d'Aristote avec le christianisme, il est au carrefour entre la pensée chrétienne et le rationalisme moderne. Auteur notamment de la *Somme théologique* (1274), il critique la preuve ontologique de l'existence de Dieu proposée par saint Anselme*. Il en propose en revanche une autre démonstration, basée sur la notion aristotélicienne de causalité.

■ Citation

« Mais si l'on devait monter à l'infini dans la série des causes efficientes, il n'y aurait pas de cause première ; en conséquence il n'y aurait ni effet dernier, ni cause efficiente intermédiaire, ce qui est évidemment faux. Il faut donc nécessairement affirmer qu'il existe une cause efficiente première, que tous appellent Dieu ». (*Somme de théologie*, question 2, article 3.)

■ Explication

Cette démonstration de l'existence de Dieu, dite « preuve par les effets », consiste à dire que, tout effet ayant une cause, il faut bien en toute logique qu'il existe une cause première, elle-même incausée, d'où découlent tous les effets qui se produisent dans le monde. Cette cause incausée, c'est Dieu.

■ Principales notions concernées

L'existence et le temps ; la religion ; la raison et le réel ; la démonstration.

Voir aussi les repères : *cause / fin ; croire / savoir ; objectif / subjectif ; principe / conséquence.*

■ Exemple d'utilisation

On a ici un exemple du rapport entre la croyance et la raison : l'existence de Dieu n'est pas qu'une affaire de foi, elle peut être démontrée (ce qui ne signifie pas que cette démonstration ne peut pas être critiquée). Il peut être intéressant de confronter cette démonstration avec celle de saint Anselme : Thomas d'Aquin rejette celle-ci parce qu'elle est exclusivement rationnelle. Pour Anselme, c'est la définition même de Dieu qui nous prouve son existence. Plus attentif à la nécessité de l'expérience pour fonder la connaissance (comme Aristote), Thomas part, lui, de l'expérience, pour remonter à la nécessité de l'existence de Dieu. La comparaison saint Anselme / saint Thomas nous donne donc un bon exemple, au sein d'une pensée pourtant dominée par la foi, de la rivalité entre connaissance purement rationnelle et connaissance empirique. C'est aussi l'occasion de voir que le débat théologique au Moyen Âge a déjà posé, à propos du problème de l'existence de Dieu, les termes dans lesquels auront lieu les débats ultérieurs à propos de la connaissance du monde physique (le rationalisme de Descartes contre l'empirisme de Locke au XVIIe siècle, en particulier).

SUJET TYPE : *Les progrès des sciences expérimentales vont-ils à l'encontre de la croyance religieuse ?*

■ Contresens à ne pas commettre

Comme chez Anselme, il ne faut pas croire que saint Thomas réduit la foi à la raison : ce n'est pas la démonstration rationnelle de l'existence de Dieu qui mène à la croyance. Le chrétien doit croire en Dieu, aux Écritures et se soumettre à l'autorité de l'Église sans passer par des raisonnements. Mais la raison est plus autonome chez Thomas que chez Anselme : chez celui-ci, elle vise à éclairer la foi ; chez Thomas, elle a sa valeur propre. Cependant, si elle entre en conflit avec les vérités révélées, c'est, d'après lui, que les raisonnements doivent être faux.

■ Autres fiches à faire vous-même

La supériorité de la foi sur la raison ; essence et existence ; le libre arbitre de l'homme.

Guillaume d'Ockham

Le rasoir d'Ockham :
« Aucune pluralité ne doit être posée sans nécessité »

■ Indications générales

Membre de l'ordre des Franciscains, Guillaume d'Ockham (1285-1349) fut poursuivi par la Pape pour hérésie à cause de son *Commentaire sur les « Sentences » de Pierre Lombard* (1320), le manuel religieux de l'époque. Tout en critiquant la raison, il remet aussi en question les thèses traditionnelles de la théologie. Il est notamment connu pour son principe d'économie de la pensée, dit « rasoir d'Ockham ».

■ Citation

« Aucune pluralité ne doit être posée sans nécessité » (cité par Émile Bréhier, *La Philosophie du Moyen Âge*, 1937).

■ Explication

Le propos d'Ockham a un sens très précis, qui définit ce que l'on appelle le nominalisme, qui s'oppose au « réalisme » dans la querelle des universaux : il s'agit de dire que *« en dehors de l'âme, il n'y a aucun universel existant, mais tout ce qui peut être attribué à plusieurs existe dans l'esprit »* (*Sentences*, d2, q8). En d'autres termes, seuls existent les êtres singuliers ; les concepts généraux, appelés les « universaux », (« homme », « pomme », « triangle »...) n'existent que dans l'esprit : ce sont des noms et non pas des êtres. Il s'agit d'une critique du platonisme et de la tradition théologique qui en découlait, pour qui les singularités avaient une existence moindre que les concepts généraux (les Formes, ou Idées de Platon*). D'où l'idée du « rasoir », car Ockham raye de la liste des existants tous les concepts généraux.

■ Principales notions concernées

La conscience ; le langage ; la raison et le réel.

Voir aussi les repères : genre / espèce / individu ; universel / général / particulier / singulier.

■ Exemple d'utilisation

La thèse d'Ockham pose le problème du rapport entre les concepts et les êtres singuliers. Il s'agit d'un renversement important dans l'histoire de la philosophie puisque cela veut dire qu'il n'existe pas de « monde des Idées » au-dessus de ce monde-ci. Réciproquement il y a donc chez Ockham une affirmation forte de la place du sujet humain dans le processus de connaissance, puisque c'est en lui que se trouvent les idées des choses.

Sujet type : *Les mots nous éloignent-ils des choses ?*

■ Contresens à ne pas commettre

Le nominalisme n'est pas un scepticisme. Lorsqu'Ockham dit que les concepts généraux n'ont pas d'existence en dehors de l'esprit, il ne dit pas que la connaissance objective n'est pas possible et que tout est subjectif. Il s'agit pour lui de penser de manière plus complexe les rapports entre objectivité et subjectivité : les concepts ne sont pas des choses objectives et ne ressemblent pas aux choses objectives : ils sont des signes. Dès lors, la connaissance objective ne peut prétendre se passer du langage*, et toute science est une analyse du langage. Elle est donc moins absolue que dans la conception issue de Platon, mais elle n'en est pas moins possible.

■ Autres fiches à faire vous-même

Foi et évidence rationnelle ; l'effacement de la distinction entre essence et existence ; la critique des preuves de l'existence de Dieu ; la liberté absolue de Dieu...

Machiavel
Mieux vaut être craint qu'être aimé

Un auteur, une idée

■ Indications générales

Machiavel (1469-1527), né à Florence, écrit *Le Prince* (1513) pour Julien de Médicis. Il s'agit d'un traité de politique, qui fait scandale parce que, loin de prêcher la vertu aux gouvernants, Machiavel explique quels sont les moyens réels qu'il faut mettre en œuvre pour conquérir et conserver le pouvoir. D'où l'adjectif «machiavélique».

■ Citation

«Il est beaucoup plus sûr de se faire craindre qu'aimer, s'il faut qu'il y ait seulement l'un des deux. [...]Les hommes hésitent moins à nuire à un homme qui se fait aimer qu'à un autre qui se fait redouter; car l'amour se maintient par un lien d'obligations lequel, parce que les hommes sont méchants, là où l'occasion s'offrira de profit particulier, il est rompu; mais la crainte se maintient par une peur de châtiment qui ne te quitte jamais». (*Le Prince*, 1532, chap. 17.)

■ Explication

Un prince, un gouvernant, aura donc plus d'autorité s'il est connu pour sa sévérité que s'il est connu pour sa clémence. Telle est la leçon de Machiavel: comme les hommes sont eux-mêmes méchants, celui qui veut les gouverner doit être encore plus méchant. Mais en même temps, ajoute Machiavel, il faut aussi qu'il ait bonne réputation et qu'il n'hésite pas à mentir sur ses intentions, ou à supprimer ceux qui l'ont aidé afin de rehausser sa propre image. Ce qui compte en politique, c'est de faire durer son gouvernement et pour cela, la fin justifie les moyens.

■ Principales notions concernées

La politique; l'État.

Voir aussi les repères : *légal / légitime ; obligation / contrainte ; persuader / convaincre.*

■ Exemple d'utilisation

Le texte de Machiavel est intéressant en tant que renversement de la théorie platonicienne des «philosophes-rois» [voir à ce sujet Cicéron]. Il offre un bon exemple pour montrer que la politique n'est pas une affaire de raison, mais de passions, et que la rationalité des hommes de pouvoir ne consiste pas à agir rationnellement sur des hommes rationnels, mais à ruser pour utiliser les passions des hommes à son profit. Le texte est choquant et brutal, mais c'est parce qu'il est réaliste.

SUJET TYPE : *La politique peut-elle se passer de la morale ?*

■ Contresens à ne pas commettre

Machiavel ne fait pas pour autant l'apologie de la tyrannie. Il n'est pas immoral, il est plutôt amoral : il décrit la politique telle qu'elle fonctionne en effet. Faisant cela, il déroge lui-même aux principes qu'il expose, puisqu'il livre au public le secret des ruses des puissants. En ce sens, on a même pu dire de Machiavel qu'il était un dénonciateur de la tyrannie. Cynique, neutre, ou défenseur de la liberté ? L'interprétation n'est pas si simple.

■ Autres fiches à faire vous-même

La méchanceté des hommes ; Borgia et Rémy d'Orque : du bon usage du bouc émissaire ; le droit, la force et la ruse ; la Fortune ; Machiavel républicain...

Montaigne

Que savons-nous de l'intelligence des animaux?

■ Indications générales

Montaigne (1533-1592), après s'être retiré des affaires publiques, a rédigé, pendant les vingt dernières années de sa vie, les trois livres des *Essais* : des réflexions libres et pleines d'anecdotes sur tous les sujets qui lui plaisaient. Le contraire d'un « système » de philosophie. Influencé par le scepticisme [voir Sextus Empiricus], il dénonce à maintes reprises les prétentions du rationalisme. Cela l'amène notamment à poser de manière originale la question de l'intelligence des animaux.

■ Citation

« C'est par la vanité de cette même imagination qu'il [l'homme] s'égale à Dieu, qu'il s'attribue les conditions divines, qu'il se trie soi-même et sépare de la presse des autres créatures, taille les parts aux animaux, ses confrères et compagnons, et leur distribue telle portion de faculté et de force que bon lui semble. Comment connaît-il par l'effort de son intelligence les branles internes et secrets des animaux ? Par quelle comparaison d'eux à nous conclut-il la bêtise qu'il leur attribue ? » (Essais, 1580, livre II, chap. 12.)

■ Explication

Toute la tradition aristotélicienne [voir Aristote], et le christianisme à sa suite, attribuait à l'homme seul une âme rationnelle qui faisait de l'homme le supérieur de tous les animaux. Montaigne montre ce qu'il y a d'irrationnel dans cette certitude. Comment saurait-on en effet ce qui se passe dans l'esprit des animaux ? C'est sa vanité et son imagination qui rendent l'homme si présomptueux, et il appelle même la présomption « notre maladie originelle ».

■ Principales notions concernées

La culture ; le langage ; la raison et le réel ; le vivant.

Voir aussi les repères : *croire / savoir ; intuitif / discursif ; ressemblance / analogie.*

■ Exemple d'utilisation

Le texte de Montaigne est très utile pour questionner toute la tradition philosophique qui écarte radicalement les animaux de l'homme – y compris après Montaigne, par exemple dans la théorie de Descartes des « animaux-machines » [voir « le vivant »]. Il permet de remettre en cause un certain anthropocentrisme.

Sᴜᴊᴇᴛ ᴛʏᴘᴇ : *Que peut apporter à la philosophie une réflexion sur l'animalité ?*

■ Contresens à ne pas commettre

Il ne faut pas toutefois s'abriter derrière ce texte de Montaigne pour tomber dans un autre écueil qui surgit lorsque l'on parle des animaux : l'anthropomorphisme, qui consiste à affirmer, avec tout autant de « présomption », que les animaux sont aussi intelligents que les hommes. D'autant moins qu'il y a des différences objectivement constatables entre l'homme et les autres espèces, en particulier le langage articulé [voir « le langage »]. Le texte de Montaigne pose une question, il attire l'attention sur un problème. Il ne dit certainement pas qu'il n'y a pas de différences entre les animaux et les hommes. Il faudrait d'ailleurs savoir de quels animaux l'on parle, car sous ce terme général sont regroupées des espèces extrêmement distantes les unes des autres. Le texte de Montaigne permet donc de commencer à réfléchir au problème, certainement pas de clore la discussion.

■ Autres fiches à faire vous-même

« Quelle vérité que ces montagnes bornent » : la relativité des lois ; l'amitié* ; *« philosopher c'est apprendre à mourir »** ; le vertige...

Bacon

« Les exemples décisifs »

Un auteur, une idée

■ Indications générales

Francis Bacon (1561-1626), baron de Verulam, est un des premiers philosophe des sciences. Comme souvent les Anglais, Bacon attache une grande importance à la connaissance empirique. Mais les données de l'expérience ne disent rien par elles-mêmes : il faut les tester par des expérimentations adéquates. Bacon met ainsi au point une méthode inductive, dont un des concepts clés est celui d'« expérience cruciale » (aussi appelée « exemple décisif » ou « exemple de la croix »).

■ Citation

« Prenez deux horloges, dont l'une ait pour moteur un poids de plomb, par exemple, et l'autre un ressort ; ayez soin de les éprouver et de les régler de manière que l'une n'aille pas plus vite que l'autre ; placez ensuite l'horloge à poids sur le faîte de quelque édifice fort élevé et laissez l'autre en bas, puis observez exactement si l'horloge placée en haut ne marche pas plus lentement qu'à son ordinaire, ce qui annoncerait que la force du poids est diminuée. Tentez la même expérience dans les mines les plus profondes, afin de savoir si une horloge de cette espèce n'y marche pas plus vite qu'à l'ordinaire par l'augmentation de la force du poids qui lui sert de moteur. Cela posé, si l'on trouve que cette force diminue sur les lieux élevés et augmente dans les souterrains, il faudra regarder comme la véritable cause de la pesanteur l'attraction exercée par la masse corporelle de la terre ». (*Novum Organum*, 1620, II, 36.)

■ Explication

Le texte de Bacon donne un exemple complet d'expérience cruciale inventée par lui pour déterminer quelle est la cause de l'attraction terrestre. L'horloge à ressort sert de repère, puisque sa vitesse n'a pas de raison de varier selon l'altitude. Par contre l'horloge à poids dépend de la gravité. Elle peut donc servir à mesurer les variations de celle-ci. Ce qui est très important ici, c'est que l'on voit bien que l'expérience ne parle pas d'elle-même : c'est l'expérimentation, guidée par une question posée par le chercheur, qui permet de produire une information nouvelle (ici : que la cause de l'attraction, c'est la masse de la terre).

■ Principales notions concernées

La raison et le réel ; théorie et expérience ; la démonstration ; la vérité.

Voir aussi les repères : *cause / fin ; intuitif / discursif ; en théorie / en pratique.*

■ Exemple d'utilisation

La thèse de Bacon peut être utilisée pour montrer le changement qui s'opère dans les sciences physiques au XVIIᵉ siècle : auparavant, la théorie d'Aristote disait que les corps tombaient en vertu d'une tendance interne qui les poussait à rejoindre leur « lieu propre » qui était le centre de la terre. C'était une physique basée sur la notion de causalité finale, tandis que la physique moderne (née au XVIIᵉ s.) se base sur la notion de causalité efficiente, comme c'est le cas ici [voir repère « cause/fin »]. C'est un très bon exemple pour analyser de manière fine les rapports entre théorie et expérience.

Sᴜᴊᴇᴛ ᴛʏᴘᴇ : *Les faits parlent-ils d'eux-mêmes ?*

■ Contresens à ne pas commettre

Bacon est un empiriste, mais il ne dit pas naïvement que toute connaissance vient de l'expérience. Au contraire, la notion d'« expérience cruciale » montre bien comment c'est la théorie qui guide l'expérimentation, qui à son tour, peut venir confirmer ou infirmer l'hypothèse théorique.

■ Autres fiches à faire vous-même

Le lien entre science et technique ; la typologie des erreurs ; la méthode de classement des faits…

Hobbes

« L'homme est un loup pour l'homme »

■ Indications générales

Thomas Hobbes (1588-1679) est un des grands penseurs politiques du XVIIᵉ siècle, essayant de penser de manière rationnelle (et non en référence au droit divin) l'autorité monarchique. Sa théorie du pacte social repose sur une conception de l'état de nature caractérisé comme état de guerre de tous contre tous.

■ Citations

« Et certainement il est également vrai et qu'un homme est un dieu à un autre homme, et qu'un homme est aussi un loup à un autre homme » (Épître dédicatoire à *Le Citoyen [De Cive]*, 1642).

« Aussi longtemps que les hommes vivent sans un pouvoir commun qui les tienne tous en respect, ils sont dans cette condition qu'on appelle guerre, et cette guerre est guerre de chacun contre chacun. [...] Dans un tel État il n'y a pas de place pour une activité industrieuse, parce que le fruit n'en est pas assuré [...] pas d'arts, pas de lettres, pas de société ; et ce qui est pire de tout, la crainte et le risque continuel d'une mort violente ; la vie de l'homme est alors solitaire, besogneuse, pénible, quasi animale et brève ». (*Léviathan*, 1651, chap. 13.)

■ Explication

L'originalité de Hobbes vient du fait qu'il ne pense pas l'homme comme naturellement sociable (par contraste, voir Aristote*). Dans l'état de nature, rien ne garantit les hommes contre leurs violences mutuelles. Celle-ci est même une spirale qui mènera, si rien ne l'arrête, à la destruction mutuelle de tous les hommes et à la fin de l'humanité. Tel est le sens de l'expression figurée « l'homme est un loup pour l'homme » (que Hobbes reprend à Plaute).

■ Principales notions concernées

La culture ; la politique ; la société ; l'État.

Voir aussi les repères : en fait / en droit ; légal / légitime ; obligation / contrainte.

■ Exemple d'utilisation

Le texte de Hobbes est une bonne référence pour penser la nature de l'homme : s'opposant à l'idée d'une bonté naturelle de l'homme, Hobbes en donne au contraire une vision pessimiste, l'état de nature étant une tuerie généralisée. C'est aussi un bon exemple pour valoriser le rôle de l'État : pour Hobbes, les hommes, voulant éviter leur extermination mutuelle, préfèrent renoncer à leur droit naturel à la violence et se soumettre, par un pacte de soumission, à une autorité commune. Cette autorité qui aura seule le droit à la violence, c'est l'État, ou le « Léviathan » (titre de l'ouvrage de Hobbes, repris du nom d'un monstre de la Bible). Par cette soumission à un pouvoir commun, ils renoncent à leur liberté naturelle, mais ils ouvrent la possibilité de la liberté civile et de la civilisation.

SUJET TYPE : *Le pouvoir de l'État est-il facteur de liberté ou d'oppression ?*

■ Contresens à ne pas commettre

L'expression « l'homme est un loup pour l'homme » ne doit pas mener à croire que Hobbes considère les hommes comme des animaux dans l'état de nature. En vérité, la violence dont les hommes font preuve lorsqu'ils ne sont pas soumis à l'État est spécifiquement humaine : aucune autre espèce (pas même les loups) ne s'entre-tue de cette manière. La manière dont ils rompent le cycle de la violence, parce qu'elle consiste en un raisonnement, est spécifiquement humaine aussi.

■ Autres fiches à faire vous-même

L'empirisme ; langage et vérité ; le *conatus* ; l'égale faiblesse des hommes dans l'état de nature ; le pacte de soumission ; la sécurité condition de l'autorité...

Descartes · *Cogito ergo sum :* «Je pense donc je suis»

■ Indications générales

Descartes (1596-1650) est le grand représentant du *rationalisme* du XVIIᵉ siècle. Auteur du *Discours de la méthode* (1637) et des *Méditations métaphysiques* (1641), il critique la pensée religieuse fondée sur la tradition et propose une «méthode», «pour gouverner sa raison et trouver la vérité dans les sciences» : une méthode qui permette d'être sûr que ce que l'on dit est vrai. Mais pour cela, il lui faut trouver quelle est la première vérité, celle sur laquelle s'appuient toutes les autres. Afin de la trouver, il remet en cause tout ce qu'il a cru jusqu'à présent, même ce qu'il voit, même les mathématiques, et même l'existence du monde autour de lui ! Mais il parvient alors à une limite du doute :

■ Citation

«Je pris garde que, pendant que je voulais ainsi penser que tout était faux, il fallait nécessairement que moi, qui le pensais, fusse quelque chose. Et remarquant que cette vérité : Je pense donc je suis, *était si ferme et si assurée que toutes les plus extravagantes suppositions des sceptiques ne pouvaient l'ébranler, je jugeai que je pouvais la recevoir sans scrupule pour le premier principe de la philosophie que je cherchais».* (*Discours de la méthode*, IVᵉ partie.)

■ Explication

«Je pense donc je suis» («*cogito ergo sum*», en latin) est donc la première vérité, d'où vont partir toutes les autres. Pourquoi est-ce une vérité absolument certaine ? Parce que personne ne peut douter de sa propre existence : je peux douter de l'existence de tout ce qui m'entoure, et même de mon propre corps, et de tout ce que je fais ; mais je le doute, je ne peux pas douter que je doute : dès lors j'existe. Mon existence en tant que conscience pensante est donc une certitude absolue, qui s'impose avec la force de l'évidence. Dans la suite, Descartes s'appuie sur cette vérité pour démontrer que le monde existe bien (ce qu'il avait mis en doute) et que l'esprit peut le connaître. Dès lors, la science est fondée : il n'y a plus qu'à la développer. Ce à quoi nous travaillons encore...

■ Principales notions concernées

Le sujet, la conscience, la démonstration, la vérité. **Voir aussi les repères :** *croire / savoir ; subjectif / objectif ; absolu / relatif ; origine / fondement.*

■ Exemple d'utilisation

Le «cogito» est un exemple typique pour toute réflexion sur la vérité. «Je pense donc je suis» est une vérité absolue, plus absolue encore que «2+2 = 4» ou que «la Terre est ronde». La question à laquelle répond le «*cogito*» c'est celle de la fondation de la vérité : qu'est-ce qui nous assure que quelque chose est vrai ? La pensée religieuse dit : c'est vrai parce que les prêtres le disent, qui, eux-mêmes le savent par l'intermédiaire d'un ou plusieurs prophètes, qui eux-mêmes ont recueilli directement la parole de Dieu. L'originalité de la pensée de Descartes, c'est de penser la vérité sans passer par la croyance en Dieu ou par la confiance en une tradition. Le «*cogito*», donne l'idée d'une pensée sans croyance : c'est la pensée rationnelle, basée sur une évidence absolument indubitable.

SUJET TYPE : *Puis-je être sûr de ne pas me tromper ?*

■ Contresens à ne pas commettre

Ne pas donner de «je pense donc je suis» une interprétation trop vague et large, qui en ferait une sorte d'équivalent de «il faut penser pour exister vraiment», «seul l'homme existe vraiment, car il est le seul être qui pense», «ne pas réfléchir, c'est vivre comme une bête», etc. Le sens de «je pense donc je suis» est beaucoup plus précis : c'est l'exemple (le seul ?) d'une vérité qui se fonde elle-même : la conscience énonce une vérité (sa propre existence) sans recours à aucun intermédiaire extérieur à elle-même.

■ Autres fiches à faire vous-même

La morale par provision ; les règles de la méthode ; le principe de véracité divine ; la démonstration de l'existence du monde ; les mathématiques, outil de la connaissance du monde...

Pascal   L'imagination «maîtresse d'erreur et de fausseté»

■ Indications générales

Blaise Pascal (1623-1662) est un auteur paradoxal, à la fois grand scientifique et grand mystique proche du jansénisme (courant réformateur du catholicisme). Il est l'auteur, d'un côté, de traités de mathématiques ou de physique, et de l'autre, d'une réflexion sur la religion chrétienne qu'il n'a jamais terminée et qui nous reste sous la forme de ses *Pensées*. C'est pourquoi on trouve chez lui des mises en œuvre de la raison qui visent souvent à critiquer les prétentions rationalistes du XVIIᵉ siècle. Tel ce jugement sur l'imagination.

■ Citation

«Imagination. – C'est cette partie décevante dans l'homme, cette maîtresse d'erreur et de fausseté, et d'autant plus fourbe qu'elle ne l'est pas toujours, car elle serait règle infaillible de vérité si elle l'était infaillible du mensonge. Mais, étant le plus souvent fausse, elle ne donne aucune marque de sa qualité, marquant du même caractère le vrai et le faux». (*Pensées*, II, 82.)

■ Explication

Parmi les facultés de l'homme [voir notion «la conscience»], la raison permet en principe la connaissance objective, mais les hommes cèdent le plus souvent à leur imagination. Celle-ci est d'autant plus redoutable qu'elle ne se laisse pas reconnaître comme telle. Pour échapper à l'imagination, il faudrait raisonner, mais comment puis-je distinguer si je raisonne véritablement ou si j'imagine que je raisonne ? Manière de dire que les hommes – y compris ceux qui se croient les plus rationnels – s'entretiennent en permanence dans des illusions qu'ils créent eux-mêmes. Dans la lignée de Montaigne*, Pascal met donc en évidence la faiblesse de nos facultés de connaître, ce qui explique que pour lui, l'issue soit dans la foi et non dans la raison.

■ Principales notions concernées

La conscience ; le désir ; la raison et le réel ; la vérité. **Voir aussi les repères :** *croire / savoir ; objectif / subjectif.*

■ Exemple d'utilisation

Le texte de Pascal est une bonne référence pour mettre en question les pouvoirs de la raison [voir aussi Sextus Empiricus]. Contre l'optimisme de Descartes, confiant dans les progrès à venir de la science, Pascal déclare *«Descartes, inutile et incertain».* C'est un texte qui dit bien la finitude de l'homme, son absence de ressource intérieure puisque ce sont ses propres facultés qui l'induisent en erreur. C'est ce que Pascal appelle la «misère de l'homme sans Dieu».

SUJET TYPE : *L'imagination peut-elle seconder la raison dans la connaissance du réel ?*

■ Contresens à ne pas commettre

Il faut faire attention à ne pas trop interpréter Pascal comme un penseur sceptique. Pascal questionne les pouvoirs de la raison, mais c'est rationnellement qu'il le fait. Il ne s'agit pas de dire que nous ne pouvons rien connaître – dans ce cas, Pascal n'aurait pas été également mathématicien et physicien – mais il faut remettre la connaissance humaine à sa juste place, quelque part entre «les deux infinis». *«La grandeur de l'homme est grande en ce qu'il se connaît misérable»* : tel est le paradoxe de la dignité de l'homme, «roseau pensant». Le savoir absolu est hors de notre portée, mais cela ne nous empêche pas de penser. *«Travaillons donc à bien penser : voilà le principe de la morale. »*

■ Autres fiches à faire vous-même

Le pari ; l'homme roseau pensant ; le droit et la force ; esprit de géométrie et esprit de finesse ; la méthode empirique…

Spinoza «L'homme n'est pas un empire dans un empire»

Un auteur, une idée

■ Indications générales

Baruch Spinoza (1632-1677), lecteur et commentateur critique de Descartes, est lui aussi un représentant du rationalisme du XVIIᵉ siècle. Dans son grand livre *L'Éthique* (1675), il adopte «la méthode des géomètres» (*more geometrico*) pour exposer ses idées : comme un mathématicien il pose donc des définitions, d'où il déduit des propositions qu'il démontre à chaque fois à partir de ce qu'il a déjà établi auparavant. Il développe ainsi un système où il traite d'abord de la nature de Dieu et du monde (qui pour lui ne font qu'un : *Deus sive Natura*), pour aller jusqu'à la nature de l'homme et la question de la liberté. Sa théorie de la liberté est directement une critique de Descartes.

■ Citation

«*Ceux qui ont écrit sur les affections et la conduite de la vie humaine semblent, pour la plupart, traiter non des choses naturelles qui suivent les lois communes de la nature mais des choses qui sont hors de la nature. En vérité, on dirait qu'ils conçoivent l'homme dans la nature comme un empire dans un empire. Ils croient en effet que l'homme trouble l'ordre de la nature plutôt qu'il ne le suit, qu'il a sur ses propres actions un pouvoir absolu et ne tire que de lui-même sa détermination*». (*Éthique*, 1675, III, introduction.)

■ Explication

Le texte de Spinoza est une critique de la notion de libre arbitre. Chez Descartes, en effet, l'homme a une volonté infinie, c'est-à-dire que son âme peut échapper aux influences du corps, et qu'il est donc le point de départ absolu de ses propres actions [voir notion «le sujet»: «Descartes et la philosophie du sujet»]. Contre cette conception, Spinoza soutient que l'âme n'est pas moins déterminée que le corps et qu'elle est elle aussi soumise à une s causalité. La notion de liberté ne peut donc jamais être pensée pour Spinoza comme un absolu. [Voir dissertation n° 1.]

■ Principales notions concernées

Le sujet; le désir; la raison et le réel; la liberté.

Voir aussi les repères: contingent / nécessaire / possible ; médiat / immédiat ; obligation / contrainte.

■ Exemple d'utilisation

[Voir dissertation n° 1, 2ᵉ partie.] Cette citation de Spinoza est une référence classique pour affirmer une conception déterministe du monde : tout a une cause pour Spinoza, et les mouvements de l'âme n'échappent pas à cette règle. Nous sommes mus par nos désirs, qui eux-mêmes naissent de la manière dont nous imaginons les choses. Le libre arbitre n'est donc qu'une illusion, qui vient du fait que la conscience se croit fermée sur elle-même et se prend donc pour le seul point de départ possible de ses représentations, sans comprendre ce qui la détermine.

SUJET TYPE : *Agir spontanément est-ce agir librement ?*

■ Contresens à ne pas commettre

Il ne s'agit pas de dire que, pour Spinoza, la liberté n'existe pas. Au contraire, la cinquième et dernière partie de l'*Éthique* s'intitule : «De la puissance de l'entendement, ou de la liberté de l'homme». Mais comment penser à la fois le déterminisme et la liberté ? [Voir notion «la liberté».] La réponse de Spinoza est la suivante : on ne peut pas être absolument libre, mais on peut être plus ou moins libre selon que l'on se représente plus ou moins adéquatement les causes qui nous déterminent. L'homme qui vit uniquement au gré des peurs et des espoirs nés de son imagination est complètement aliéné ; celui qui vit dans la connaissance rationnelle des causes qui le déterminent peut modifier l'influence que celles-ci ont sur lui, et s'inscrire dans d'autres chaînes causales, dont il a une conscience plus claire – et qui, par là même, lui donnent plus de joie.

■ Autres fiches à faire vous-même

La notion de cause de soi ; «*Deus sive Natura*»: Dieu c'est la nature elle-même ; la puissance de l'imagination ; l'âme et le corps ; le désir, essence de l'homme ; la joie…

Locke

« L'expérience : c'est là le fondement de toutes nos connaissances »

■ Indications générales

John Locke (1632-1704), philosophe anglais, est à la fois un philosophe politique (*Traités sur le gouvernement civil* (1690), où Locke défend la tolérance et le libéralisme politique contre les conceptions de Hobbes*), mais aussi un théoricien de la connaissance (*Essai sur l'entendement humain* (1690). Critique de Descartes*, qui défendait l'idée que l'homme a des idées innées, Locke affirme fortement son empirisme : toute connaissance doit venir de l'expérience du monde extérieur.

■ Citation

« *Supposons donc qu'au commencement l'âme est ce qu'on appelle une « table rase », vide de tout caractère, sans aucune idée quelle qu'elle soit. Comment vient-elle à recevoir des idées ? […] D'où puise-t-elle tous ces matériaux qui sont comme le fond de tous ses raisonnements et de toutes ses connaissances ? À cela je réponds en un mot, de l'expérience : c'est là le fondement de toutes nos connaissances et c'est de là qu'elles tirent leur première origine.* » (*Essai sur l'entendement humain*, 1690, livre II, § 2.)

■ Explication

Il n'y a pas pour Locke d'idées innées, qui seraient inscrites dans l'esprit humain à la naissance et qui seraient communes à tous les hommes. Les idées simples viennent de l'expérience, et elles sont ensuite comparées et combinées par l'entendement, qui produit à partir de là des idées complexes. Par exemple, une idée qui paraît simple, comme la notion de « substance » (innée pour Descartes), vient en fait de ce que nous percevons des qualités souvent réunies, et que nous croyons pouvoir en déduire un support commun à ces qualités.

■ Principales notions concernées

La perception ; la raison et le réel ; théorie et expérience.
Voir aussi les repères : *absolu / relatif ; essentiel / accidentel ; intuitif / discursif.*

■ Exemple d'utilisation

Une fois de plus [voir Pascal, Spinoza], Locke est un auteur qui permet de critiquer Descartes, ici sur la question de l'origine de nos connaissances. Là où Descartes pose comme un fait l'existence en nous de certaines idées, Locke montre qu'il y a des processus de formation des idées.

Cela a aussi des conséquences politiques : car, puisque la diversité des cultures nous montre bien, d'après Locke, que les opinions ne sont pas universelles et qu'elles varient lorsque l'expérience varie, les hommes pourront vivre ensemble, non pas s'ils partagent tous les mêmes idées, mais à condition que la tolérance leur soit une valeur commune.

Sᴜᴊᴇᴛ ᴛʏᴘᴇ : *Toute idée vient-elle des sens ?*

■ Contresens à ne pas commettre

Il faut bien remarquer que, tout en étant empiriste, Locke ne considère pas l'homme comme une éponge qui absorberait indifféremment toutes les données qui lui viennent de l'extérieur : la sensation est la première source, qui fournit des idées simples, mais la réflexion est une seconde source de connaissance à part entière : c'est l'entendement qui produit les idées complexes de substance, de qualité, de relation de cause à effet, etc. En ce sens, l'empirisme n'est pas l'opposé du rationalisme : il en est seulement une autre modalité, qui prête plus d'attention au rôle de l'expérience, mais n'y réduit pas toute connaissance.

■ Autres fiches à faire vous-même

Le rôle de la réflexion ; le libéralisme politique ; la tolérance…

Malebranche

La «vision en Dieu»

Un auteur, une idée

■ Indications générales

Nicolas Malebranche (1638-1715), d'abord théologien, devint un philosophe cartésien (disciple de Descartes). Dans *De la Recherche de la vérité* (1675), soucieux de concilier théologie et philosophie rationnelle, il pousse plus loin une des idées de Descartes : chez celui-ci, Dieu est garant de la vérité (il est «vérace», c'est-à-dire qu'il ne peut nous tromper de façon systématique – c'est pourquoi ce qui nous paraît absolument vrai l'est en effet). Malebranche va jusqu'à assimiler Dieu et la vérité : connaître une vérité, c'est «voir en Dieu».

■ Citation

«L'esprit est comme situé entre Dieu et les corps [...] Lorsqu'il découvre quelque vérité ou qu'il voit les choses selon ce qu'elles sont en elles-mêmes, il les voit dans les idées de Dieu, c'est-à-dire par la vue claire et distincte de ce qui est en Dieu qui les représente ; [...] il ne voit point dans lui-même les choses qui sont distinguées de lui [...]. Ainsi lorsque l'esprit connaît la vérité, il est uni à Dieu, il connaît et possède Dieu en quelque manière». (*De la Recherche de la vérité*, 1675, V, 5.)

■ Explication

Les vérités, par exemple les vérités mathématiques, sont quelque chose qui est au-delà de nous, et non en nous [voir un rapprochement possible avec Platon]. Lorsque nous les percevons par l'esprit, nous sortons de notre propre esprit pour participer à quelque chose à quoi participent également tous les autres esprits rationnels : l'esprit de Dieu. C'est cette participation à l'esprit de Dieu qui fait qu'il y a des vérités universelles, indépendantes de toute variation culturelle [par contraste, voir Locke]. Autrement dit : l'objectivité, c'est la subjectivité divine.

■ Principales notions concernées

La religion ; la raison et le réel ; la vérité.
Voir aussi les repères : *croire / savoir ; médiat / immédiat ; objectif / subjectif ; transcendant / immanent.*

■ Exemple d'utilisation

Le texte de Malebranche est intéressant en tant qu'affirmation brute du fait qu'il existe des vérités objectives. C'est le rationalisme dans toute sa splendeur, sans aucune place pour le relativisme culturel. Mais le texte est aussi intéressant dans sa tentative de concilier religion et rationalisme : pour Malebranche, connaître le monde et aimer Dieu sont des synonymes.

Sujet type : *La conscience peut-elle être objective ?*

■ Contresens à ne pas commettre

Il faut faire attention au lien qu'établit Malebranche entre pensée rationnelle et religion. Elles ne sont pas équivalentes. Allant au-delà de Descartes, Malebranche pense que les mystères divins eux-mêmes peuvent être expliqués rationnellement. Il va jusqu'à dire qu'il n'y a pas dans le monde de réelles relations de cause à effet : seul Dieu est cause de tous les phénomènes ; les causes apparentes – le choc d'une boule de billard sur une autre par exemple – ne sont que les «occasions» de la manifestation du pouvoir causal de Dieu. C'est la théorie de l'«occasionalisme». Mais cette connaissance de Dieu à travers les choses n'est pas complète : nous ne connaîtrons jamais Dieu dans sa totalité, car nous voyons en Dieu les choses, mais nous ne voyons pas Dieu lui-même.

■ Autres fiches à faire vous-même

Le devoir d'augmenter sa liberté ; l'occasionalisme ; mécanisme et religion...

Leibniz

« Tout est pour le mieux dans le meilleur des mondes possibles »

■ Indications générales

Voltaire s'est moqué de Leibniz – caricaturé par le personnage du savant Pangloss dans *Candide* – en prêtant à celui-ci un optimisme touchant à la bêtise tant il restait constant devant les circonstances les plus abominables. Pourtant Leibniz (1646-1716) est l'un des plus grands métaphysiciens et mathématiciens de l'histoire. Lecteur critique de Descartes*, il discute aussi l'empirisme de Locke* dans ses *Nouveaux essais sur l'entendement humain* (1704). *La Monadologie* (1721) donne un exposé dense et complet de ce qu'il appelait son « système de l'harmonie préétablie ». C'est dans ce cadre qu'il faut comprendre la théorie de l'optimisme, qui n'est pas seulement la thèse absurde qu'en fait Voltaire.

■ Citation

« Comme il y a une infinité d'univers possibles dans les Idées de Dieu et qu'il n'en peut exister qu'un seul, il faut qu'il y ait une raison suffisante du choix de Dieu, qui le détermine à l'un plutôt qu'à l'autre. Et cette raison ne peut se trouver que dans la convenance ou dans les degrés de perfection, que ces mondes contiennent ; chaque possible ayant droit de prétendre à l'existence à mesure de la perfection qu'il enveloppe. Et c'est ce qui est la cause de l'existence du meilleur, que la sagesse fait connaître à Dieu, que sa bonté le fait choisir et que sa puissance le fait produire. » (*La Monadologie*, 1721, § 53-54-55.)

■ Explication

Leibniz ne dit donc pas que tout va bien pour tout le monde. La théorie de Leibniz consiste à dire qu'il y a une infinité de mondes possibles. La question est donc : pourquoi est-ce le nôtre qui existe ? À cela, il faut d'après lui répondre que le monde réel est nécessairement le meilleur des mondes possibles, parce que c'est le seul qui corresponde à l'idée de la bonté de Dieu. Si Dieu est infiniment bon, il n'a

pu créer que le meilleur des mondes, même si cela n'est pas visible tous les jours pour les hommes. Pour Leibniz, il s'agit d'une démonstration, fondée sur la définition de Dieu.

■ Principales notions concernées

La religion ; la raison et le réel ; la démonstration ; le bonheur.

Voir aussi les repères : *absolu/relatif ; contingent/nécessaire/possible ; essentiel/accidentel ; idéal/réel.*

■ Exemple d'utilisation

La théorie de Leibniz est provocante et intéressante pour toute réflexion sur le Mal. Si Dieu est bon, comment le Mal est-il possible ? Pourquoi souffrons-nous ? Leibniz ne nie pas l'existence de la souffrance, il dit que ce qui apparaît comme un mal au niveau de l'existence humaine ne peut être compris que comme une circonstance nécessaire dans le calcul que fait Dieu pour créer un univers optimal.

Sujet type : *Si Dieu est bon, comment le mal est-il possible ?*

■ Contresens à ne pas commettre

Le meilleur des mondes possibles n'est pas un monde entièrement bon. C'est le contresens que fait Voltaire, et qui explique ses railleries. Mais c'est confondre la perception humaine et la compréhension divine, qui ne voient pourtant pas les choses à la même échelle. C'est pour cela aussi que l'« optimisme » de Leibniz ne peut que modérément nous rendre optimistes face à l'existence, car il ne garantit en rien que nous ne souffrirons pas et que tout ira pour le mieux pour nous.

■ Autres fiches à faire vous-même

L'alphabet des pensées humaines et la langue universelle ; les petites perceptions* ; la critique de l'empirisme ; les critères formels de la vérité...

Vico

La langue, mémoire de l'humanité

Un auteur, une idée

■ Indications générales

Giambattista Vico (1668-1744) est un philosophe italien du XVIIIᵉ siècle. Avec sa « science nouvelle » (la *Scienza Nuova*, 1725), il bâtit une vaste fresque reconstituant l'histoire de l'humanité à partir du principe « *verum est factum* » : « le vrai, c'est le fait même » : les actions humaines sont l'avènement historique de la vérité, et le philosophe, comme un géomètre de l'humanité, doit en retracer les contours. Dans cette entreprise, l'étymologie joue un rôle primordial, car les langues sont porteuses de la mémoire des peuples.

■ Citation

« Tel est l'ordre que suivent les choses humaines : d'abord les forêts, puis les cabanes, puis les villages, ensuite les cités, ou réunions de citoyens, enfin les académies, ou réunions de savants. Autre grand principe étymologique, d'après lequel l'histoire des langues indigènes doit suivre cette série de changements que subissent les choses. Ainsi dans la langue latine nous pouvons observer que tous les mots ont des origines sauvages et agrestes : par exemple lex *(*legere, "*cueillir"*) dut signifier d'abord "récolte de glands", d'où l'arbre qui produit les glands fut appelé* illex, ilex ; *de même que* aquilex *est incontestablement "celui qui recueille les eaux". Ensuite* lex *désigna la récolte des "légumes" (*legumina*) qui en dérivent leur nom. Plus tard, lorsqu'on n'avait pas de lettres pour écrire les lois,* lex *désigna nécessairement la réunion des citoyens ou l'assemblée publique. La présence du peuple constituait "la loi" qui rendait les testaments authentiques,* calatis comitiis. *Enfin l'action de recueillir les lettres, et d'en faire comme un faisceau pour former chaque parole, fut appelée* legere, "*lire*" ». (*Scienza Nuova*, I, chap. 2, ax. 65.)*

■ Explication

L'ordre de progression de l'organisation humaine (comparer avec Aristote*) – forêts, cabanes, villages, cités, académies – peut être retracé terme à terme dans l'histoire du mot « lex » : « récolte de glands » (forêt et cabane) – « légume » (village) – « loi » (cité) – « lire » (assemblée de savants). Pour Vico, les langues sont ainsi détentrices de la vérité, et le philosophe / philologue doit venir la décrypter en elles.

■ Principales notions concernées

La culture ; le langage ; l'histoire ; l'interprétation. **Voir aussi les repères :** *en acte / en puissance ; contingent / nécessaire / possible ; essentiel / accidentel.*

■ Exemple d'utilisation

Le texte de Vico relie de manière originale histoire et langage. Même si elle a quelque chose de délirant, son étymologie révèle une profondeur de la langue qui en fait bien autre chose qu'un simple « instrument de communication ». La langue est chargée des faits et gestes de l'humanité (à comparer avec les « jeux de langage » de Wittgenstein*). Vico nous dit l'historicité de la langue, mais il nous dit aussi que l'Histoire est comme une langue : une parole divine, faite des actions humaines, que la « science nouvelle » cherche à déchiffrer.

SUJETS TYPES : *Héritage de mots, héritage d'idées / Parler, est-ce le contraire d'agir ?*

■ Contresens à ne pas commettre

Se référer au texte de Vico pour illustrer une certaine conception de l'histoire humaine et une certaine conception des langues ne doit pas vous faire croire que son étymologie est aussi « scientifique » qu'il le prétend. Cela ne l'empêche pas d'être intéressante et « parlante ».

■ Autres fiches à faire vous-même

Liberté et Providence divine dans la philosophie de l'histoire ; les trois âges de l'histoire ; l'enfance de l'humanité ; mathématiques et science historique ; les principes de l'éducation...

Berkeley

«Être, c'est être perçu»

■ Indications générales

George Berkeley (1685-1753), évêque de Cloyne, a proposé une théorie métaphysique provocante et originale appelée l'«immatérialisme». Partant de l'empirisme, Berkeley considère toute notion abstraite comme une illusion : seules existent les choses singulières ; mais celles-ci ne sont connues par nous qu'en tant qu'images reliées à d'autres images.

■ Citation

*«Je dis que la table sur laquelle j'écris existe, c'est-à-dire que je la vois et la touche ; et si je n'étais pas dans mon bureau, je dirais que cette table existe, ce par quoi j'entendrais que, si j'étais dans mon bureau je pourrais la percevoir ; ou bien que quelque autre esprit la perçoit actuellement. [...] L'*esse *(être) de ces choses-là, c'est leur* percipi *(être perçu) ; et il n'est pas possible qu'elles aient une existence quelconque en dehors des esprits ou des choses pensantes qui les perçoivent».* (Les Principes de la connaissance humaine, 1710, § 3.)

■ Explication

Quoique d'apparence paradoxale, l'idée de Berkeley est d'après lui, une simple question de bon sens : notre rapport aux choses est toujours un rapport de représentation. Dire qu'une chose existe, c'est dire qu'on la perçoit, ou que l'on pourrait la percevoir.

■ Principales notions concernées

La conscience ; la perception ; la raison et le réel ; la matière et l'esprit.
Voir aussi les repères : essentiel / accidentel ; idéal / réel ; objectif / subjectif.

■ Exemple d'utilisation

Le texte de Berkeley est exemplaire pour toute réflexion sur les rapports entre la conscience*

et le réel. C'est le problème de la distance infranchissable entre les deux qu'il cherche précisément à résoudre. En effet, si l'on pose, comme Descartes, que le corps et l'esprit sont deux réalités distinctes, on a ensuite beaucoup de mal à résoudre la question de la possibilité de la connaissance. Car comment l'esprit peut-il franchir la distance qui le sépare du corps ? Une telle difficulté favorise le scepticisme. D'où l'idée de Berkeley que « la matière » n'existe pas : c'est une abstraction, un simple mot qui nous fait croire qu'il est le signe de quelque chose de réel, d'une substance matérielle ; alors qu'en fait, il n'y a pas de substance matérielle : il n'y a que des perceptions. L'esprit n'a donc pas de distance à franchir pour connaître le monde, puisqu'ils sont de même nature.

SUJET TYPE : *La perception permet-elle la connaissance ?*

■ Contresens à ne pas commettre

Lorsque Berkeley dit que la matière n'existe pas, il ne dit pas que tout n'est qu'illusion. Au contraire, c'est pour combattre le scepticisme et l'incrédulité religieuse des matérialistes que Berkeley écrit. Ce n'est pas parce que les choses sont des idées qu'elles ne sont pas réelles. On peut très bien distinguer, en particulier, les perceptions qui sont reliées entre elles de façon régulière, en produisant une correspondance entre la vue et le toucher, et les perceptions déréglées qui sont celles de l'imagination et du rêve.

■ Autres fiches à faire vous-même

Le nominalisme ; Dieu ; «être, c'est percevoir »...

Condillac

La statue sentante

Un auteur, une idée

■ Indications générales

Étienne Bonnot de Condillac (1715-1780) est un représentant de la psychologie des Lumières. S'inspirant de Locke* pour critiquer la théorie des idées innées de Descartes, il développe la théorie du sensualisme selon laquelle la sensation est la source de toutes nos idées et de toute connaissance. Pour le montrer, il imagine une statue *« organisée à l'intérieur comme nous et animée d'un esprit privé de toute espèce d'idée »*. Comment les idées lui viendront-elles ?

■ Citation

« Les connaissances de notre statue bornée au sens de l'odorat ne peuvent s'étendre qu'à des odeurs. Elle ne peut pas plus avoir les idées d'étendue, de figure, ni de rien qui soit hors d'elle, ou hors de ses sensations, que celle de couleur, de son, de saveur. Si nous lui présentons une rose, elle sera par rapport à nous une statue qui sent une rose ; mais par rapport à elle, elle ne sera que l'odeur même de cette fleur. Elle sera donc odeur de rose, d'œillet, de jasmin, de violette suivant les objets qui agiront sur son organe. » (*Traité des sensations*, 1755.)

■ Explication

Par la fiction de cette statue vide de toute expérience mais capable de sensations, Condillac retrace une genèse de la formation de nos idées. Ce qu'il met en évidence, c'est que ce sont les *stimuli* du monde extérieur qui façonnent ce qui se passe dans notre esprit. Si on lui présente une fleur, elle « sera l'odeur même de cette fleur », c'est-à-dire que toute son expérience se réduira à cette odeur, sans point de comparaison, et sans inscription de la singularité de cette expérience dans le cadre d'une idée générale de *fleur* ou d'*odeur* (ou de *matière*). Condillac va ainsi encore plus loin que Locke*, pour qui nos idées avaient une double origine (sensation et réflexion). Pour lui, c'est la sensation qui est la seule source de la connaissance, et qui détermine ensuite les différents contenus de conscience : attention, souvenir, désir...

■ Principales notions concernées

La conscience ; la perception ; la raison et le réel ; la matière et l'esprit.

Voir aussi les repères : *genre / espèce / individu ; intuitif / discursif ; médiat / immédiat.*

■ Exemple d'utilisation

La doctrine de la sensation de Condillac est un exemple classique d'empirisme qui peut être mis en regard du rationalisme de Descartes. Il faut bien voir aussi comment ce sensualisme va de pair avec une *critique de l'idée de substance*, qui débouche, chez Condillac, sur une *critique du langage*. Pour lui, les mots ne désignent pas des substances, mais des opérations concrètes : ainsi « penser » veut d'abord dire « peser », « comparer » : c'est en comptant leurs doigts que les hommes ont inventé le calcul. Condillac montre donc le lien entre le langage et la pensée. D'où la phrase : *« Toute science n'est qu'une langue bien faite »*, qui correspond à l'idée que le progrès de la science consiste à remplacer des mots au sens vague par des symboles d'un maniement plus rapide et plus efficace, comme en mathématiques.

SUJET TYPE : *La science va-t-elle au-delà des apparences ?*

■ Contresens à ne pas commettre

Dire que toute connaissance nous vient des sensations ne signifie pas que Condillac considère l'esprit comme un récepteur purement passif. Ce serait considérer le « moi » comme une substance qui serait progressivement remplie. Mais justement, pour Condillac, il n'y a pas de « substances ». Le sentiment du « moi » vient de la rencontre entre les sensations présentes et celles du souvenir. C'est dire que la réceptivité est déjà une activité.

■ Autres fiches à faire vous-même

La critique du langage ; attention, souvenir et désir ; le statut du « moi »...

Montesquieu La séparation des pouvoirs : « il faut que, par la disposition des choses, le pouvoir arrête le pouvoir »

■ Indications générales

Montesquieu (1689-1755), dans *De l'Esprit des lois*, veut appliquer aux faits politiques la même approche rigoureuse que les newtoniens en sciences physiques. Il s'agit donc de montrer les liens rationnels qui unissent certains types de population avec certaines formes de gouvernements, et ceux-ci avec certaines lois. C'est aussi sur ce modèle de la physique que repose la notion d'équilibre des pouvoirs.

■ Citation

« Il y a, dans chaque État, trois sortes de pouvoir : la puissance législative, la puissance exécutrice des choses qui dépendent du droit des gens, et la puissance exécutrice de celles qui dépendent du droit civil.
Par la première, le prince ou le magistrat fait des lois pour un temps ou pour toujours, et corrige ou abroge celles qui sont faites. Par la seconde, il fait la paix ou la guerre, envoie ou reçoit des ambassades, établit la sûreté, prévient les invasions. Par la troisième il punit les crimes, ou juge les différends des particuliers. On appellera cette dernière la puissance de juger […] Tout serait perdu si le même homme, ou le même corps des principaux ou des nobles ou du peuple exerçaient ces trois pouvoirs ».
(*De l'Esprit des lois*, 1748, livre XI, chap. 6.)

■ Explication

Il y a donc trois pouvoirs : législatif, exécutif et judiciaire. La liberté civile n'est possible que si ces pouvoirs sont séparés de manière à s'entre-équilibrer. Si le législatif et l'exécutif sont confondus, c'est la tyrannie ; si le juge est législateur, « le pouvoir sur la vie et la liberté des citoyens serait arbitraire » ; et si le juge est chef du pouvoir exécutif, il peut devenir un oppresseur.

■ Principales notions concernées

La politique ; la liberté.

Voir aussi les repères : cause / fin ; légal / légitime ; obligation / contrainte.

■ Exemple d'utilisation

Le texte de Montesquieu est un des textes fondateurs du libéralisme politique, qui cherche à définir les conditions de possibilité de la liberté politique, contre le despotisme. C'est un bon exemple à opposer à la notion de « despotisme éclairé ». Ce qui est intéressant, c'est que le caractère rationnel de l'organisation du pouvoir ne consiste pas, chez Montesquieu, dans le caractère rationnel des gouvernants ou des sujets, mais dans la structure du pouvoir, qui doit permettre à la liberté d'être préservée malgré (et même grâce à) l'irrationalité de ses acteurs. C'est un texte intéressant à comparer avec les thèses de Rousseau*, qui considère que la volonté générale est indivisible.
SUJET TYPE : *Le pouvoir politique peut-il échapper à l'arbitraire ?*

■ Contresens à ne pas commettre

La théorie de Montesquieu est moins de nature juridique que politique et sociale. Les trois pouvoirs ne représentent en effet pas pour lui de simples fonctions de l'organisation politique, mais aussi des groupes sociaux distincts. Comme dans l'Angleterre de 1730 (qui lui sert de modèle), où le pouvoir est réparti entre le monarque, l'assemblée du peuple et l'assemblée de la noblesse. C'est donc d'abord pour lui l'équilibre entre les groupes sociaux qui assure la modération du régime. Sans cela, une séparation des pouvoirs purement juridique ne serait qu'une simple façade.

■ Autres fiches à faire vous-même

Le droit naturel ; les différents types de peuples et de régimes ; les principes des gouvernements (vertu, honneur, crainte) ; *« la liberté est le droit de faire tout ce que les lois permettent »*…

Un auteur, une idée

Hume

La raison ne peut pas connaître de relations de cause à effet

■ Indications générales

David Hume (1711-1776) est l'un des grands représentants de l'empirisme anglais. Il en a poussé les conséquences très loin, allant jusqu'à nier l'existence de liens de cause à effet réels entre les choses. C'est cette célèbre analyse qui mènera Kant* à dire de lui « ce fut Hume qui me tira de mon sommeil dogmatique ».

■ Citation

« La première fois qu'un homme vit le mouvement se communiquer par impulsion, par exemple par le choc de deux billes de billard, il ne put affirmer que l'un des événements était en connexion *avec l'autre ; il affirma seulement qu'il y avait une* conjonction. *[…] Quand donc nous disons qu'un objet est en connexion avec un autre, nous voulons seulement dire que ces objets ont acquis une connexion dans notre pensée et qu'ils font surgir cette inférence qui fait de chacun d'eux la preuve de l'existence de l'autre ».* (Enquête sur l'entendement humain, *1748, section IV.)*

■ Explication

Lorsque deux boules de billard se heurtent, nous pensons que le mouvement de la première est la cause du mouvement de la seconde, et qu'il y a donc une *connexion nécessaire* entre les deux mouvements. Ce qu'explique Hume, c'est que, par l'expérience, tout ce que nous observons, c'est une *conjonction* entre le premier et le second mouvement. Nous avons *l'habitude* de les voir se produire à la suite l'un de l'autre, et donc nous *imaginons* un lien entre eux. Mais nous n'avons en fait aucun moyen d'être logiquement sûrs que l'un va nécessairement suivre l'autre comme s'il s'agissait d'une démonstration mathématique. L'idée de relation de cause à effet est donc le produit de notre habitude, mais elle n'existe pas réellement dans les choses. Telle est la thèse hautement provocante de Hume.

■ Principales notions concernées

La conscience ; la perception ; la raison et le réel ; théorie et expérience.

Voir aussi les repères : cause / fin ; contingent / nécessaire / possible ; objectif / subjectif.

■ Exemple d'utilisation

Le texte de Hume est un bel exemple de dénonciation de préjugé, posant la question du rapport entre le réel et notre représentation du réel. Il constitue une critique de la conception mécaniste du monde telle qu'on la trouve notamment chez Descartes. Hume montre que les connexions que nous croyons exister entre les choses sont une projection de notre esprit. Il nous appelle ainsi à un regard épuré sur notre propre expérience, ramenée à une simple suite de perceptions. En philosophie des sciences, la thèse de Hume exprime les principes de la physique moderne (celle de Newton), qui ne cherche plus les causes des phénomènes, mais en donne les lois sous forme d'équations mathématiques.

Sujet type : *La connaissance scientifique est-elle connaissance des causes des phénomènes ?*

■ Contresens à ne pas commettre

Ne pas faire de Hume un sceptique. L'empirisme de Hume est aussi une critique de l'empirisme, puisqu'il montre que l'expérience nous donne moins d'informations que ce que nous croyons communément. C'est pourquoi, Hume se caractérise lui-même comme un « sceptique mitigé ». Mais il ne faut pas se tromper sur le sens de ce scepticisme. Il est « mitigé », parce que, contrairement au scepticisme classique [voir Sextus Empiricus], Hume ne nie pas la possibilité de toute connaissance. Au contraire, il est au service de la connaissance, en faisant le tri entre les vrais et les faux problèmes.

■ Autres fiches à faire vous-même

Différence entre les relations d'idées (mathématiques) et les faits empiriques ; le rôle des passions ; l'origine de la justice…

Rousseau

« Le plus fort n'est jamais assez fort pour être toujours le maître s'il ne transforme sa force en droit et l'obéissance en devoir »

■ Indications générales

L'œuvre politique de Jean-Jacques Rousseau (1712-1778) a deux versants : d'un côté, dans le *Discours sur l'origine et les fondements de l'inégalité parmi les hommes* (1754), il reconstitue la manière dont l'inégalité sociale a dû s'établir dans l'histoire ; de l'autre, dans *Du Contrat social* (1762), il tâche de concevoir à quelles conditions un pouvoir politique peut être légitime, et donc en quoi consisterait un système politique juste, assurant l'égalité et la liberté. Il construit ainsi une critique de la notion de droit du plus fort.

■ Citation

« Le plus fort n'est jamais assez fort pour être toujours le maître s'il ne transforme sa force en droit et l'obéissance en devoir. De là le droit du plus fort ; droit pris ironiquement en apparence, et réellement établi en principe. Mais ne nous expliquera-t-on jamais ce mot ? La force est une puissance physique ; je ne vois point quelle moralité peut résulter de ses effets ». (*Du Contrat social*, livre I, chapitre 3.)

■ Explication

Rousseau marque clairement la différence entre force et droit. Contre Grotius (1583-1645) qui, dans la suite d'Aristote*, pensait qu'il existait une forme naturelle de domination de l'homme sur l'homme (dans l'esclavage en particulier), Rousseau explique qu'une puissance ne peut être légitime que si son pouvoir s'adosse à un devoir, qui ne peut, conceptuellement, être assimilé à une simple crainte devant une menace. L'expression « droit du plus fort » est donc une contradiction dans les termes. Le droit commence justement là où l'on s'incline devant autre chose que devant la force.

■ Principales notions concernées

La politique ; la justice et le droit ; l'État ; la liberté.

Voir aussi les repères : en fait / en droit ; légal / légitime ; obligation / contrainte.

■ Exemple d'utilisation

Le texte de Rousseau pose explicitement la question de la légitimité du pouvoir politique. Il peut servir à illustrer l'idée que les politiques de puissance – aussi bien au niveau national qu'au niveau international – cherchent à se légitimer en se donnant l'apparence du droit. Ou bien à montrer qu'il n'y a de politique véritable que lorsque les relations de pouvoir ne sont plus fondées sur la force. C'est un texte qu'il faut mettre en regard du *Léviathan* de Hobbes*, que Rousseau critique directement, parce que celui-ci montre au contraire que l'État est l'instance qui détient le monopole de la force.
SUJET TYPE : *Y a-t-il un droit du plus fort ?*

■ Contresens à ne pas commettre

Ne pas croire – comme on l'entend si souvent – que Rousseau prône le retour à l'état de nature. Il est vrai que Rousseau a parfois des accents nostalgiques lorsqu'il évoque l'enfance de l'humanité, en particulier l'« âge des familles ». Mais cela s'arrête là. Rousseau pense que la société a corrompu l'homme, mais il pense aussi que c'est la société qui a rendu l'homme véritablement humain, en développant toutes les facultés qui n'étaient que virtuelles dans l'état de nature (la raison, le langage, la diversité des sentiments...). Il ne faut donc certainement pas revenir en arrière, mais aller de l'avant en construisant une société juste où l'homme puisse développer ses vertus plutôt que ses vices, et se baser sur un droit véritable et non un « droit du plus fort » factice.

■ Autres fiches à faire vous-même

L'homme dans l'état de nature ; le passage de l'état de nature à l'état de société ; le contrat social ; l'éducation ; l'origine des langues*...

Diderot

Le paradoxe sur le comédien

Un auteur, une idée

■ Indications générales

Diderot (1713-1784) est un des plus célèbres représentants des Lumières en France. Il est connu notamment pour avoir dirigé avec d'Alembert l'édition de l'*Encyclopédie*, qui fait la somme de tous les savoirs et savoir-faire de son temps, symbole de la diffusion de la connaissance rationnelle («les Lumières») à un public élargi. Son œuvre personnelle est multiforme, souvent au carrefour de la philosophie et de la littérature. Elle pose notamment la question de la représentation artistique, en peinture, mais aussi sur la scène.

■ Citation

«Réfléchissez un moment sur ce qu'on appelle au théâtre être vrai. Est-ce montrer les choses comme elles sont en nature? Aucunement. Le vrai en ce sens ne serait que le commun. Qu'est-ce donc que le vrai de la scène? C'est la conformité des actions, des discours, de la figure, de la voix, du mouvement, du geste, avec un modèle idéal imaginé par le poète, et souvent exagéré par le comédien». (*Le Paradoxe sur le comédien*, 1773.)

■ Explication

La vérité de l'art n'est pas la vérité naturelle. Ce n'est pas l'adéquation à ce qui est, mais l'adéquation à un idéal. Le paradoxe sur le comédien consiste en cela que c'est l'artifice le plus grand qui produira le plus grand effet de réalité. Le comédien, d'après Diderot, ne doit pas «vivre» son personnage: il doit l'incarner face aux autres, et cela suppose une grande maîtrise de lui-même.

■ Principales notions concernées

La perception; l'art; la vérité.

Voir aussi les repères: *idéal/réel; intuitif/discursif; médiat/immédiat; ressemblance/analogie.*

■ Exemple d'utilisation

Le texte de Diderot est intéressant à évoquer dans une discussion sur la *mimesis*: l'art imite-t-il ou non la nature? Cette imitation est-elle ce qui fait la force de l'art (Aristote*), ou ce qui en fait la faiblesse (Platon*)? Ce que Diderot souligne, c'est que, pour que l'imitation soit efficace, il faut qu'elle soit un véritable processus d'imitation, mettant ce qu'elle imite à distance, et non pas la réalité même. L'acteur fait voir la réalité en la re-présentant. *«Une femme malheureuse et vraiment malheureuse pleure et ne vous touche point».* SUJETS TYPES: *L'activité de l'artiste relève-t-elle du travail ou du jeu?/En quoi consiste la vérité de l'œuvre d'art?*

■ Contresens à ne pas commettre

Pour Diderot, le plaisir esthétique ne s'adresse pas seulement aux sens. Il s'adresse également, de manière subtile, à la raison, qui calcule les formes les plus utiles: en architecture notamment, et aussi en peinture, il y a certaines proportions mathématiques (le «nombre d'or») qui produisent le plus grand effet d'harmonie, tout en étant ce qui produit l'édifice le plus solide. C'est pourquoi l'acteur, lui aussi, doit calculer son effet – même si ce calcul est si fin qu'il finit par ressembler à un instinct (l'acteur n'est pas un robot). Ainsi, il s'agit bien, pour Diderot, d'imiter le réel, mais le réel n'est pas le naturel ou le spontané, ce qui se montre à nous de la manière la plus immédiate, c'est un idéal épuré – de même que le triangle conçu dans l'esprit du géomètre est plus réellement triangle que n'importe quelle équerre en bois.

■ Autres fiches à faire vous-même

Le matérialisme; la nature humaine; les aveugles...

Kant L'espace et le temps, «formes *a priori* de la sensibilité»

■ Indications générales

Emmanuel Kant (1724-1804) reprend les problèmes ouverts au XVIIe et au XVIIIe siècles pour tâcher de les résoudre en les posant différemment. C'est l'œuvre de ses trois grandes «Critiques»: *Critique de la raison pure* (1781), *Critique de la raison pratique* (1788), *Critique de la faculté de juger* (1790), qui marquent un tournant important de l'histoire de la philosophie, une «révolution copernicienne». L'interrogation philosophique ne porte plus sur la nature du monde lui-même, mais d'abord sur les pouvoirs de connaissance du sujet pensant.

■ Citation

«Le temps ne peut pas être intuitionné extérieurement, pas plus que l'espace ne peut l'être comme quelque chose en nous. Or que sont l'espace et le temps? Sont-ils des êtres réels? Sont-ils seulement des déterminations ou même des rapports des choses, mais des rapports de telle espèce qu'ils ne cesseraient pas de subsister entre les choses, même s'ils n'étaient pas intuitionnés? Ou bien sont-ils tels qu'ils ne tiennent qu'à la forme de l'intuition et par conséquent à la constitution subjective de notre esprit...?»
(*Critique de la raison pure*, «Esthétique transcendantale», § 2.)

■ Explication

Kant cherche à résoudre le conflit entre les rationalistes cartésiens [voir Descartes] pour qui toute connaissance vient de la raison, et les empiristes pour qui la connaissance vient d'abord des sens [voir Locke, mais aussi Berkeley, Condillac, Hume].
La nouveauté de l'approche de Kant consiste à dire qu'il n'y a d'expérience possible qu'en fonction d'une certaine structure de la subjectivité, qui donne sa forme au monde tel qu'il nous apparaît. L'espace et le temps, en particulier, n'existent pas comme des réalités extérieures à nous mais sont la manière dont nous structurons notre expérience sensible: ils «ne tiennent qu'à la constitution subjective de notre esprit», c'est-à-dire qu'ils sont les formes *a priori* de notre sensibilité. Sur le même modèle, Kant explique aussi quelles sont les catégories de l'entendement, par lesquelles nous structurons notre compréhension du monde.

■ Principales notions concernées

La perception; l'existence et le temps; la raison et le réel; théorie et expérience.
Voir aussi les repères: *absolu / relatif; formel / matériel; médiat / immédiat; objectif / subjectif.*

■ Exemple d'utilisation

Ce texte de Kant est typiquement une référence utilisable dans une troisième partie de dissertation dans un sujet sur les rapports entre la raison et l'expérience. Une première partie exposerait la conception cartésienne, une seconde la conception empiriste (ou l'inverse, selon les choix argumentatifs que *vous* décidez de faire); comme Kant résout leur opposition, en montrant que c'est le sujet rationnel qui, par la structure même de sa subjectivité, construit le champ de l'expérience, il serait logique de présenter ses analyses dans le dernier temps de votre réflexion.

SUJET TYPE: *À quelles conditions l'expérience peut-elle être source de connaissance?*

■ Contresens à ne pas commettre

Ne pas faire de Kant un subjectiviste [voir à ce sujet Schopenhauer]. Il pose la distinction entre «phénomènes» et «noumènes», qu'il ne faut pas confondre avec l'opposition entre paraître et être: les «noumènes» sont les choses en soi, telles qu'elles sont, indépendamment de notre conscience. De cela, nous ne pouvons rien savoir. Les choses saisies par la conscience, ce sont les «phénomènes»: ce ne sont pas des illusions, mais la manière dont la conscience saisit leur réalité. Il ne s'agit donc pas de dire que tout est subjectif, mais de montrer que c'est dans la subjectivité que se trouvent les conditions de possibilité de la constitution d'un monde objectif – et donc la possibilité d'une science.

■ Autres fiches à faire vous-même

L'impératif catégorique; le jugement de goût; l'insociable sociabilité de l'homme...

Hegel
La dialectique

■ **Indications générales**

Hegel (1770-1831), au début du XIXe siècle, a accompli une œuvre monumentale dans laquelle il retrace l'histoire humaine en la présentant comme un processus rationnel dont chaque étape prépare la suivante. Ce processus n'est pas linéaire mais dialectique, c'est-à-dire qu'il est fait de conflits et de résolutions de ces conflits, qui débouchent sur d'autres conflits. La métaphore du bourgeon permet de bien le comprendre :

■ **Citation**

« Le bouton disparaît dans l'éclatement de la floraison, et on pourrait dire que le bouton est réfuté par la fleur. À l'apparition du fruit également, la fleur est dénoncée comme un faux être-là de la plante, et le fruit s'introduit à la place de la fleur comme sa vérité. Ces formes ne sont pas seulement distinctes mais encore chacune refoule l'autre parce qu'elles sont mutuellement incompatibles. Mais en même temps leur nature fluide en fait des moments de l'unité organique dans laquelle elles ne se repoussent pas seulement mais dans laquelle l'une est aussi nécessaire que l'autre, et cette égale nécessité constitue seule la vie du tout ». (*La Phénoménologie de l'esprit*, 1807, préface.)

■ **Explication**

Cette métaphore s'applique à l'histoire de la philosophie et à l'histoire en général : les systèmes philosophiques semblent s'opposer et être en contradiction les uns avec les autres : mais Hegel montre que ces oppositions ne se font pas au hasard et suivent une certaine logique : elles s'inscrivent ainsi dans un tout qui, *a posteriori*, permet de comprendre leur sens véritable. La dialectique s'oppose ainsi à la logique binaire, pour qui le faux est simplement l'opposé du vrai. Pour Hegel, l'avènement du vrai se fait à travers le faux, c'est pourquoi, « ce n'est plus en tant que faux que le faux est un moment de la vérité » : toutes les philosophies du passé sont fausses parce qu'incomplètes, mais elles sont d'une certaine manière vraies en tant que moment d'un vaste processus historique de manifestation de la vérité et de prise de conscience de l'Esprit par lui-même.

■ **Principales notions concernées**

L'histoire ; la raison et le réel ; le vivant.

Voir aussi les repères : *absolu / relatif ; en acte / en puissance ; cause / fin ; transcendant / immanent.*

■ **Exemple d'utilisation**

Vous utilisez la notion de dialectique dans toute dissertation (les fameuses « thèse-antithèse-synthèse » : voir méthodologie*).

À titre de référence, ce passage peut être cité dans une réflexion sur les processus historiques. C'est une conception originale du déroulement historique parce que, dans la conception dialectique, l'histoire n'est ni un pur désordre, ni un processus continu et bien ordonné : la dialectique est plutôt comme un mouvement de spirale, qui permet d'intégrer les conflits et désordres apparents dans un ordre à plus grande échelle. C'est ce que Hegel, dans *La Raison dans l'histoire* appelle « la ruse de la raison » : les conflits, les guerres, ne seraient donc, pour Hegel, que des moments nécessaires, négatifs, de l'accomplissement de la Raison qui gouverne le monde, selon le principe que « ce qui est rationnel est réel, ce qui est réel est rationnel ».

SUJET TYPE : *Peut-on dire qu'il existe une logique des événements historiques ?*

■ **Contresens à ne pas commettre**

Pour Hegel, l'histoire empirique ne se confond pas avec l'histoire de l'Esprit (comparer avec Vico*). C'est pourquoi il peut annoncer la « fin de l'histoire », c'est-à-dire la fin du processus dialectique de prise de conscience de l'Esprit par soi-même – dont le point culminant est sa propre œuvre – même si l'histoire des hommes continue, soit en répétant des figures déjà advenues, soit en changeant totalement de logique.

■ **Autres fiches à faire vous-même**

La dialectique du maître et du serviteur* ; la pensée et le langage* ; le rationnel et le réel...

Un auteur, une idée

Schopenhauer   « La volonté est l'essence du monde »

■ Indications générales

Schopenhauer (1788-1860), admirateur de Kant*, lui reprend l'idée que nous ne pouvons connaître du monde que la représentation humaine que nous pouvons nous en former. Pour lui, toute représentation est donc une illusion. Mais nous pouvons aussi directement connaître ce qui fait le cœur de la réalité, et que nous trouvons en nous-mêmes : la volonté.

■ Citation

« La volonté, que nous trouvons au-dedans de nous, ne résulte pas avant tout, comme l'admettait jusqu'ici la philosophie, de la connaissance, elle n'en est même pas une pure modification, c'est-à-dire un élément secondaire dérivé et régi par le cerveau comme la connaissance elle-même ; mais elle est le Prius *de la connaissance, le noyau de notre être et cette propre force originelle qui crée et entretient le corps animal, en en remplissant toutes les fonctions inconscientes et conscientes [...] Elle est ainsi ce qui doit s'exprimer de n'importe quelle manière, dans n'importe quelle chose au monde : car elle est l'essence du monde et la substance de tous les phénomènes ». (Le Monde comme volonté et comme représentation, 1818, III.)*

■ Explication

Ce que Kant appelait les « noumènes », ou choses en soi, et qu'il estimait inconnaissable, Schopenhauer l'identifie avec la volonté. Il s'agit d'un principe de croissance et d'action, présent en toutes choses, et dont nous avons, en nous, une conscience immédiate.

■ Principales notions concernées

Le sujet ; la conscience ; l'existence et le temps ; la vérité.
Voir aussi les repères : *absolu / relatif ; objectif / subjectif ; universel / général / particulier / singulier.*

■ Exemple d'utilisation

La grande originalité de Schopenhauer, c'est qu'il pense l'être non pas comme une substance qui se présenterait devant la conscience, mais comme une force de production, une activité, présente en toute chose, y compris dans la conscience. De ce point de vue, Schopenhauer peut être opposé – comme il le dit lui-même d'ailleurs – à tous les philosophes qui l'ont précédé [voir en particulier Descartes, Locke, Kant].

Dans ce cadre, la question du rapport à Autrui est particulièrement intéressante : car pour Schopenhauer, inspiré par le bouddhisme, l'individualité n'est qu'une illusion : chacun se prend pour le centre du monde et veut tout pour lui, et les hommes vivent ainsi torturés par un désir insatiable, dans la lutte contre tous [voir Hobbes]. Mais celui qui, à travers la pitié, sait reconnaître que tous les individus ne sont en fait que des expressions de la même volonté universelle, celui-là pourra convertir son égoïsme en amour et atténuer sa souffrance.

SUJET TYPE : *La conscience peut-elle atteindre les choses mêmes ?*

■ Contresens à ne pas commettre

Même si, pour Schopenhauer, la souffrance provoquée par le désir est le lot de la plupart des hommes, il y voit quand même quelques issues : la pitié universelle n'en est qu'une étape, car elle n'atténue pas encore le malheur, même si elle détache l'individu de lui-même. L'art, et la musique en particulier, permet d'avoir un regard désintéressé sur le monde, qui nous libère de notre vouloir égoïste, au moins de manière passagère. Enfin la méthode la plus radicale, qui rappelle aussi le bouddhisme, consiste à se défaire par l'ascétisme du vouloir lui-même, pour atteindre ce point d'extinction du vouloir qui est la sérénité suprême.

■ Autres fiches à faire vous-même

Le « voile de Maya » ; le désir ; l'égoïsme et la pitié ; l'art ; le nirvana...

Un auteur, une idée

Tocqueville

« L'espèce d'oppression dont les peuples démocratiques sont menacés ne ressemblera à rien de ce qui l'a précédée dans le monde »

■ Indications générales

Alexis de Tocqueville (1805-1859) a proposé une analyse de la société et du système politique américain, dans *De la Démocratie en Amérique* (1835-1840). À travers ces analyses, il décortique ce qu'est la démocratie, dont il voit les mérites, mais aussi les dangers.

■ Citation

« Je pense donc que l'espèce d'oppression dont les peuples démocratiques sont menacés ne ressemblera à rien de ce qui l'a précédée dans le monde [...] Je veux imaginer sous quels traits nouveaux le despotisme pourrait se produire dans le monde : je vois une foule innombrable d'hommes semblables et égaux qui tournent sans repos sur eux-mêmes pour se procurer de petits et vulgaires plaisirs dont ils emplissent leur âme. [...] Au-dessus de ceux-là s'élève un pouvoir immense et tutélaire, qui se charge seul d'assurer leur jouissance et de veiller sur leur sort [...] il aime que les citoyens se réjouissent, pourvu qu'ils ne songent qu'à se réjouir. Il travaille volontiers à leur bonheur ; mais il veut en être l'unique agent et le seul arbitre ; il pourvoit à leur sécurité, prévoit et assure leurs besoins, facilite leurs plaisirs, conduit leurs principales affaires, dirige leur industrie, règle leurs successions, divise leurs héritages ; que ne peut-il leur ôter entièrement le trouble de penser et la peine de vivre ? » (*De la Démocratie en Amérique*, 1835-1840.)

■ Explication

Pour Tocqueville, l'histoire des hommes est une marche vers l'égalité. Ainsi, la démocratie remplace inexorablement la société d'ordres de l'Ancien Régime. Mais cette passion de l'égalité qui anime les hommes dans les démocraties a aussi un visage négatif : paradoxalement elle peut se retourner contre la liberté. L'égalitarisme risque de déboucher sur un nivellement des conditions, où les hommes deviennent également médiocres, repliés sur leur vie privée, soumis à un État-providence par rapport auquel ils n'ont plus aucune autonomie. C'est pourquoi Tocqueville invente ce concept paradoxal d'un « despotisme démocratique », où la liberté n'est pas restreinte par l'oppression du tyran mais par l'égalitarisme lui-même.

■ Principales notions concernées

La société ; l'État ; la liberté ; le bonheur.
Voir aussi les repères : *identité / égalité / différence ; obligation / contrainte.*

■ Exemple d'utilisation

Le texte de Tocqueville est une référence presque obligée pour toute discussion sur la démocratie. Il permet de problématiser la notion de démocratie en montrant comment les idéaux de liberté et d'égalité ne sont pas forcément faciles à concilier.

C'est aussi un beau texte pour illustrer la manière dont un philosophe invente parfois des concepts nouveaux, à partir de notions contradictoires, qu'il a du mal à nommer. Il dit ainsi : *« les anciens mots de despotisme et tyrannie ne conviennent point. La chose est nouvelle, il faut donc tâcher de la définir puisque je ne peux la nommer ».*

Sujet type : *Peut-on critiquer la démocratie ?*

■ Contresens à ne pas commettre

1. Tocqueville n'est pas un penseur réactionnaire, monarchiste, parce qu'il critique la démocratie : il n'est pas question pour lui de revenir à des systèmes inégalitaires. Cela n'empêche pas d'être lucide sur les dangers de la démocratie. 2. Pour lui, la transformation de la démocratie en démagogie n'est pas inéluctable : Tocqueville voit des remèdes à ce danger, en particulier l'indépendance judiciaire et le développement de ce quatrième pouvoir qu'est la presse. Tocqueville est un des premiers grands défenseurs de la liberté de la presse.

■ Autres fiches à faire vous-même

L'avènement de la liberté dans l'histoire ; la révolution française...

Comte
Cause et loi : La science décrit les lois des phénomènes, elle n'explique pas leurs causes

■ Indications générales

Auguste Comte (1798-1857) est le fondateur de l'école positiviste. Scientifique et philosophe des sciences, il développe un projet global de refondation rationnelle de la société, à partir d'une nouvelle science – dont il invente le nom : la «sociologie», qui est pour lui le point d'aboutissement de toutes les sciences. Dans les sciences, le positivisme, s'opposant à la métaphysique, substitue à la recherche du «pourquoi?» la recherche du «comment?».

■ Citation

«Le caractère fondamental de la philosophie positive est de regarder tous les phénomènes comme assujettis à des lois naturelles invariables, dont la découverte précise et la réduction au moindre nombre possible sont le but de tous nos efforts, en considérant comme absolument inaccessible et vide de sens pour nous la recherche de ce que l'on appelle les causes soit premières, soit finales». (*Cours de philosophie positive*, 1842, 1ʳᵉ leçon.)

■ Explication

Pour Aristote, expliquer un phénomène, c'était montrer quelle *cause* agissait en lui. Par exemple, les corps matériels tombaient, selon lui, parce qu'ils avaient en eux une tendance naturelle à regagner leur «lieu propre» qui était le centre de la terre (tandis que le «lieu propre» du feu était une région au-dessus du ciel). Auguste Comte rejette comme non-scientifiques de telles théories, qui cherchent les causes *sous* les phénomènes au lieu de regarder les phénomènes eux-mêmes. Le positivisme cherche donc à décrire les *lois* des phénomènes, montrant *comment* ils se produisent et non *pourquoi*. Par exemple, la loi de la gravitation universelle, énoncée par Newton.

■ Principales notions concernées

L'histoire ; la raison et le réel ; théorie et expérience ; la vérité.
Voir aussi les repères : *cause/fin ; universel/général/particulier/singulier.*

■ Exemple d'utilisation

Opposer Aristote et Auguste Comte est très pertinent dans le cadre d'une interrogation sur la connaissance scientifique.

Sur la question du sens de l'histoire, il peut être intéressant aussi de savoir que, pour Auguste Comte, la substitution de la recherche des lois à celle des causes correspond à un vaste mouvement historique qui voit se succéder trois états, c'est-à-dire trois âges du développement théoriques de l'humanité : l'état théologique (âge des mythes) ; l'état métaphysique (âge de l'explication causale, Aristote) ; l'état positif enfin (âge de la description des régularités en termes d'équations mathématiques, maturité scientifique de l'humanité).

SUJET TYPE : *Quelle réalité la science décrit-elle ?*

■ Contresens à ne pas commettre

Le positivisme ne renonce pas à *expliquer* les phénomènes (l'opposition cause / loi ne recoupe pas exactement l'opposition expliquer / décrire). Mais l'explication positiviste ne consiste pas, de manière métaphysique, à situer un phénomène par rapport à une conception globale de l'univers. Elle consiste à ramener une diversité de phénomènes à un même type de fonctionnement régulier et mathématisable. Cela dit, le positivisme consiste bien à suspendre certains types de questions : l'équation mathématique n'explique pas et n'expliquera jamais *pourquoi* les corps s'attirent à proportion de leur masse. C'est ce que Newton disait déjà lorsqu'on lui demandait le pourquoi de sa loi : «*hypotheses non fingo*» : «je ne feins pas d'hypothèses». À ce sujet, la science doit rester muette si elle veut rester scientifique.

■ Autres fiches à faire vous-même

«Science d'où prévoyance, prévoyance d'où action» ; «ordre et progrès» devise du positivisme ; la sociologie science suprême ; la religion de l'Humanité...

Cournot

Le hasard : « rencontre de phénomènes qui appartiennent à des séries indépendantes »

■ Indications générales

Philosophe des sciences, Cournot (1801-1877) s'est intéressé, dans son *Essai sur les fondements de la connaissance et sur les caractères de la critique philosophique* (1851), à la question des limites de notre pouvoir de connaître. La question du hasard, en particulier, permet de bien poser le problème d'une connaissance qui reste de l'ordre de la probabilité, sans jamais atteindre à la certitude absolue.

■ Citation

« Les événements amenés par la combinaison ou la rencontre d'autres événements qui appartiennent à des séries indépendantes les unes des autres, sont ce qu'on nomme des événements fortuits, *ou des résultats du* hasard. » (*Essai sur les fondements de la connaissance et sur les caractères de la critique philosophique,* 1851.)

■ Explication

Pour un scientifique comme Laplace (1749-1827), le hasard n'existe pas objectivement, il n'est que la marque de notre ignorance : c'est l'hypothèse du « génie de Laplace » : *« Une intelligence qui, pour un instant donné connaîtrait toutes les forces dont la nature est animée et la situation respective des êtres qui la composent, si d'ailleurs elle était assez vaste pour soumettre ces données à l'analyse, embrasserait dans la même formule les mouvements des plus grands corps de l'univers et ceux du plus léger atome ; »* (Laplace, *Essai philosophique sur les probabilités,* 1814).
À l'inverse, pour Cournot, il y a une existence *objective* du hasard. Non pas que les événements arrivent sans cause, mais il y a des rencontres entre des chaînes causales qui ne peuvent pas être prévues et qui n'ont objectivement pas de lien entre elles avant que leur rencontre ne se produise : par exemple un homme qui va au travail et qui est blessé par une tuile tombée d'un toit : deux chaînes causales distinctes (l'homme allant au travail / le

vent faisant tomber la tuile) se croisent, sans que l'on puisse les intégrer dans une même causalité (ce n'est pas parce qu'il passait que la tuile est tombée, ni l'inverse). Le hasard n'est pas la suspension de toute détermination, c'est la rencontre indéterminable de plusieurs déterminations.

■ Principales notions concernées

l'existence et le temps ; l'histoire ; la raison et le réel ; l'interprétation ; la liberté.
Voir aussi les repères : *contingent / nécessaire / possible ; essentiel / accidentel.*

■ Exemple d'utilisation

La théorie de Cournot est particulièrement intéressante dans l'application qu'il en fait à la question de la différence entre la connaissance en sciences physiques et la connaissance historique. La physique travaille, autant que possible, sur des systèmes clos d'où le hasard est banni ; inversement, l'historien, qui ne peut créer des conditions idéales en laboratoire, a largement affaire au hasard et sa tâche est de reconstituer une rationalité permettant d'intégrer des événements qui paraissaient d'abord sans lien entre eux.
SUJET TYPE : *La pensée scientifique est-elle compatible avec l'idée de hasard ?*

■ Contresens à ne pas commettre

Que Cournot attribue une existence objective au hasard ne fait pas de lui un sceptique. En histoire en particulier, où le hasard domine sur l'ordre, il ne s'agit pas de dire qu'aucune connaissance n'est possible. Cournot cherche une position médiane, entre l'indéterminisme pur, pour qui l'histoire n'est qu'un chaos, et un rationalisme totalisant (celui de Hegel* par exemple) pour qui tout le devenir historique serait soumis à la raison.

■ Autres fiches à faire vous-même

Le calcul des probabilités ; nature et monde ; loi et récit...

Mill
L'utilité est le fondement de la morale

■ Indications générales

John Stuart Mill (1806-1873) est le père de l'utilitarisme, doctrine qui fait de l'utilité la valeur morale la plus haute. Encore faut-il savoir comment celle-ci est définie.

■ Citation

« La doctrine qui donne comme fondement à la morale l'utilité ou le principe du plus grand bonheur affirme que les actions sont bonnes ou mauvaises dans la mesure où elles tendent à accroître le bonheur, ou à produire le contraire du bonheur. Par bonheur on entend le plaisir et l'absence de douleur ; par malheur la douleur et la privation de plaisir. » (*L'Utilitarisme*, 1861.)

■ Explication

Faire de l'utilité et du plaisir personnel un principe moral a quelque chose de provocant : il semble que si j'agis pour mon utilité, je n'agis pas par pur devoir, et donc pas de manière morale. C'est ce que dirait Kant par exemple. Quant au plaisir, la morale chrétienne le considère comme immoral en tant que tel. Le revendiquer comme valeur morale est donc quasiment scandaleux [voir Épicure à ce sujet]. Mill se défend que son propos ait une telle portée scandaleuse : il ne s'agit pas pour lui de tirer la morale vers le bas, mais de tirer vers le haut les notions de plaisir et d'utilité. Celles-ci consistent en fait à accomplir en soi les qualités humaines les plus nobles (*« Mieux vaut être un homme insatisfait qu'un porc satisfait »* dit-il), et à travailler au bonheur de l'humanité.

■ Principales notions concernées

Le sujet ; le désir ; la morale ; le bonheur.
Voir aussi les repères : *médiat / immédiat ; objectif / subjectif ; universel / général / particulier / singulier.*

■ Exemple d'utilisation

Le texte de Mill est intéressant à mettre en regard de la conception kantienne de la morale, selon laquelle agir par devoir est strictement opposé à agir par utilité. Encore faut-il bien garder en mémoire, lorsque l'on fait cette comparaison, que Mill ne confond pas utilité et intérêt égoïste. L'antinomie entre les deux auteurs n'est donc pas aussi forte qu'on peut le croire au premier abord (contrairement à l'opposition Kant / Sade par exemple). Ce qui est intéressant chez Mill, c'est qu'il introduit d'une part la notion d'une quantification du bonheur : ainsi le bonheur n'est pas un état fixe et défini : être absolument heureux n'est pas concept qui ait un sens, on est seulement plus ou moins heureux ; de plus, Mill récuse qu'il y ait une définition unique, universelle valable, du bonheur : la nature de ce qui rend l'un ou l'autre heureux dépend des préférences de chacun ; le seul point universel, c'est que chacun recherche le bonheur ; quant à son contenu, il varie selon chacun.

SUJET TYPE : *Peut-il y avoir une morale de l'intérêt ?*

■ Contresens à ne pas commettre

Malgré cette définition individuelle du bonheur, il faut insister sur le fait que l'idéal utilitariste n'est pas le bonheur personnel mais le bonheur général. Ainsi Smith retrouve la dimension universelle à travers le particulier. Il peut ainsi militer pour des causes qui ne lui apparaissent pas comme des préférences personnelles, mais comme des améliorations objectives de la société humaine : c'est le cas lorsqu'il défend la stricte égalité entre les hommes et les femmes !

■ Autres fiches à faire vous-même

L'empirisme associationniste ; les quatre canons de l'induction ; l'égalitarisme...

Kierkegaard « S'introduire comme un rêve dans l'esprit d'une jeune fille est un art, en sortir est un chef-d'œuvre »

Un auteur, une idée

■ Indications générales

Sören Kierkegaard (1813-1855) est un philosophe danois. Il fait partie de ces auteurs [voir Marx, Nietzsche…] qui sont en réaction contre les prétentions totalisantes du système de Hegel. Son œuvre, au caractère autant littéraire que philosophique, échappe ainsi à la classification, et il va jusqu'à écrire sous une multiplicité de pseudonymes. Dans *Le Journal du séducteur*, celui qui parle est un jeune dandy, Johannès de Silentio, qui théorise l'art de la séduction.

■ Citation

« Je suis un esthéticien, un érotique, qui a saisi la nature de l'amour, son essence, qui croit à l'amour et le connait à fond, et qui me réserve seulement l'opinion personnelle qu'une aventure galante ne dure que six mois au plus, et que tout est fini lorsqu'on a joui des dernières faveurs. Je sais tout cela mais je sais en outre que la suprême jouissance imaginable est d'être aimé, d'être aimé au-dessus de tout. S'introduire comme un rêve dans l'esprit d'une jeune fille est un art, en sortir est un chef-d'œuvre. Mais ceci dépend essentiellement de cela. » (*Le Journal du séducteur*, in *Ou bien… ou bien…*, 1843.)

■ Explication

Par rapport à l'œuvre de Kierkegaard, l'esthète de la séduction qu'est Johannès représente, non pas l'idéal de Kierkegaard, mais le premier stade de l'existence : comme Don Juan, il cherche à vivre dans l'instant, en deçà de la question du bien et du mal. C'est une posture existentielle possible, mais pour Kierkegaard, elle n'est pas tenable indéfiniment. Elle précède le stade éthique, où sera posée la question du bien et du mal. Ce second stade est lui-même insuffisant, et c'est le stade religieux qui est pour Kierkegaard le troisième et dernier stade.

■ Principales notions concernées

Autrui ; le désir ; l'existence et le temps ; l'art.

■ Exemple d'utilisation

La figure de Johannès de Silentio peut être évoquée dans une réflexion sur la morale, pour illustrer précisément une existence qui prétend échapper à la morale en donnant une valeur esthétique à sa vie. Une telle posture peut être discutée à partir des autres stades existentiels proposés par Kierkegaard, mais aussi à partir de morales classiques comme celle d'Épicure* par exemple. Elle peut aussi, *a contrario*, être utilisée pour questionner la valeur de ces morales classiques.

Sujet type : *Peut-on être amoral ?*

■ Contresens à ne pas commettre

Ne pas confondre Kierkegaard avec son personnage Johannès. Ce n'est pas Kierkegaard lui-même qui fait l'éloge de la séduction. Certes, il s'installe un temps dans cette posture existentielle, mais c'est aussi pour en dénoncer les insuffisances.

■ Autres fiches à faire vous-même

Critique de l'idée de système ; le stade éthique ; le stade religieux ; l'angoisse…

Marx

« La religion est l'opium du peuple »

■ Indications générales

Karl Marx (1818-1883) est le fondateur du communisme. Si Marx figure parmi les grands philosophes, c'est parce que le communisme adosse ses conceptions politiques à une vaste construction théorique portant sur l'histoire et sur l'économie, exposée notamment dans *Le Capital* (1867) et dans *Le Manifeste du parti communiste* (1848). Ces conceptions engagent une certaine idée de l'homme et de la société, et du rôle de la philosophie (celle de Hegel* en particulier). La critique sociale que développe Marx passe notamment par une critique de la religion :

■ Citation

« Le fondement de la critique irréligieuse est : c'est l'homme qui fait la religion, *ce n'est pas la religion qui fait l'homme. [...] La détresse* religieuse *est pour une part, l'*expression *de la détresse réelle et, pour une autre, la* protestation *contre la détresse réelle. La religion est le soupir de la créature opprimée, la chaleur d'un monde sans cœur, comme elle est l'esprit de conditions sociales d'où l'esprit est exclu. Elle est l'*opium *du peuple ».* (Contribution à la critique de la philosophie du droit de Hegel, 1844.)

■ Explication

Dire que la religion est l'opium du peuple, c'est dire qu'elle a un rôle ambigu, car elle endort le peuple et en même temps, elle soulage ses souffrances. Pour Marx, il faut se débarrasser de la religion pour voir la réalité telle qu'elle est, même si c'est douloureux. Sans religion, l'homme n'aura plus de consolation de sa misère, mais c'est justement pour cela qu'il cessera d'accepter cette misère et se révoltera contre sa condition et contre ceux qui en profitent.

■ Principales notions concernées

Le travail et la technique ; la religion ; la raison et le réel ; la politique ; la liberté.
Voir aussi les repères : *croire / savoir ; persuader / convaincre ; transcendant / immanent.*

■ Exemple d'utilisation

Le texte de Marx constitue une claire affirmation d'athéisme (à comparer avec la preuve de l'existence de Dieu chez saint Anselme* par exemple). Mais surtout, il est important par la signification *politique* qu'il donne à la critique de la religion. Croire ou ne pas croire n'est pas, selon lui, une simple question de préférence personnelle : il est vital de se défaire des illusions de la religion, parce que ce n'est qu'à ce prix que l'homme pourra se défaire de son aliénation. En tant qu'illusion, la religion est en soi intellectuellement aliénante. Mais elle est de plus matériellement aliénante parce qu'elle est une superstructure idéologique qui masque l'infrastructure économique dont elle émane et qu'elle cautionne. La religion, en faisant miroiter aux hommes le bonheur dans un autre monde permet de faire durer l'exploitation de l'homme par l'homme dans ce monde-ci. La religion n'est donc pas le véritable ennemi de Marx : à travers elle, c'est le mode de production capitaliste qu'il vise.
SUJET TYPE : *La religion est-elle compatible avec la liberté ?*

■ Contresens à ne pas commettre

Ne pas confondre marxisme et stalinisme, ni marxisme et nazisme. Certes, le marxisme contient un appel à la violence révolutionnaire. Mais c'est un anachronisme et une confusion de personnes que d'assimiler les théories de Marx et le totalitarisme soviétique. *A fortiori,* renvoyer dos à dos Marx et Hitler est une aberration : à la fois du fait que les rôles politiques joués par l'un et l'autre n'ont rien à voir ; mais aussi parce que, sur le plan théorique, on a d'un côté une idéologie impérialiste, raciste et exterminationiste, tandis que de l'autre, c'est la libération de l'humanité et la fondation d'une société plus juste qui est visée.

■ Autres fiches à faire vous-même

Travail humain et activité animale ; la lutte des classes ; la plus-value ; l'ascétisme, éthique du libéralisme ; matérialisme dialectique et liberté...

Nietzsche
« Les concepts sont des métaphores »

Un auteur, une idée

■ Indications générales

Nietszche (1844-1900) critique le rationalisme triomphant et optimiste de la fin du XIXᵉ siècle. À la pensée systématique, il oppose l'écriture par aphorismes (*Humain, trop humain*, 1878) et l'étude généalogique des concepts (*La Généalogie de la morale*, 1887), qui dévoile les processus conflictuels qui se cachent derrière les concepts moraux en apparence neutres et éternels (le bien et le mal). Dans sa grande œuvre *Ainsi parlait Zarathoustra* (1885), poésie et philosophie se confondent : la distinction entre les genres est en effet une illusion pour Nietzsche, car le langage est par essence métaphorique et par conséquent, les concepts qui se prétendent rationnels sont en fait des métaphores qui s'ignorent.

■ Citation

« Nous croyons savoir quelque chose des choses elles-mêmes quand nous parlons d'arbres, de couleurs, de neige et de fleurs et nous ne possédons cependant rien que des métaphores des choses, qui ne correspondent pas du tout aux entités originelles.

Comme le son en tant que figure de sable, l'X énigmatique de la chose en soi est prise une fois comme excitation nerveuse, ensuite comme image, enfin comme son articulé. Ce n'est en tout cas pas logiquement que procède la naissance du langage, et tout le matériel à l'intérieur duquel et avec lequel l'homme de la vérité, le savant, le philosophe, travaille et construit par la suite, s'il ne provient pas de Coucou-les-nuages, ne provient pas non plus en tout cas de l'essence des choses. » (*Le Livre du philosophe*, III, 1873.)

■ Explication

Nietzsche ne croit pas aux Idées éternelles de Platon*. Il n'y a d'idées que dans le langage, et le langage a une histoire, et toute histoire est conflictuelle. Par conséquent les idées « abstraites », les concepts, recouvrent en fait des couches de signification accumulées qui leur donnent des sens qu'ils ignorent eux-mêmes. Pour Nietzsche, philosopher, c'est interpréter la langue et retrouver les conflits

qui s'y dissimulent. Cette critique du langage va de pair avec une critique anti-socratique de toute entreprise d'argumentation : *« Ce qui a besoin d'être démontré pour être cru ne vaut pas grand-chose »*.

■ Principales notions concernées

Le langage ; la raison et le réel ; l'interprétation ; la vérité.
Voir aussi les repères : *abstrait / concret ; intuitif / discursif ; objectif / subjectif.*

■ Exemple d'utilisation

Parce qu'il pose la question de la nature du langage, ce texte de Nietzsche peut être utilisé pour montrer que des oppositions conceptuelles que l'on croyait bien établies reposent en fait sur un même arrière-fond métaphorique. (C'est donc un texte souvent utile pour introduire une 3ᵉ partie de dissertation car il permet de renvoyer dos à dos des thèses philosophiques en apparence opposées à un présupposé commun qu'elles ignorent toutes deux [voir méthodologie]).

SUJET TYPE : *Les mots disent-ils les choses ?*

■ Contresens à ne pas commettre

La position de Nietzsche n'est pas semblable à celle des sceptiques [voir Sextus Empiricus]. Comme eux, Nietzsche dit que les concepts ne nous révèlent pas l'essence des choses, mais les sceptiques en déduisent l'idéal de la suspension du jugement. Pour Nietzsche, les concepts nous révèlent quand même quelque chose, à savoir l'histoire dont ils sont issus, le conflit entre les forts et les faibles, la reconnaissance que c'est la « volonté de puissance » qui est à l'œuvre dans les œuvres humaines. C'est pourquoi l'analyse de Nietzsche ne débouche pas sur l'idéal d'aphasie, mais sur la conquête d'une parole puissante : la poésie.

■ Autres fiches à faire vous-même

La critique du christianisme ; la critique de la démocratie ; l'éternel retour ; le nihilisme...

Freud

Le rêve est la satisfaction d'un désir refoulé

■ Indications générales

Freud (1856-1939) est le fondateur de la psychanalyse, qui a mis en évidence l'existence et l'importance de l'influence de l'inconscient* dans le comportement humain. L'interprétation des rêves, en particulier, est la «voie royale» qui permet la connaissance de l'inconscient, à condition de comprendre leur fonctionnement.

■ Citation

«Le rêve montre que ce qui est réprimé persiste et subsiste chez l'homme normal aussi et reste capable de rendement psychique. Le rêve est une manifestation de ce matériel, il l'est théoriquement toujours, il l'est pratiquement dans un grand nombre de cas, et ceux-ci mettent précisément en pleine lumière son mécanisme propre. Tout ce qui est réprimé dans notre esprit, qui n'a pu, pendant la veille, réussir à s'exprimer, parce que ce qu'il y a de contradictoire en lui s'oppose, ce qui a été coupé de la perception interne, tout cela trouve pendant la nuit, alors que les compromis règnent, le moyen et le chemin pour pénétrer de force dans la conscience».
(*L'Interprétation des rêves*, 1901.)

■ Explication

Les rêves ne sont ni des messages divins, ni des images dénuées de sens. Ils ont du sens, mais ce sens est crypté. Freud distingue ainsi le *contenu manifeste* (celui dont on se souvient au réveil) et le *contenu latent*. Cela tient à leur nature qui est d'exprimer ce qui a été réprimé pendant la veille. L'exemple classique est celui de l'enfant privé de dessert, qui rêve pendant la nuit qu'il mange son dessert. Dans ce cas, le sens est clair, mais en général, le sens du rêve est plus complexe à démêler. Le caractère crypté vient du fait que la répression n'est pas totalement inactive : le désir réprimé, qui peut lui-même déjà être de nature ambivalente, se montre de manière ambivalente, c'est-à-dire qu'il se montre tout en se cachant, notamment par *déplacement* (un objet anodin en symbolise un autre) et *condensation* (un objet symbolise plusieurs choses en même temps).

■ Principales notions concernées

Le sujet; l'inconscient; le désir; l'interprétation.
Voir aussi les repères: *en acte/en puissance; expliquer/comprendre; ressemblance/analogie.*

■ Exemple d'utilisation

Comme les lapsus, actes manqués et autres éléments de la «psychopathologie de la vie quotidienne», les rêves révèlent au sujet qu'il «n'est pas maître chez lui», comme dit Freud, et que sa vie consciente est déterminée par ses représentations inconscientes, qui viennent de la vie infantile. On peut donc fréquemment opposer Freud à Descartes*, en considérant ce dernier comme représentant d'une «philosophie du sujet», où le sujet est maître de ses actes et de ses pensées.
Sᴜᴊᴇᴛ ᴛʏᴘᴇ: *Peut-il y avoir une science de l'inconscient?*

■ Contresens à ne pas commettre

Ne pas croire que la théorie freudienne nous donne une «clé des songes» qui permettrait de décoder automatiquement le sens des rêves: interpréter un rêve est extrêmement complexe et, comme chacun a un symbolisme psychique qui lui est propre en vertu de son histoire particulière, il n'y a pas de formule toute faite pour les décrypter.

■ Autres fiches à faire vous-même

Le complexe d'Œdipe; la structure du psychisme (ça/moi/surmoi); la religion «névrose obsessionnelle de l'humanité»…

Durkheim «Traiter les faits sociaux comme des choses»

Un auteur, une idée

■ Indications générales

Émile Durkheim (1858-1917) est le premier sociologue moderne car il est le premier à considérer la sociologie comme une discipline autonome (séparée en particulier de la philosophie et de la psychologie) en lui donnant un objet et une méthode propre. Son but, dans la lignée de Descartes* et de Comte*, est de transposer à l'étude de la société la méthodologie qui a permis le développement des sciences physiques.

■ Citation

«*La proposition d'après laquelle les faits sociaux doivent être traités comme des choses est de celles qui ont provoqué le plus de contradictions. [...] Nous ne disons pas en effet que les faits sociaux sont des choses matérielles, mais sont des choses au même titre que les choses matérielles, quoique d'une autre manière. [...] Notre règle n'implique donc aucune conception métaphysique, aucune spéculation sur le fond des êtres. Ce qu'elle réclame, c'est que le sociologue se mette dans l'état d'esprit où sont physiciens, chimistes, physiologistes, quand ils s'engagent dans une région encore inexplorée de leur domaine scientifique. Il faut qu'en pénétrant dans le monde social, il ait conscience qu'il pénètre dans l'inconnu*». (*Les Règles de la méthode sociologique*, 1895, préface de la seconde édition.)

■ Explication

Pour que la sociologie soit une science à part entière, il faut définir son objet propre. C'est ce que fait Durkheim en montrant qu'il existe des «faits sociaux» qui ont une réalité autonome, en tant qu'objets d'étude, par rapport aux individus dans le comportement desquels ils se manifestent. Ainsi, par exemple, les normes sociales (politesse, croyances, usages...). Les faits sociaux sont donc définis comme «*des manières d'agir, de penser et de sentir, extérieures à l'individu, et qui sont doués d'un pouvoir de coercition en vertu duquel ils s'imposent à lui*».

■ Principales notions concernées

Théorie et expérience ; la société.
Voir aussi les repères : *expliquer / comprendre ; intuitif / discursif ; objectif / subjectif ; universel / général / particulier / singulier.*

■ Exemple d'utilisation

Durkheim est une référence obligée pour toute réflexion sur les sciences humaines et sur le projet d'une connaissance rationnelle de la société. C'est un bon exemple aussi pour montrer comment naît une science nouvelle. Il peut être très fructueux de le confronter au philosophe allemand Wilhelm Dilthey (1833-1911), qui est critique de la méthode positiviste de Durkheim et qui soutient qu'il y a, justement, une spécificité des faits humains. Ceux-ci, selon Dilthey, parce qu'ils concernent des *sujets*, ne peuvent jamais être totalement *objectivés* – comme le propose Durkheim en voulant les traiter comme des choses – et doivent faire l'objet d'une *compréhension*, c'est-à-dire d'une saisie intuitive par le savant de la situation historique et sociale du sujet étudié. D'où la distinction expliquer / comprendre*.

SUJET TYPE : *Dans quelle mesure les faits sociaux peuvent-ils être l'objet d'une science ?*

■ Contresens à ne pas commettre

Comme le souligne Durkheim lui-même, il n'a jamais dit que les faits sociaux *sont* des choses (ce qui est absurde) : son propos est de dé-subjectiver l'étude des faits humains en les traitant comme des *objets* : des réalités opaques, posées face au savant, vis-à-vis desquelles il doit se libérer de tout *a priori* et de tout préjugé – ce qui n'est pas facile puisqu'il s'agit de faits propres à la société dans lequel le sociologue vit lui-même et donc auxquels il est lui-même soumis.

■ Autres fiches à faire vous-même

Les déterminations sociologiques du suicide ; la religion...

Husserl « Toute conscience est conscience *de* quelque chose »

■ Indications générales

Husserl (1859-1938) a posé les bases d'une nouvelle philosophie appelée la phénoménologie. Il s'agit de « faire de la philosophie une science rigoureuse » : non pas en lui appliquant les méthodes des sciences expérimentales, qui sont justement jugées *trop peu* rigoureuses, mais en prenant pour modèle, à la suite de Descartes, la géométrie. Celle-ci en effet travaille sur de pures idéalités dégagées de la question de leur existence empirique. C'est cette suspension de la question de l'existence du monde extérieur qui permet une réflexion véritablement rigoureuse sur les essences. Quel est le statut, alors, du rapport de la conscience au monde extérieur ? C'est la question de l'*intentionnalité*, abordée dans le texte suivant :

■ Citation

« La perception de cette table est, avant comme après, perception de cette table. Ainsi, tout état de conscience en général est, en lui-même, conscience de quelque chose, quoi qu'il en soit de l'existence réelle de cet objet et quelque abstention que je fasse, dans l'attitude transcendantale qui est la mienne, de la position de cette existence […] Le mot intentionnalité ne signifie rien d'autre que cette particularité foncière et générale qu'a la conscience d'être conscience de quelque chose. » (Méditations cartésiennes, 1929.)

■ Explication

La « réduction phénoménologique » consiste à renoncer à la naïveté de croire que l'on peut s'interroger sur le monde directement, sans s'interroger sur la représentation du monde dans la conscience. Contre l'empirisme, Husserl se situe dans la suite du « *cogito* » de Descartes* et de la notion de « sujet transcendantal » chez Kant* : il pose la question des structures de la conscience qui précèdent et rendent possible la constitution d'une expérience pour moi. L'« intentionnalité » est la base de cette structure : elle est la structure d'ouverture de la conscience. Elle est ce fait décisif, interne à la conscience, que la

conscience vise une extériorité à elle. Husserl distingue ainsi la « noèse » (l'acte de visée de la conscience) et le « noème » (l'objet intentionnel visé par la conscience) : celui-ci est la forme de l'extériorité au sein de la conscience.

■ Principales notions concernées

Le sujet ; la conscience ; la perception ; la raison et le réel.

Voir aussi les repères : absolu / relatif ; idéal / réel ; objectif / subjectif.

■ Exemple d'utilisation

Le texte de Husserl propose un mode de résolution de la question du rapport de la conscience au monde* : ce rapport reste énigmatique tant que l'on se représente le monde comme posé devant la conscience, face à elle, tout en étant d'une nature radicalement hétérogène par rapport à elle. Ce que Husserl met en évidence, c'est que c'est la conscience elle-même qui construit les significations du monde extérieur – à commencer par la signification « extérieur ». Sans la conscience, le monde existerait sans doute, mais il n'aurait aucune signification assignable.

SUJET TYPE : *Comment la conscience peut-elle se représenter le réel ?*

■ Contresens à ne pas commettre

Ne pas confondre l'objet intentionnel et l'objet empirique. « Toute conscience est conscience de quelque chose » ne signifie *pas* qu'il n'y a de conscience que parce qu'il y a des objets extérieurs : la phénoménologie élimine les objets extérieurs. C'est ce qui lui permet de mettre en évidence que la notion d'« extériorité » est interne à la conscience. « Toute conscience est conscience de quelque chose » définit la conscience comme cette visée vers une extériorité : elle n'est pas un récepteur, une « tablette de cire » sur laquelle le monde viendrait s'imprimer : elle façonne elle-même l'opposition intérieur / extérieur.

■ Autres fiches à faire vous-même

La question d'Autrui et l'intersubjectivité...

Bergson

« Les mots sont des étiquettes »

Un auteur, une idée

■ Indications générales

Bergson (1859-1941) critique le positivisme [voir Comte] et le kantisme [voir Kant], qui, chacun à leur manière, prétendent restreindre le champ de l'interrogation humaine. Contre eux, Bergson fait retour à la métaphysique et à l'ambition d'une connaissance des choses mêmes. Cela suppose d'accéder à une intuition fondamentale qui permet de surmonter les obstacles qui nous séparent du réel, le langage en particulier.

■ Citation

« Nous ne voyons pas les choses mêmes ; nous nous bornons le plus souvent à lire des étiquettes collées sur elles. Cette tendance, issue du besoin, s'est encore accentuée sous l'influence du langage. Car les mots (à l'exception des noms propres) désignent des genres. Le mot qui ne note de la chose que sa fonction la plus commune et son aspect banal, s'insinue entre elle et nous, et en masquerait la forme à nos yeux si cette forme ne se dissimulait déjà derrière les besoins qui ont créé le mot lui-même ». (*Le Rire*, 1900.)

■ Explication

Les mots, pour Bergson, sont un voile qui nous masque le réel. Ils sont issus du besoin, c'est-à-dire de l'intérêt pratique, qui nous pousse à isoler les choses les unes des autres et à ne retenir que ce qui est le plus utile pour nous. Ainsi il nous rend incapables de voir les singularités, qui sont les vraies réalités, et d'avoir l'intuition de la « durée » qui est le réel même. Bergson dit que le langage « spatialise » la durée : il isole et fige des réalités qui sont liées et mouvantes. L'esprit doit donc se

libérer du langage et des besoins pour accéder à la contemplation désintéressée du réel.

■ Principales notions concernées

Le langage ; la raison et le réel.
Voir aussi les repères : *genre / espèce / individu ; intuitif / discursif ; objectif / subjectif.*

■ Exemple d'utilisation

La critique du langage proposée par Bergson est intéressante à confronter avec d'autres théories qui voient au contraire dans le langage le mode d'accès de la conscience au réel [voir notion « le langage » et Russell]. Il est intéressant aussi d'en suivre les conséquences, par exemple, sur la question de l'art : l'artiste est celui qui parvient à dépasser la vision commune, intéressée et schématisante, sur le monde, pour parvenir à la contemplation des singularités. Par là même, il façonne notre propre regard en nous faisant voir le monde autrement que sous l'angle du besoin.
SUJET TYPE : *Sommes-nous prisonniers du langage ?*

■ Contresens à ne pas commettre

Le texte cité dit « Nous ne voyons pas les choses mêmes », mais pour Bergson, ce n'est pas une fatalité : c'est le lot du plus grand nombre, mais tout homme peut exercer son regard – et plus précisément son intuition – pour dépasser les réductions que la vie courante nous oblige à opérer.

■ Autres fiches à faire vous-même

La distinction entre temps et durée ; matière et mémoire...

Alain

Contre le fatalisme

■ Indications générales

Émile Chartier, dit Alain (1868-1951), fut un grand professeur de lycée et commentateur de l'actualité. Rationaliste, il conçoit la philosophie comme un instrument de libération de l'homme, et invite l'individu à la méfiance à l'égard des préjugés et des pouvoirs établis. Ce que résume son célèbre aphorisme : *«Penser, c'est dire non»*. C'est dans cette perspective qu'il propose de distinguer le déterminisme du fatalisme.

■ Citation

« Cette confusion est cause que les hommes peu instruits acceptent volontiers l'idée déterministe ; elle répond au fatalisme, superstition bien forte et bien naturelle comme on l'a vu. Ce sont pourtant des doctrines opposées ; l'une chasserait l'autre si l'on regardait bien. L'idée fataliste c'est que ce qui est écrit ou prédit se réalisera quelles que soient les causes. Au lieu que, selon le déterminisme, le plus petit changement écarte de grands malheurs, ce qui fait qu'un malheur bien clairement prédit n'arriverait point». (*Éléments de philosophie*, 1941.)

■ Explication

Le déterminisme est la doctrine rationaliste selon laquelle rien n'arrive sans cause. Il est facile de la confondre avec le fatalisme pour qui, puisque tout est déterminé, tout ce qui arrive est comme écrit à l'avance, et il n'y a donc rien à faire pour l'éviter. Alain dénonce cette confusion. Le fatalisme nie en effet toute liberté et incite à se plier aux circonstances. Le déterminisme, au contraire, même s'il dit que tout est déterminé, est la condition de la liberté : car c'est parce que le monde suit un ordre réglé que l'on peut prévoir ce qui va se passer et agir pour l'éviter. C'est parce que le monde suit un ordre réglé que l'on peut prévoir les conséquences de ses propres actes et agir «en connaissance de cause», c'est-à-dire librement.

■ Principales notions concernées

L'existence et le temps ; la liberté.
Voir aussi les repères : cause / fin ; contingent / nécessaire / possible ; obligation / contrainte.

■ Exemple d'utilisation

Le texte d'Alain permet de bien comprendre comment déterminisme et liberté sont non seulement compatibles mais nécessairement liés. Il permet ainsi d'éviter les contradictions de la notion de liberté absolue [voir dissertation n° 1]. Du point de vue de la religion, il montre aussi que le fatalisme fondé sur l'idée que Dieu connaît à l'avance notre destin est absurde : car si Dieu connaît notre destin, nous ne le connaissons pas : nous ne pouvons donc rien en déduire sur ce que nous devrions faire ou ne pas faire. L'idée de la prédestination n'autorise donc pas à s'abandonner aux circonstances ni à nous débarrasser de toute responsabilité. De même en politique : le texte d'Alain est un appel à ce que chacun prenne son destin en main pour faire advenir la société qui lui paraît la plus juste, sans l'attendre d'une puissance tutélaire (à mettre en parallèle avec les textes de Tocqueville* et de Marx*).

SUJET TYPE : *La liberté est-elle incompatible avec l'idée de déterminisme ?*

■ Contresens à ne pas commettre

Il faut bien comprendre que le déterminisme n'est pas le contraire de la liberté. Certes, il rend impossible une liberté absolue qui consisterait à échapper à toute causalité [voir Spinoza]. Mais si rien n'était déterminé, alors aucun de mes actes n'aurait aucun sens : je ne pourrais jamais en prévoir une quelconque conséquence. Ce n'est donc que dans le cadre d'une nature déterminée que la liberté est pensable.

■ Autres fiches à faire vous-même

Le rôle de la raison dans la perception ; la critique de la notion d'inconscient...

Russell

Le calcul des propositions : « l'étude de la logique devient l'étude centrale de la philosophie »

Un auteur, une idée

■ Indications générales

Bertrand Russell (1872-1970) est un philosophe et logicien anglais qui inaugure ce que l'on appelle la philosophie analytique. Celle-ci part du postulat que notre pensée est déterminée par notre langage. Pour résoudre les problèmes de la philosophie, il faut donc épurer le langage de ses ambiguïtés. Dans les *Principia Mathematica* (1913) Russell répond à Leibniz* et développe une méthode d'analyse des énoncés, notamment mathématiques, qui permet de les réduire à des propositions élémentaires, des « atomes logiques », à partir desquels on pourra calculer leur valeur de vérité.

■ Citation

« C'est de cette manière que l'étude de la logique devient l'étude centrale de la philosophie. Elle donne une méthode de recherche à la philosophie, exactement comme les mathématiques à la physique. Et comme la physique, qui ne fit aucun progrès depuis Platon jusqu'à la Renaissance, demeura obscure et superstitieuse, pour devenir une science grâce aux observations nouvelles faites par Galilée, et à une manipulation mathématique subséquente, la philosophie a eu le même sort, et, de nos jours, devient scientifique par l'acquisition simultanée de faits nouveaux et de méthodes logiques ». (La Méthode scientifique en philosophie, 1914, chap. 8.)

■ Explication

Pour décider si une proposition est vraie ou fausse, il faut la décomposer en propositions élémentaires qui la composent. Par exemple « tous les hommes sont mortels » est en fait l'association de 2 propositions sous la forme « si x est un homme, alors x est mortel ». Toutes les propositions de la philosophie peuvent ainsi être traduites en propositions du type « S est P », reliées entre elles par des connecteurs simples (« et », « ou », « si... alors »...). La vérité de l'énoncé complexe est calculable selon des règles formelles en fonction de la vérité des propositions élémentaires, d'où les tables de vérité suivantes :

« P1 »	« P2 »	« P1 et P2 »	« P1 ou P2 »	« Si P1, alors P2 »
Vraie	Vraie	Vrai	Vrai	Vrai
Vraie	Fausse	Faux	Vrai	Faux
Fausse	Vraie	Faux	Vrai	Vrai
Fausse	Fausse	Faux	Faux	Vrai

■ Principales notions concernées

Le langage ; la démonstration ; la vérité.
Voir aussi les repères : *analyse / synthèse ; formel / matériel ; genre / espèce / individu ; intuitif / discursif.*

■ Exemple d'utilisation

La théorie de Russell nous donne un bon exemple d'assimilation de la pensée au langage et de tentative de maîtrise de l'une et de l'autre par la raison, jusqu'à une conception « technique » de la vérité, qui, à la limite, devrait pouvoir être calculée par des machines ! SUJET TYPE : *La science apporte-t-elle à l'homme l'espoir de constituer un langage artificiel ?*

■ Contresens à ne pas commettre

Russell ne prétend pas que l'on pourrait, par ce moyen, résoudre tous les problèmes. Dans la lignée du positivisme, il pense plutôt qu'une telle formalisation permettra de distinguer les vrais problèmes – ceux qui peuvent donner lieu à une résolution – des faux problèmes – ceux qui ne peuvent être résolus et dont le caractère indécidable sera désormais clairement apparent : par exemple le problème de l'existence de Dieu, problème métaphysique par excellence [voir saint Anselme], que Russell considère comme une simple possibilité logique, qui ne peut être soumise à aucun test expérimental.

■ Autres fiches à faire vous-même

Les faits élémentaires ; le « tribunal Russell » contre les crimes de guerre au Vietnam...

Bachelard

« C'est en termes d'obstacles qu'il faut poser le problème de la connaissance scientifique » : la notion d'obstacle épistémologique

■ Indications générales

Gaston Bachelard (1884-1962) est un philosophe des sciences, qui s'est intéressé en particulier à la genèse des concepts scientifiques. Il va jusqu'à proposer une psychanalyse des mythes et des représentations qui sous-tendent nos conceptions communes de la matière (par exemple dans *La Psychanalyse du feu*, 1937). Son travail se situe alors à la frontière entre épistémologie et critique littéraire. La notion d'«obstacle épistémologique» est centrale pour comprendre l'évolution des sciences.

■ Citation

« Quand on cherche les conditions psychologiques des progrès de la science, on arrive bientôt à cette conviction que c'est en termes d'obstacles qu'il faut poser le problème de la connaissance scientifique. [...] En fait on connaît contre *une connaissance antérieure, en détruisant des connaissances mal faites, en surmontant ce qui, dans l'esprit même, fait obstacle à la spiritualisation. L'esprit scientifique nous interdit d'avoir une opinion sur des questions que nous ne comprenons pas, sur des questions que nous ne savons pas formuler clairement. Avant tout, il faut savoir poser des problèmes ».* (*La Formation de l'esprit scientifique*, 1938, chap. 1.)

■ Explication

Il faut rapprocher ce passage de ce que nous avons dit en méthodologie* à propos de la *problématisation*. La pensée commence toujours sur un paradoxe, c'est-à-dire, littéralement, dans une opposition à l'opinion commune («*para-doxa*»). La science et la philosophie, sur ce point, procèdent de la même manière. Les découvertes scientifiques ne se font pas à partir de rien. Même si c'est parfois par hasard que surgit la solution, une découverte n'est possible que dans le cadre d'un processus d'investigation et d'interrogation (à rapprocher de Bacon*). Il n'y a de progrès, et même de « révolution » scientifique que par rapport à une génération scientifique antérieure.

■ Principales notions concernées

La raison et le réel ; théorie et expérience ; la vérité. **Voir aussi les repères :** *cause / fin ; contingent / nécessaire / possible.*

■ Exemple d'utilisation

La thèse de Bachelard peut utilement être opposée à une conception plus naïve de l'histoire des sciences, qui croit que les sciences progressent par simple accumulation. Bachelard met en évidence le caractère conflictuel et dialectique de l'histoire des sciences. On peut l'illustrer par l'exemple classique des fontainiers de Florence : la théorie aristotélicienne expliquant que l'eau s'élève dans les pompes en vertu du principe «la nature a horreur du vide», les scientifiques du XVIIᵉ siècle considéraient comme énigmatique que l'eau cesse de monter à partir d'une certaine hauteur. Il fallut le génie de Torricelli (1608-1647) pour changer de paradigme scientifique et imaginer que, si l'eau montait, ce n'était pas par «horreur du vide», mais à cause de la pression atmosphérique – ce qui expliquait aussi qu'à partir d'une certaine hauteur, proportionnelle à cette pression, elle cesse de monter.

SUJET TYPE : *La connaissance scientifique progresse-t-elle par l'accumulation des faits ?*

■ Contresens à ne pas commettre

Bachelard ne dit évidemment pas qu'il suffit de contredire ses prédécesseurs pour être génial. La pure critique a toutes les chances de rester stérile. Mais l'idée de génie, qui propose une nouvelle manière de poser un problème (et donc de le résoudre), advient nécessairement sur un fond historique.

■ Autres fiches à faire vous-même

La psychanalyse des représentations ; le rôle de l'imagination dans les sciences ; l'instrument, «théorie matérialisée»...

Un auteur, une idée

Heidegger

« La science ne pense pas »

■ Indications générales

Heidegger (1889-1976) fut l'assistant de Husserl* à l'université de Fribourg. Il prolonge, à sa manière, la nouvelle forme de philosophie fondée par celui-ci : la phénoménologie. Dans *Être et temps* (1927) il expose la différence fondamentale entre l'être et l'étant, et explique que toute la métaphysique occidentale s'est construite en privilégiant l'étant et en oubliant l'être. C'est dans ce cadre qu'il faut comprendre la phrase « la science ne pense pas ».

■ Citation

« Il faut le reconnaître, ce qui précède et tout l'examen qui va suivre n'ont rien de commun avec la science : à savoir, là précisément où notre exposé pourrait prétendre à être une pensée. La raison de cette situation est que la science ne pense pas. Elle ne pense pas parce que sa démarche et ses moyens auxiliaires sont tels qu'elle ne peut pas penser – nous voulons dire penser à la manière des penseurs. Que la science ne puisse pas penser, *il ne faut voir là aucun défaut mais bien un avantage. Seul cet avantage assure à la science un accès possible à des domaines d'objets répondant à ses modes de recherche ; seul il lui permet de s'y établir ».* (*Que veut dire « penser »* ?, 1954.)

■ Explication

Si Heidegger dit que la science ne pense pas, c'est parce qu'il attribue un sens spécifique au mot « penser ». Ce sens n'est d'ailleurs pas facile à saisir, et il reste, pour Heidegger, plutôt l'objet d'un questionnement que d'une définition. Car « définir », ce serait encore rester dans un mode de pensée conforme à la métaphysique et à la science occidentale, et donc encore manquer le « penser » que vise Heidegger. *« Je ne peux pas dire, par exemple,* dit Heidegger, *avec les méthodes de la physique ce qu'est la physique. Ce qu'est la physique, je ne peux que le penser à la manière d'une interrogation philosophique ».* Il faut donc distinguer lorsque l'on est à l'intérieur de la science, avec ses méthodes et son langage propre, qui permet un certain type d'appré-hension du réel (les étants), doué notamment d'une grande efficacité technique. Et une « pensée » qui consiste justement en un effort pour sortir des catégories de pensée établies par la science – mais aussi par la philosophie – et qui permet de revenir à la question de l'être.

■ Principales notions concernées

Le travail et la technique ; la raison et le réel ; théorie et expérience.
Voir aussi les repères : *objectif / subjectif ; origine / fondement.*

■ Exemple d'utilisation

Le texte de Heidegger est intéressant à confronter avec des préjugés scientistes, pour qui il n'y a pas de pensée hors de la science. Il prend en particulier le contre-pied du positivisme [voir Auguste Comte] pour qui les méthodes de la science doivent être étendues à tous les domaines de la connaissance.
Sujet type : *Les sciences permettent-elles de connaître la réalité même ?*

■ Contresens à ne pas commettre

1. Ne pas voir dans la phrase de Heidegger une condamnation de la science : il dit bien *« ce n'est pas un défaut mais un avantage »* : la science appréhende le réel de manière à pouvoir le prévoir et agir sur lui. Heidegger rappelle simplement qu'en faisant cela, elle n'épuise pas le sens du réel, mais façonne ce sens d'une certaine manière. 2. Ne pas réduire la phrase de Heidegger à une critique de la science au nom de la philosophie : l'analyse de Heidegger englobe aussi bien la science que la métaphysique classique (Aristote*, Descartes*) en montrant qu'elles marchent ensemble. La phénoménologie heideggerienne sort aussi bien de l'une que de l'autre.

■ Autres fiches à faire vous-même

Le *Dasein* ; l'angoisse ; le statut de l'œuvre d'art ; le travail des étymologies ; la compromission de Heidegger avec le nazisme...

Wittgenstein

Les jeux de langage

■ Indications générales

Il y a deux périodes dans la pensée de Ludwig Wittgenstein (1889-1951) : celle du *Tractatus Logico-Philosophicus* (1921), où, dans la lignée de Russell* (philosophie analytique), il entreprend de faire apparaître les incohérences logiques sous-jacentes aux problèmes philosophiques, dues à un mauvais usage du langage (d'où la dernière phrase du *Tractatus* : « *Ce dont on ne peut parler il faut le taire* »). Dans une seconde période, celle des *Investigations philosophiques* (1949), Wittgenstein critique l'idée qu'il existerait une forme idéale et homogène du langage, pour insister au contraire sur l'hétérogénéité et la multiplicité des règles de langage. C'est dans ce cadre qu'il développe la notion de « jeux de langage ».

■ Citation

« *11. Songez aux outils d'une boîte à outils : il y a là un marteau, des tenailles, une scie, un tournevis, un mètre, un pot de colle, de la colle, des clous et des vis. Autant les fonctions de ces objets sont différentes, autant le sont les fonctions des mots. [...] 23. ...il est d'innombrables et diverses sortes d'utilisations de tout ce que nous nommons "signes", "mots", "phrases". Et toute cette diversité, cette multiplicité n'est rien de stable ni de donné une fois pour toutes ; mais de nouveaux types de langage, de nouveaux jeux de langage naissent, pourrions-nous dire, tandis que d'autres vieillissent et tombent en oubli* ». (*Investigations philosophiques*, 1936-1949, § 11 et 23.)

■ Explication

Wittgenstein insiste sur le fait que l'homogénéité du langage n'est qu'une apparence illusoire : ainsi un même mot a-t-il nécessairement une multiplicité d'usages ; mais l'hétérogénéité n'est pas seulement la polysémie des mots, elle concerne aussi bien les phrases, qui n'ont de sens que selon les contextes dans lesquels elles sont prononcées ou entendues. Au § 23 des *Investigations*, il en donne une liste non-exhaustive : « *Commander et agir d'après des commandements, décrire un objet d'après son aspect, ou d'après des mesures prises, reconstituer un objet d'après une description (dessin), rapporter un événement...* », etc. On est donc loin de l'idée d'une correspondance terme à terme entre les mots du langage et les choses de la réalité. Notre représentation du réel, y compris dans les sciences, est mouvante au gré des contextes langagiers dans lesquels on se situe. Le langage n'a de sens qu'en situation.

■ Principales notions concernées

Le langage ; la raison et le réel ; l'interprétation.
Voir aussi les repères : *absolu / relatif ; formel / matériel ; intuitif / discursif ; objectif / subjectif.*

■ Exemple d'utilisation

La pensée de Wittgenstein est précieuse lorsque l'on réfléchit sur les rapports entre le langage et la pensée. Ce qui est intéressant dans le parcours de Wittgenstein, c'est que l'on peut l'opposer à lui-même, en montrant comment il entreprend d'abord de purger le langage de ses imperfections, pour s'installer ensuite dans ces « imperfections » qu'il ne considère plus comme telles mais comme une diversité et une mobilité qui fait partie de l'essence même du langage.
Sᴜᴊᴇᴛ ᴛʏᴘᴇ : *Faut-il reprocher au langage d'être équivoque ?*

■ Contresens à ne pas commettre

Même si Wittgenstein critique l'idée que les mots ou les phrases auraient des significations absolues, il n'est pas pour autant un relativiste ou un sceptique : les mots ne veulent pas dire n'importe quoi : il y a des règles, même si ces règles sont mouvantes. Comme dans un jeu : le jeu n'est pas la réalité, mais il a quand même des règles, sinon on ne pourrait pas jouer. D'où l'importance qu'accorde Wittgenstein à montrer que la notion d'un langage purement individuel n'aurait pas de sens.

■ Autres fiches à faire vous-même

La notion de tableau des faits ; le mysticisme ; la perception des couleurs...

Popper La falsifiabilité : « un système faisant partie de la science empirique doit pouvoir être réfuté par l'expérience »

■ Indications générales

Karl Popper (1902-1994), logicien et philosophe des sciences, critique, dans *La Logique de la découverte scientifique* (1934), la «philosophie analytique» et le positivisme [voir Comte, Russell et Wittgenstein] : pour lui en effet, les énoncés métaphysiques sont loin d'être dénués de sens car, même s'ils ne sont pas scientifiques, ils permettent de formuler des conjectures qui, après confrontation avec l'expérience, peuvent servir de base à de nouvelles théories. Un de ses points d'achoppement avec le positivisme porte sur la question : «qu'est-ce qui fait qu'une théorie est scientifique ?» Pour Popper, le critère de la scientificité d'une théorie n'est pas son caractère vérifiable mais sa «falsifiabilité».

■ Citation

«Les théories ne sont donc jamais vérifiables empiriquement [...]. Toutefois j'admettrai certainement qu'un système n'est empirique ou scientifique que s'il est susceptible d'être soumis à des tests expérimentaux. Ces considérations suggèrent que c'est la falsifiabilité et non la vérifiabilité d'un système qu'il faut prendre comme critère de démarcation. En d'autres termes, je n'exigerai pas d'un système scientifique qu'il puisse être choisi une fois pour toutes, dans une acception positive mais j'exigerai que sa forme logique soit telle qu'il puisse être distingué, au moyen de tests empiriques, dans une acception négative : un système faisant partie de la science empirique doit pouvoir être réfuté par l'expérience». (La Logique de la découverte scientifique, 1934.)

■ Explication

Prétendre qu'une théorie pourrait être «vérifiée», c'est croire qu'elle pourrait être vraie de manière définitive. Pour Popper, ce qui fait la spécificité des théories véritablement scientifiques, c'est au contraire qu'elles peuvent évoluer, en étant confrontées à des faits qui les remettent en cause [voir aussi Bachelard à ce sujet]. Les théories non-scientifiques, selon Popper, comme le marxisme ou la psychana-

lyse, mais aussi l'astrologie, sont au contraire confirmées par une infinité de faits : elles ont toujours réponse à tout parce qu'elles sont structurellement incohérentes. Une véritable théorie scientifique, parce qu'elle est claire, précise et univoque, s'offre à une confrontation véritable avec l'expérience. Elle n'est «vraie» que tant qu'elle n'est pas démentie par des faits nouveaux : elle est donc provisoire par essence (ce qui ne l'empêche pas de durer longtemps parfois).

■ Principales notions concernées

Théorie et expérience ; la vérité.

■ Exemple d'utilisation

Ce texte de Popper est très important dès que l'on s'interroge sur la définition de la science empirique. Il critique une conception naïve de la vérité scientifique, qui croit pouvoir dire que celle-ci consiste en énoncés universellement valides. Il permet de penser le caractère historique de la science et permet de résoudre la contradiction apparente entre la vérité et le progrès des sciences. Pour Popper, la vérité est moins dans la correspondance avec les faits que dans la cohérence formelle qui permet la confrontation aux faits.

SUJET TYPE : *À quoi reconnaître qu'une science est une science ?*

■ Contresens à ne pas commettre

Popper ne critique pas l'idée de science, au contraire. Il critique une conception naïve de la science qui croit que celle-ci est figée une fois pour toutes. Pour lui, c'est au contraire l'idéologie ou le discours religieux ou superstitieux qui est figé. Le discours scientifique est un discours capable de révolutions internes qui lui permettent d'intégrer des données nouvelles.

■ Autres fiches à faire vous-même

La «société ouverte» et la critique du totalitarisme...

Sartre « L'autre est aussi certain pour nous que nous-mêmes »

■ Indications générales

L'existentialisme de Jean-Paul Sartre (1905-1980) s'inscrit dans le courant de la phénoménologie [voir Husserl, Heidegger, Merleau-Ponty]. C'est-à-dire qu'il s'intéresse d'abord à la manière dont notre conscience structure notre expérience du monde. Le point de départ de *L'Existentialisme est un humanisme* (1945), c'est que « *l'existence précède l'essence* », c'est-à-dire que l'existence de l'homme n'est pas prédéterminée par une « essence », une « nature » qui lui imposerait d'agir d'une manière plutôt que d'une autre : l'homme est « *condamné à être libre* » et à façonner sa propre essence par les choix qu'il fait. Ces choix, toutefois, n'ont de sens pour Sartre que dans une intersubjectivité, c'est-à-dire dans un rapport à Autrui qui est la condition de possibilité de la conscience que j'ai de moi-même.

■ Citation

« *Par le* je pense, *contrairement à la philosophie de Descartes, contrairement à la philosophie de Kant, nous nous atteignons nous-mêmes en face de l'autre, et l'autre est aussi certain pour nous que nous-mêmes. Ainsi l'homme qui s'atteint directement par le* cogito *découvre aussi tous les autres et il les découvre comme la condition de son existence [...] Ainsi découvrons-nous tout de suite un monde que nous appellerons l'intersubjectivité et c'est dans ce monde que l'homme décide ce qu'il est et ce que sont les autres* ». (*L'existentialisme est un humanisme*, 1945.)

■ Explication

Sartre récuse dans ce texte que le « cogito » [voir Descartes] soit un solipsisme (c'est-à-dire enferme l'homme dans une conscience de soi qui met en doute l'existence du monde extérieur et des autres). Pour Sartre, l'intersubjectivité (c'est-à-dire la relation entre les subjectivités) est une structure première : l'individu ne se découvre pas lui-même avant de

découvrir les autres : il ne prend conscience de lui-même qu'en même temps qu'il prend conscience des autres, qu'il se situe par rapport à eux en étant reconnu par eux.

■ Principales notions concernées

Le sujet ; la conscience ; Autrui ; la liberté.
Voir aussi les repères : genre / espèce / individu ; objectif / subjectif ; ressemblance / analogie.

■ Exemple d'utilisation

Le texte de Sartre permet d'apporter une réponse au problème du solipsisme (posé par Husserl à partir de Descartes). Sartre renverse l'ordre habituel entre moi et les autres en montrant comment le « moi » n'a de sens que dans le vis-à-vis avec Autrui. Il permet d'illustrer la différence entre la conception que j'ai d'Autrui dans l'amour (où je ressens bien que j'existe *par* l'autre), et celle que j'ai quand je suis un « salaud » (le mot est de Sartre : le salaud c'est celui qui fige l'essence de l'autre, lui nie donc sa liberté et l'instrumentalise, le traite comme une simple fonction).
Sujet type : *Autrui peut-il être autre chose pour moi qu'un obstacle ou un moyen ?*

■ Contresens à ne pas commettre

Que la conscience de soi passe par la reconnaissance et le regard d'Autrui ne signifie pas que le rapport à Autrui est nécessairement harmonieux. Sartre a dit lui-même « *l'Enfer c'est les autres* » (*Huis-clos*), justement parce que le regard d'autrui risque toujours de figer mon essence, de me réifier (me transformer en chose). Je me retrouve alors dans la « mauvaise foi », à jouer mon rôle social, oublieux de mon existence, c'est-à-dire de ma liberté fondamentale.

■ Autres fiches à faire vous-même

La nausée ; « *nous sommes condamnés à être libres* » ; la critique de la psychanalyse ; l'imaginaire ; Sartre, intellectuel engagé...

Arendt

Le sens de l'esclavage dans l'Antiquité : éliminer le travail de la vraie vie

■ Indications générales

Hannah Arendt (1906-1975, la seule femme des auteurs au programme !) fut une élève de Husserl*. Témoin et victime du nazisme, sa pensée est avant tout une pensée politique, portant notamment sur le système totalitaire (*Les Origines du totalitarisme*, 1951). Dans *Condition de l'homme moderne* (1958), elle cherche à penser les conditions d'un véritable agir politique, qui préserve la société de la dérive totalitaire.

■ Citation

« *L'institution de l'esclavage dans l'Antiquité, au début du moins, ne fut ni un moyen de se procurer de la main d'œuvre à bon marché ni un instrument d'exploitation en vue de faire des bénéfices ; ce fut plutôt une tentative pour éliminer des conditions de la vie le travail. Ce que les hommes partagent avec les autres animaux, on ne le considérait pas comme humain* ». (*Condition de l'homme moderne*, 1958.)

■ Explication

Ce qu'explique Arendt, c'est que les hommes de l'Antiquité considéraient le travail comme une activité servile, réservée aux esclaves. L'institution de l'esclavage n'avait pas pour sens la rentabilité économique : celle-ci est elle-même une valeur plus tardive, également servile pour l'homme grec. Pour le citoyen libre de la cité antique, la vraie vie n'est pas celle de la production économique, qui est seulement survie, mais la vie contemplative, dévouée à la pensée pure.

■ Principales notions concernées

Le travail et la technique ; la société ; la liberté.
Voir aussi les repères : *identité / égalité / différence.*

■ Exemple d'utilisation

Le texte d'Hannah Arendt peut être opposé aux théories libérales pour qui le travail, en plus de produire de la valeur matérielle, est aussi une valeur morale. Arendt rappelle ici que le souci des hommes de l'Antiquité était de mettre le travail et l'activité économique en général à l'écart de ce qui faisait la vraie vie, celle du citoyen libre dégagé des contraintes de la vie matérielle.

SUJET TYPE : *Les hommes doivent-ils travailler pour être humains ?*

■ Contresens à ne pas commettre

Le sens de cette critique du travail n'est pas de faire l'éloge naïf de la vie intellectuelle désintéressée. Ce n'est pas celle-ci que valorise Arendt. Elle dénonce au contraire la confusion conceptuelle née de ce mépris des hommes de l'Antiquité pour la « vie active ». Elle distingue pour sa part trois concepts : « travail », « œuvre » et « action », son propos étant de réhabiliter l'« action » : les deux premiers restent de nature économique, mais le troisième est l'activité politique. Celle-ci est mise en relation des hommes les uns avec les autres pour constituer un terrain commun où puissent s'exprimer et coexister les différences. C'est parce que l'homme moderne a perdu le sens de l'action et qu'il s'abîme, soit dans la production économique, soit dans la vie intellectuelle coupée du monde, que le totalitarisme est possible. Pour lutter contre celui-ci, il faut retrouver le sens de l'action politique.

■ Autres fiches à faire vous-même

Le totalitarisme « *système dans lequel les hommes sont de trop* » ; le procès Eichmann et la « banalité du mal »...

Merleau-Ponty
« Le corps propre est dans le monde comme le cœur dans l'organisme »

■ Indications générales

Maurice Merleau-Ponty (1908-1961) s'inscrit à sa manière dans le courant de la phénoménologie [voir Husserl, Heidegger, Sartre]. Mais sa phénoménologie à lui est une *Phénoménologie de la perception* (1945) : reprenant à Husserl l'idée d'intentionnalité, Merleau-Ponty ne pense toutefois pas le sujet comme un simple « je pense » [voir Descartes], mais d'abord comme un corps : c'est le corps, et non simplement la conscience, qui est le siège des significations par lesquelles je structure mon expérience du monde.

■ Citation

« Le corps propre est dans le monde comme le cœur dans l'organisme : il maintient continuellement en vie le spectacle visible, il l'anime et le nourrit intérieurement, il forme avec lui un système. Quand je me promène dans mon appartement, les différents aspects sous lesquels il s'offre à moi ne sauraient m'apparaître comme les profils d'une même chose si je ne savais pas que chacun d'eux représente l'appartement vu d'ici ou vu de là, si je n'avais conscience de mon propre mouvement, et de mon corps comme identique à travers les phases du mouvement ». (*Phénoménologie de la perception*, 1945.)

■ Explication

Le « corps propre » est la manière dont Merleau-Ponty pense l'intentionnalité [voir Husserl] : c'est la structure *a priori* par laquelle je détermine la forme de mon expérience du monde. C'est lui qui assure l'unité de ma perception malgré la diversité des sensations dont elle est composée. Le corps propre ne fait donc qu'un avec le monde et c'est lui qui en assure l'unité pour moi.

■ Principales notions concernées

La conscience ; la perception ; l'existence et le temps ; le vivant.
Voir aussi les repères : *abstrait / concret ; objectif / subjectif ; origine / fondement.*

■ Exemple d'utilisation

Le texte de Merleau-Ponty est très intéressant pour penser la question de la perception. Il faut le confronter à l'empirisme (Locke* par exemple – mais au XXᵉ siècle, c'est avec la psychologie behaviouriste de Watson que Merleau-Ponty est en débat) pour lequel le monde nous livre des informations et par rapport auquel nous sommes passifs. Au sein même de la phénoménologie, Merleau-Ponty peut aussi être confronté à Husserl, ce dernier pensant le sujet comme pure conscience, alors que l'originalité de Merleau-Ponty est de réhabiliter la notion de corps et d'effacer la ligne de partage traditionnelle (qui remonte à Platon) entre le corps et l'esprit.
SUJET TYPE : *La perception est-elle une réception passive de données ?*

■ Contresens à ne pas commettre

Ne pas confondre le « corps propre » avec le corps au sens ordinaire du terme. Le corps propre n'est pas le corps au sens ordinaire du terme, qui est un assemblage d'organes. Le corps propre, c'est le corps vécu, c'est le sujet en tant que corps : non pas le corps pris comme objet par l'anatomiste, mais mon corps en tant qu'origine et condition de possibilité de ma représentation du monde. Merleau-Ponty, dans la lignée de la phénoménologie (et de Kant*) inverse le rapport entre le sujet et le monde. Le corps propre ne s'oppose pas au monde, il n'est pas *dans* le monde : c'est plutôt par lui qu'il y a, pour moi, un monde, et par lui que ce monde a la forme que je lui vois.

■ Autres fiches à faire vous-même

Le retour aux « choses mêmes » ; l'effacement de la ligne de partage entre le corps et l'esprit ; Autrui et l'intersubjectivité ; l'opacité du langage ; la critique des dérives du marxisme et la question du sens de l'histoire ; « *Tout est fabriqué et tout est naturel chez l'homme* » : la confusion de la nature et de la culture dans l'homme...

Un auteur, une idée

Levinas

« Le visage est ce dont le sens consiste à dire : "Tu ne tueras point" »

■ Indications générales

Emmanuel Levinas (1905-1995) fut l'introducteur de la pensée de Husserl* en France dans les années 30. Influencé par la phénoménologie, mais aussi par la Bible et le Talmud, son questionnement porte principalement sur l'éthique et le rapport à autrui.

■ Citation

« On peut dire que le visage n'est pas "vu". Il est ce qui ne peut devenir un contenu que notre pensée embrasserait. [...] La relation au visage est d'emblée éthique. Le visage est ce qu'on ne peut tuer, ou du moins ce dont le sens consiste à dire : "Tu ne tueras point". Le meurtre, il est vrai, est un fait banal : on peut tuer autrui ; l'exigence éthique n'est pas une nécessité ontologique. L'interdiction de tuer ne rend pas le meurtre impossible, même si l'autorité de l'interdit se maintient dans la malignité du mal accompli. » (Éthique et Infini : dialogues avec Philippe Nemo, 1982.)

■ Explication

L'éthique est la partie de la philosophie qui traite du comportement juste. Contrairement à la morale religieuse, qui est basée sur la peur de Dieu, l'éthique philosophique est traditionnellement la recherche d'une définition du bien et du mal fondée sur la raison [voir Spinoza]. L'originalité du texte de Levinas tient à ce qu'il ne fonde l'éthique ni dans la raison ni en Dieu. C'est le visage même d'autrui, dans son face à face avec moi, qui me fait entendre le commandement éthique « tu ne tueras point ». Le visage d'autrui n'est pas un simple objet posé en face de moi [voir Sartre]. Autrui est non seulement un autre sujet, mais cette intersubjectivité qui nous lie immédiatement a aussi un sens. Le visage d'autrui me dit sa fragilité, son absolue imprévisibilité, sa vulnérabilité, c'est-à-dire aussi ma responsabilité vis-à-vis de lui.

■ Principales notions concernées

Autrui ; le devoir.

Voir aussi les repères : *identité / égalité / différence ; obligation / contrainte ; transcendant / immanent.*

■ Exemple d'utilisation

Le texte de Levinas est un beau texte pour penser le rapport à autrui et l'expérience de la présence. Je ne me re-présente pas autrui comme un objet : autrui est présent et me fait éprouver ce paradoxe d'une transcendance dans l'immanence. Le texte de Levinas permet simultanément de dépasser la conception religieuse de l'éthique et la conception rationaliste (il pourrait donc s'inscrire dans une 3e partie de dissertation).

Sujet type : *Qu'est-ce qui justifie le respect d'autrui ?*

■ Contresens à ne pas commettre

Que le visage d'autrui ait pour signification : « Tu ne tueras point » ne signifie pas que je ne peux pas le tuer : au contraire, *« le visage d'autrui est dénué »* : il est nu et sans défense. Et pourtant, il me commande d'une certaine manière, parce que je ne peux pas le réduire à être une simple chose. C'est ce qui rend possible la pitié, et mon sentiment de responsabilité vis-à-vis d'autrui, c'est-à-dire la nécessité de *répondre de* mes actes devant lui. *« Il y a là une relation non pas avec une résistance très grande, mais avec quelque chose d'absolument Autre : la résistance de ce qui n'a pas de résistance – la résistance éthique »* (Totalité et infini, 1962).

■ Autres fiches à faire vous-même

La caresse et la vulnérabilité du moi ; l'éthique, philosophie première ; la spécificité du monothéisme juif...

Foucault

Contre l'histoire globale

■ Indications générales

Michel Foucault (1926-1984), se réclamant de la démarche de Nietzsche* et de la méfiance à l'égard des grands systèmes globalisants, a abordé en généalogiste, ou en «archéologue» (*L'Archéologie du savoir*, 1969), des problèmes laissés de côté par la philosophie : la folie, la clinique, les prisons, la sexualité... Foucault cherche comment se sont formées les institutions et les représentations sur lesquelles vit la société contemporaine, pour montrer que, loin d'exister de toute éternité, elles sont le fruit de processus historiques récents – à commencer par l'idée d'«homme» elle-même. À l'*histoire globale* se substitue pour lui le projet d'une *histoire générale* :

■ Citation

«*Le thème et la possibilité d'une* histoire globale *commencent à s'effacer, et on voit s'esquisser le dessin, fort différent, de ce qu'on pourrait appeler une* histoire générale. *[...] Une description globale resserre tous les phénomènes autour d'un centre unique – principe, signification, esprit, vision du monde, forme d'ensemble; une histoire générale déploierait au contraire l'espace d'une dispersion*». (*L'Archéologie du savoir*, 1969.)

■ Explication

Le XIXe siècle est l'âge des «histoires globales», qui prétendent restituer toute l'histoire de l'Humanité à partir d'un seul principe explicatif : tel est le projet d'Auguste Comte* ou, surtout, de Hegel*, qui déclare : «*L'histoire universelle est la manifestation du processus divin, de la marche graduelle par laquelle l'esprit connaît et réalise sa vérité*» (*La Raison dans l'histoire*). Ce que constate Foucault, c'est que l'histoire, en se constituant comme «science humaine», a mis de côté cette volonté métaphysique totalisante, et s'est consacrée à l'étude détaillée de domaines plus spécifiques. Elle n'est pas vouée pour autant à l'éclatement en histoires régionales sans communication les unes avec les autres (« *celle de l'économie à côté de celle des institutions, et à côté d'elles encore celles des sciences, des religions ou des*

littératures »...), mais elle devient «histoire générale», c'est-à-dire qu'elle cherche à comparer et à organiser en «tableaux» ces savoirs dispersés qu'elle a recueillis, sans plus essayer de les ramener à un principe commun.

■ Principales notions concernées

La culture ; l'histoire ; la raison et le réel ; l'interprétation.
Voir aussi les repères : *expliquer / comprendre ; origine / fondement.*

■ Exemple d'utilisation

Le texte de Foucault nous donne une conception moderne de ce qu'est la science historique. Il s'oppose bien sûr à l'histoire mythique des religions, mais aussi aux grandes reconstitutions rationalistes de l'histoire humaine, dont il montre qu'elles aussi, à leur manière, sont des sortes de mythes rationnels. (Ce texte pourrait ainsi être utilisé dans une troisième partie de dissertation sur la question de la scientificité de l'histoire).
SUJET TYPE : *L'histoire : une histoire ou des histoires ?*

■ Contresens à ne pas commettre

Ne pas croire que Foucault renonce à l'ambition d'une science historique. Au contraire : l'histoire générale, celle qu'il met en œuvre par exemple dans *Les Mots et les choses* (1966), est à la fois plus ambitieuse et moins ambitieuse que les grands systèmes du XIXe siècle. Elle cesse de prétendre à un principe explicatif absolu, mais c'est pour gagner en richesse de détail et de distinctions, et se garder d'amalgames qui rendent en fait l'histoire moins objective en croyant la rendre plus cohérente. Face à un objet aussi complexe que l'histoire humaine, renoncer à une certaine cohérence peut vouloir dire gagner en scientificité.

■ Autres fiches à faire vous-même

La mort de l'homme ; la folie ; l'omniprésence du pouvoir...